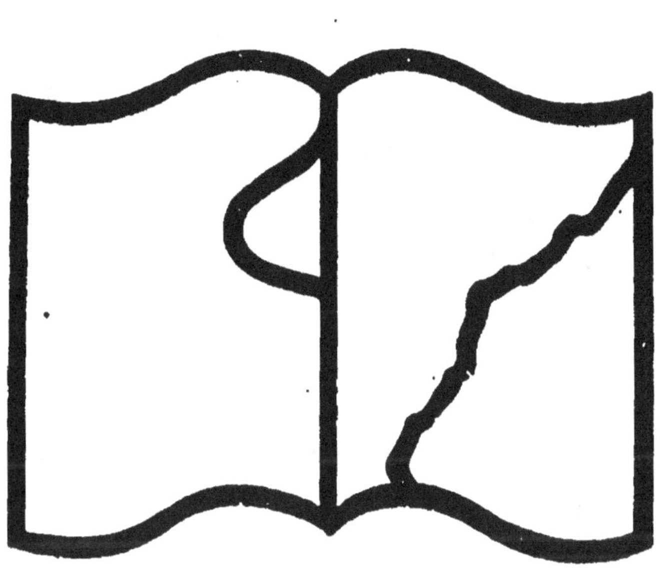

Texte détérioré — reliure défectueuse
NF Z 43-120-11

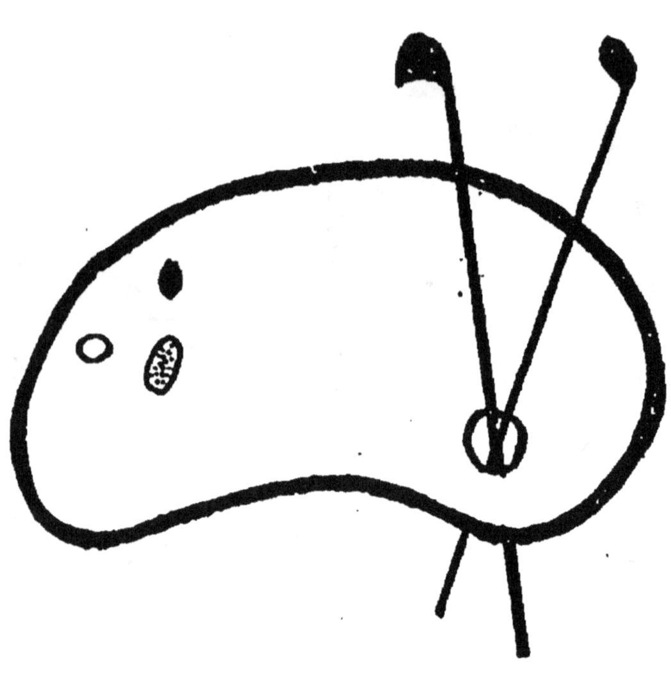

COUVERTURE SUPÉRIEURE ET INFÉRIEURE
EN COULEUR

D'ANFREVILLE DE LA SALLE

Sur la Côte d'Afrique

Villes, brousses, fleuves et problèmes de l'Ouest Africain

36 REPRODUCTIONS PHOTOGRAPHIQUES ET UNE CARTE

PARIS

ÉMILE LAROSE, LIBRAIRE-ÉDITEUR

11, Rue Victor-Cousin, 11

1912

Sur la Côte d'Afrique

DU MÊME AUTEUR

A Madagascar, 2ᵉ édition, in-16, avec 17 gravures et une carte (*Plon*) . . . . 4 »

Le Paludisme au Sénégal (en collaboration), in-8°, avec gravures et une planche coloriée (*J.-B. Baillère*). . . . . 5 »

Notre vieux Sénégal : son histoire, son état actuel, ce qu'il peut devenir, in-8°, avec photographies et une carte (*Challamel*) . . . 7 50
(Prix Montyon. — Prix Juvenel Dessagne, de la Société de Géographie.)

D'ANFREVILLE DE LA SALLE

Sur la Côte d'Afrique

Villes, brousses, fleuves et problèmes de l'Ouest Africain

36 REPRODUCTIONS PHOTOGRAPHIQUES ET UNE CARTE

PARIS

EMILE LAROSE, LIBRAIRE-ÉDITEUR

11, Rue Victor-Cousin, 11

1912

SUR LA CÔTE D'AFRIQUE

CHAPITRE PREMIER

Dakar

Un but d'excursions peu connu ; une ville nouvelle, marchande de charbon et de plaisir.

Le siècle dernier fut celui des grands voyageurs, depuis René Caillié, l'un des premiers et des plus grands jusqu'à Nordenjkiold en passant par Livingstone, Stanley, Monteil, Bonvalot et beaucoup d'autres.

Notre siècle à nous sera, selon toute vraisemblance et plus modestement, celui des voyages. On se déplace en effet de plus en plus à notre époque. L'Egypte était naguère encore le bout du monde des touristes ; maintenant voici que Tombouctou ou bien Angkor Wat vont devenir des buts d'excursion très ordinaires. Mais si l'on va partout chercher l'étrange ou simplement le pittoresque, on passe souvent à côté d'eux sans voir l'un et l'autre parce qu'on ne se doute pas qu'ils puissent exister si près de nous.

La région tropicale la plus rapprochée de l'Europe est le Sénégal ; mais qui songerait à prendre cette vieille colonie française, la doyenne de toutes, comme le but d'un déplacement de vacances ? Quelques chasseurs à peine s'y sont aventurés déjà et, malgré la rapide disparition de la grande faune dans ces régions, ils ont vraisemblablement dû ne pas trop regretter leur décision pourvu qu'au préalable, ils aient su bien choisir le théâtre de leurs futurs exploits cynégétiques.

Pour dire vrai, cette partie de la côte d'Afrique est peu riche, sinon très pauvre, en curiosités naturelles, elle est dépourvue de monuments et mal partagée d'autre part au point de vue des charmes du climat comme à celui de la douceur de vivre. Des races arriérées et qui, superficiellement examinées, paraissent très proches les unes des autres, l'habitent seules au surplus. Elle semble donc ne mériter à aucun titre d'attirer les simples touristes désireux de visiter un pays pour le seul motif de s'y distraire.

Et certes, on ne peut lui souhaiter de faire concurrence à la Suisse, voire même à l'Algérie, car un vœu tellement chimérique ne pourrait se réaliser.

Seuls y viendront d'abord des hommes amoureux de voir une nature nouvelle, barbare en quelque sorte, et de vieilles peuplades encore en enfance, vivant au début du xx⁰ siècle l'existence que menaient nos sauvages ancêtres, bien avant l'ère chrétienne.

Mais combien de gens pourraient cependant tirer leur profit, même d'une rapide excursion dans ces régions si diverses de la côte d'Afrique ! Avant de disserter si éloquemment sur des questions qu'ils ignorent parfois, nos hommes politiques devraient tout les premiers profiter de leurs trop courtes vacances pour effectuer un voyage d'études à la Côte. La mode semblait être récemment de faire faire ce voyage aux ministres, voire même aux princes. Outre qu'elle est coûteuse pour les contribuables, cette mode me semblerait pernicieuse à de si hauts personnages, du moins en France, car nos ministres et leur entourage nous sont revenus beaucoup trop fiers des connaissances, toutes relatives, qu'ils pensaient avoir acquises entre les banquets et les cocktails d'honneur, grâce aux palabres officiels auxquels ils avaient assisté. Plutôt que nos ministres, nos commerçants feraient, s'il s'y décidaient, des voyages utiles et productifs sur cette côte où l'on ne voit guère passer que des chefs de maisons anglais, précédés ou suivis de commis voyageurs de même nationalité, plus nombreux chaque jour.

Il vaut mieux laisser pour le moment de côté cette partie de la question et comme voyager dans un livre, avec chaque en-tête de chapitre pour gîte d'étape, restera longtemps sinon toujours, un plaisir d'autant plus goûté qu'il s'accommode mieux des exigences de la plupart des professions, contentons-nous d'aller au gré du hasard, d'une ville parfois connue à une escale souvent ignorée, par chemins de fer, routes, sentiers ou marigots.

Partout et où que nous allions, nous trouverons bien, si nous voulons, spectacles intéressants et sujets instructifs !

Nos grands ancêtres ou nos rivaux d'abord heureux, les Portugais du xive siècle, furent émerveillés quand ils virent, fermant l'horizon de ses frondaisons sombres, le Cabo Verdo dresser dáns l'Océan et sous le ciel bleus, ses collines de terre rouge couvertes de paliers, de fromagers et de baobabs étranges. Ils avaient aperçu en effet, durant de longues journées, e les côtes âpres et stériles du Sahara bordant la mer mmense. Ce nom qu'ils donnèrent alors à la masse asaltique sur laquelle est bâti Dakar semble aujour-

d'hui inexplicable aux voyageurs. Ceux-ci sont réveil-
lés le matin du septième jour de leur traversée, depuis
Marseille ou Bordeaux, par le bruit inaccoutumé des
manœuvres qui précèdent le jet de l'ancre ou le suivent,
tandis qu'auparavant la cadence des machines en marche, devenue habituelle, berçait seule leur sommeil.

Ils se sont alors précipités vers l'étroit sabord qi
éclaire leur cabine et, à la lumière douce du matin
ont vu selon qu'ils regardaient à tribord ou à bab
un flot très à l'écart dans la mer, trapu et débor
de constructions pressées les unes contre les au
ou bien une longue colline toute proche, couver'
maisons aux tuiles rouges coiffant des murs bl.
ou jaunâtres.

Dans le port autour d'eux, se balancent des vapeu
grands et petits, des chalands et des remorques, tandis que tirant de courtes bordées, des barques aux
formes massives gonflent leur voile unique à la brise
matinale.

Tel est le premier aspect sous lequel se présent.
Dakar, le futur emporium du commerce français sur
la côte occidentale d'Afrique. Le soleil se lève
d'abord mince fil d'or à la limite qui sépare l'eau du
ciel, il s'arrondit, se dresse sur la mer et déjà ses
rayons incendient l'espace. Le spectacle change, le
fond bien entendu reste le même, mais autour du paque
bot fixé par ses ancres, la ruée des chalands, des bar
ques et des remorqueurs, voire de quelques pirogue
hasardeuses s'est accomplie. Auprès de l'échelle, c'es
un désordre indescriptible et les noirs matelots de
embarcations hétéroclites hurlent à qui mieux mieu
sur un ton farouche les phrases les plus simples. Tot
à l'heure ils s'arrêteront sans motif et pour rien écl
teront d'un rire formidable.

On les a entendus presque avant de les apercevoir, bientôt on les sentira dès qu'ils paraîtront quand, envahissant le pont et les couloirs du paquebot, ils se colleteront avec les bagages des passagers. Et vraiment ce premier contact avec la race noire ne laisse pas une impression satisfaisante. D'un coup d'œil on voit beaucoup de ses défauts qui sont nombreux mais l'on ne peut discerner encore aucune de ses qualités qui sont réelles.

Mais l'imagination ou le sens critique n'ont du reste en ce moment pas lieu de s'exercer autant que l'esprit de décision et le voyageur assourdi songe à tout autre chose qu'à porter un jugement définitif sur la race noire.

Enfin, l'opération du débarquement sinon délicate — elle est aussi facile que dans un port français — du moins toujours désagréable, se trouve achevée. Le passager et ses bagages sont en toute sûreté à terre; le cap si redouté du voyageur, la douane, est lui-même franchi sans encombre. L'hôtel à qui sera dévolu le soin d'abriter et de nourrir le nouveau débarqué se trouve choisi. Toutes les formalités préliminaires enfin accomplies, que faire, sinon visiter la ville? Mais, premier couplet d'une chanson dont presque tous les couplets se ressemblent, Dakar n'offre aucun intérêt au point de vue de l'architecture et guère à divers autres. Il est moins intéressant — pour étrange qu'il soit, le fait n'en est pas moins exact — qu'il y a quelque dix années et, peut-on ajouter aussi, il l'est moins qu'il ne le sera certainement bientôt.

Naguère en effet, quoique les registres de l'état civil donnent comme date de naissance de la ville, l'année déjà un tantinet lointaine de 1863, naguère dis-je, Dakar était intéressant, à cause, si l'on peut dire, de l'absence de ville par quoi il se caractérisait. Le terme

« Dakar » signifiait alors un point géographique, lieu
d'escale pour les navires plutôt qu'une cité ou qu'un
port véritable.

Il y avait un bout de jetée, un soupçon de quais pour
le port et, pour figurer la ville, des rues tracées dans
la brousse. On reconnaissait ces rues grâce à l'épaisse
et atroce poussière rouge dont elles étaient remplies,
chaque fois que le soleil brillait dans le ciel sans
nuages, or il pleut rarement là-bas. Un certain nombre
de maisons à la bonne vieille mode se prélassaient au
centre de jardins plus vastes que beaux et leurs habitants n'étaient vraiment pas gênés par les voisins !

L'embryon de ville possédait même depuis 1887 une
apparence de gare ainsi qu'un chemin de fer véritable.
Cela ne faisait pas, à proprement parler, une ville et
si l'on qualifiait de ce nom Dakar dans tous les docu-
ments administratifs, c'était sans nul doute parce que
l'optique méridionale des rares Européens qui l'habitaient avait à la longue prévalu sur la saine logique.

Plus tard, voici huit ans déjà, on décida que Dakar
deviendrait un véritable port desservant une cité réelle.
On jeta l'or à poignées sur ce sol de latérite et de
basalte. On éventra les flancs de la colline, on les
perça dans tous les sens, on fouilla ses entrailles pour
y semer à profusion des constructions de tout genre.
La calme baie, étendue à l'abri de la vieille île de
Gorée, qui réflétait dans son miroir toujours uni les
clairs rayons du soleil vit son repos millénaire troublé
durant de longs mois. C'étaient des multitudes d'ouvriers originaires des pays les plus divers, du Soudan,
voire même de la Grèce, qui déversaient sur ses
plages chaque jour agrandies des wagons de sable
clair comme de l'argent ou qui bâtissaient sous ses
eaux les murs épais des futurs môles. D'énormes

blocs de ciment étaient sans cesse fabriqués sur la plage, puis jetés avec la même constance, bout à bout, dans la baie qui bientôt fut barrée d'une longue ligne toute droite. Le port est achevé aujourd'hui, la ville est véritablement venue au monde presque un demi-siècle après sa naissance officielle et il faut bien reconnaître qu'elle n'est pas sans faire honneur à ceux qui l'ont créée.

Mais si, d'ores et déjà, Dakar est vraiment une ville, on doit convenir que cette ville n'est pas achevée; si l'œuvre entreprise est déjà belle, on doit ajouter qu'elle pourrait et devrait être beaucoup améliorée. Or sans doute, les progrès futurs se réaliseront-ils moins vite et moins bien qu'il ne serait désirable et que n'ont été réalisés les précédents. Cela est jusqu'à un certain point naturel. Des millions obtenus grâce à des emprunts ont été dépensés à la construction du port ou bien à celle des égouts et d'édifices publics divers. On ne pouvait entreprendre ces travaux exceptionnels qu'avec des ressources également exceptionnelles; mais ce Pactole une fois tari, il ne pouvait être question d'en rechercher indéfiniment d'autres analogues. Il fallait donc bien ne plus compter que sur les ressources habituelles d'un budget modeste pour entretenir en bon état les travaux de la veille, puis, dans la mesure du possible, pour en commencer de nouveaux.

Nous ne pouvons concevoir une agglomération urbaine sans un véritable réseau de rues et de places ; Dakar possède les unes et les autres. Son réseau est même fort important puisqu'il présente une longueur d'environ 25 kilomètres. Mais si l'on peut longer de beaux boulevards dont les chaussées, convenablement entretenues, passent entre deux trottoirs ombragés, suivant les exigences de notre esthétique, par des arbres plantés à distance régulière, si même ces boulevards sont croisés par des rues construites elles aussi, selon nos formules habituelles, il n'est pas moins fréquent de rencontrer des terrains vagues, Saharas au petit pied, creusés d'ornières et de trous, hérissés de débris hétéroclites.

Même dans les vieux quartiers de la ville, le long de l'ancien port qui loge tout entier à son aise dans le bassin actuel des grands paquebots, on rencontre de ces déserts arides et tristes à l'œil qui seront tôt ou tard des rues bordées de maisons. Les quartiers plus récents, étendus derrière l'hôpital colonial, vers le cap Manuel ou du côté des Madeleines, voire dans les environs du port militaire, c'est-à-dire au nord et à l'est de la vieille ville, sont encore plus mal aménagés que les précédents.

Ainsi tout fut commencé et on n'acheva presque rien. Seul est terminé le port grâce auquel la ville fut créée et qui doit subvenir à ses besoins ; mais encore pourrait-on rêver pour lui bien des améliorations sans lesquelles les services qu'il rendra n'auront jamais l'ampleur désirable.

Si les rues ne sont pas toutes en parfait état, les constructions privées qu'elles desservent n'existent pas en nombre suffisant pour satisfaire aux besoins. On peut également ajouter que si les habitations manquent à Dakar — or le prix vraiment exagéré des loyers en témoigne éloquemment — leur qualité laisse aussi beaucoup à désirer.

Beaucoup de ces maisons, et je ne parle pas des pires, semblent avoir été copiées sur ces minuscules et prétentieuses villas où de petits épiciers à leur aise vont passer le dimanche dans la banlieue des grandes villes. Il ne manque à quelques-unes pour compléter la ressemblance de la façon la plus exacte, que de posséder une belle boule de verre ou un microscopique bassin orné d'un jet d'eau dans le jardinet dont elles cherchent parfois à s'entourer.

En dehors de nos villes à nous, on ne peut citer sur toute cette partie de la côte africaine, qu'une seule agglomération importante, c'est Bathurst créée et possédée par les Anglais. Or Bathurst est une véritable cité coloniale dont les vastes maisons sont presque sans exception enfouies dans la verdure. On aurait pu agir de même, ou peu s'en faut, à Dakar comme on a fait à Konakry, grâce au D' Ballay qui mourut gouverneur général, mais il en est par malheur autrement et peu de gens se rendent compte de l'erreur commise.

Ce n'est pas tout encore ; les égouts, construits cependant par de notables ingénieurs largement diplômés, ne suffisent pas à l'écoulement des pluies quand vient l'hivernage, tandis qu'il arrive durant la saison sèche, par compensation peut-être, qu'on ne trouve pas assez d'eau pour assurer leur bon fonctionnement. Autre chose, l'approvisionnement en eaux potables de la ville laisse fort à désirer lui-même, malgré les nombreux et coûteux travaux déjà entrepris par l'administration ; mais cela n'est pas étonnant, car le Sénégal est considéré à juste titre comme une des régions les plus sèches et les moins bien arrosées du monde.

Si je ne craignais de trop allonger la liste, je dirais que non seulement certains particuliers trouvent avec peine un logement convenable mais que des administrations elles-mêmes sont réduites à semblable extrémité. Il faut ajouter que les services administratifs sont assez nombreux en ville ; Dakar n'est-il pas devenu depuis six ans la capitale de toute l'Afrique occidentale, c'est-à-dire d'un immense empire noir, dix fois grand comme sa métropole, confédération de six colonies ou territoires divers, peuplé par dix millions d'hommes et susceptible de nourrir des multitudes !

L'administration voulut bâtir un monument pour y loger le chef, le vice-roi de ce véritable empire. D'aucuns l'en ont durement blâmée, je ne suivrai pas leur exemple. Un architecte de Paris, qui avait donné des preuves de son talent professionnel et non pas seulement de l'étendue de ses relations politiques, fut donc convié à dresser les plans d'un palais. Il dut sans doute s'entourer des conseils de gens plus au fait qu'il n'était lui-même des besoins d'un habitant de la côte africaine. Son œuvre ne déplaît pas à l'œil, et ce résultat était attendu, mais de plus, elle n'est pas inhabitable ; or il convient pour ce motif de louer sans aucune ironie cet architecte métropolitain. Un simple reproche toutefois pourrait lui être adressé, celui de n'avoir pas songé à effectuer le voyage de Dakar comme il le fit faire aux moellons qui servirent à la construction de son palais. Le Sénégal n'est cependant pas tout à fait dépourvu de matériaux de divers genres, mais n'est-il pas de tradition chez nous d'estimer *à priori* que rien n'existe aux colonies ?

On ne s'en souvient plus aujourd'hui ; vingt ans après la conquête d'Alger, des rapports officiels spécifiaient que notre nouvelle possession n'offrait ni pierre à bâtir, ni bois ouvrables pour les constructions. C'était l'époque où je ne sais plus quel député répétait à la tribune de la Chambre qui entendit bien d'autres sornettes, son nouveau *Delenda Carthago :* « Et maintenant il nous faut abandonner l'Algérie »,,,

Quel que soit son mérite, l'œuvre de M. Deglane vaut cependant surtout par sa situation et par le cadre qui l'entoure, car elle se dresse au sommet d'une falaise élevée et de superbes jardins en terrasse l'enferment dans un écrin verdoyant. Ces jardins s'étendent jusqu'aux flots bleus de l'anse Bernard, des palmiers s'y dressent au milieu de roches rouges que soutiennent par places d'épaisses murailles. Mais ce qu'on admire plus encore que ces magnificences architecturales et que la beauté des jardins environnants, c'est l'incomparable panorama qu'on découvre de toutes les fenêtres du palais. On embrasse en effet dans l'ensemble de l'horizon, la ville étendue sur sa presqu'île irrégulière, ses maisons et ses palmiers épars, son port vivant enfermé, presque perdu, dans la vaste baie dont la vieille forteresse de Gorée semble être la puissante serrure ; on voit encore les Mamelles, collines jumelles que leur forme fit baptiser ainsi ; plus loin vers l'Est ce sont enfin les masses vertes des bosquets tropicaux de Hann et les contours arrondis d'un rivage dont la courbe régulière s'estompe dans des brumes légères comme une fine dentelle de soie. On embrasse encore du même coup d'œil la mer glauque et presque vide, silencieuse vue de si haut ainsi que le ciel d'azur, vaste, immuable et calme comme un dieu.

Et ce n'est pas en somme tel détail qu'on admire, c'est l'ensemble grandiose fait de tous ces spectacles divers, c'est même cet air d'Afrique, non pas subtil et gai comme celui de l'antique Hellade, mais fort et terrible, que l'on craint et dont cependant on ne peut se passer comme s'il était un toxique auquel on s'est habitué par malheur.

Si le premier regard que jette du large le voyageur

sur la première ville française de la côte accroche sur son rouge piédestal le palais du gouverneur dressé tout blanc dans la parure verte de ses jardins, il faut donc s'en féliciter, car cette vue lui laisse une impression de beauté réelle.

Notre effort architectural ne s'est, au surplus, pas borné là et si Dakar possédait des ciceroni officiels, ces guides ne manqueraient certainement pas de convier les touristes à admirer le Palais de justice. Ils auraient raison si la beauté d'un monument se mesurait surtout à la longueur de sa façade et au nombre de ses fenêtres. Le Palais de justice de Dakar est grand pour la ville, mais il ne présente rien de remarquable en dehors de sa grandeur relative, pas même dans les conditions de confort qu'il offre à ses hôtes habituels. Il n'y a vraiment plus rien après lui, car on ne peut, avec la meilleure volonté du monde, trouver la moindre beauté aux nombreuses casernes où logent les troupes et les administrations de la colonie.

Un écrivain ami des systèmes préconçus, assurait que, fondant une colonie nouvelle, les Espagnols commençaient par édifier une église, les Anglais une banque et les Français, toujours frivoles, un théâtre. Je crois pouvoir, après un certain nombre d'observations, contredire une telle affirmation.

Les Anglais élèvent à la fois plusieurs églises et diverses autres constructions parmi lesquelles se trouve certainement une banque, je dois le reconnaître, mais les Français ne bâtissent de théâtre tout au plus qu'en second lieu.

Naguère, il n'y a même pas si longtemps, nous ne manquions pas, tout comme les Espagnols, de doter d'abord une ville d'un édifice religieux et à Dakar, dont les tout premiers pionniers furent, en 1847, des

Pères du Saint-Esprit, on n'aurait eu garde de manquer à ce qui était alors de règle.

La vieille ville, celle d'il y a cinq ans, possédait donc une église, humble comme il convenait à une petite bourgade coloniale. Ce modeste temple s'ouvrait sur la belle place Protet, bien ombragée aujourd'hui de superbes caïlcédrats. Il eut pour voisin immédiat, du moins en ces dernières années, un des cafés les plus achalandés et les plus bruyants de la ville, puis il advint, pendant que s'élevait juste en face le temple de Thémis, que le temple de Dieu dût être démoli pour des raisons ressortissant simplement à la voirie.

Tout est affaire de modes chez nous, or la mode n'est plus aux églises. On avait aussi construit une belle mosquée pour les musulmans qui se contentent ordinairement ici d'un peu de sable lorsqu'ils veulent prier ; mais les catholiques, noirs ou blancs, moins heureux que les fidèles d'Allah, n'ont plus qu'une chapelle de carton pâte. Et cela, toute idée religieuse mise à part, semble un peu choquant.

Non pas que la colonie doive assumer à ses frais la reconstruction de l'ancienne église ; mais peut-être pourrait-elle, même au risque de soulever les protestations de quelques farouches sectaires, faciliter cette reconstruction. Dans cette cité pleine de bureaux, de magasins et de cafés, un édifice consacré à un idéal quel qu'il soit, ne serait pas une superfluité. A défaut d'autre utilité, il servirait du moins à meubler la ville, et Dieu sait que ce ne serait pas un luxe [1] ! Son clo-

1. Un comité vient de se fonder sous la présidence de la duchesse d'Uzès. Il s'est donné pour mission de réunir les fonds nécessaires à l'érection d'une cathédrale qui serait élevée à Dakar à la mémoire des « Africains » morts pour la patrie.

cher que je me représente gothique ou roman ferait oublier, ne serait-ce qu'un court moment, ces éternels cubes de maçonnerie, œuvres des routiniers architectes du cru qui n'ont même pas tenté jusqu'ici de créer un style colonial approprié au milieu et aux besoins. La nécessité d'un style nouveau ne se fait toutefois que très relativement sentir et si on leur demandait un avis, les coloniaux, prenant pour leur compte les opinions esthétiques de l'excellent Chrysale, s'écrieraient en chœur :

Je vis de bonne soupe et non de beau langage !

La bonne soupe architecturale consiste, sous les tropiques, à aménager de vastes pièces derrière de larges vérandas et des murs épais percés de grandes baies, susceptibles d'être ouvertes ou fermées à volonté. Car ici le soleil est le grand ennemi, à certaines heures de la journée, tandis qu'à d'autres, il reste ce qu'il est toujours en Europe, le meilleur hygiéniste qui soit.

Les gens de Dakar à qui l'on n'offre pour ainsi dire jamais de beau langage architectural, doivent trop souvent aussi se contenter de mauvaise soupe sous la forme d'habitations mal construites, étroites et surchauffées par le soleil.

On leur a donné ou plutôt ils se sont donné à eux-mêmes des apparences au lieu de réalités. La véritable raison d'une semblable manière d'agir est facile à donner, elle est une des causes principales pour lesquelles, dans la plupart des colonies de la côte, il est si difficile de réaliser une œuvre de quelque envergure. C'est que tout le monde passe dans ces pays, sans que personne s'y fixe. Tous les Européens de la côte sont commerçants ou fonctionnaires, il n'y a pas de colons agricoles et il ne peut guère y en avoir. Tous viennent dans ces régions pour un temps plus ou moins long mais limité. Ils n'ont pas des âmes de propriétaire mais seulement des instincts de locataires nomades. L'homme fixé au sol d'où il tire sa subsistance, où ses enfants continueront l'œuvre commencée par lui, cet homme porte seul ses pensées au delà du moment présent, il songe à l'avenir; le fonctionnaire instable, le commerçant lui-même, ne nourrissent guère de projets à trop longue échéance et, par nature, ils ne recherchent que leur intérêt immédiat. Aussi ne peut-on jamais établir de parallèle exact entre une contrée où des Européens peuvent se fixer à demeure et une autre, comme est celle-ci, où ils ne doivent pas, de toute nécessité, songer à un établissement définitif.

Plus encore que les autres villes de la côte, Dakar n'est du reste qu'un lieu de passage, j'allais dire qu'une vaste auberge pour voyageurs. La ville, certes, compte nombre de commerçants fixés chez elle pour toute leur existence coloniale, mais la plus grande partie de son animation et de son commerce provient des voyageurs séjournant plus ou moins de temps entre l'arrivée de leur paquebot et le départ de leur train.

Cela encore contribue à doter Dakar de son aspect si particulier. Nos calmes cités de province donnent à leurs visiteurs une impression de stabilité profonde qu'on ne retrouve pas ici où toute chose se transforme sans cesse et pour ainsi dire à vue d'œil, où beaucoup de gens ne font que passer pour disparaître le lendemain !

C'est toujours par Dakar que l'on doit transiter pour se rendre par voie de terre au fond du Soudan ou bien, en longeant encore le littoral vers le Sud, jusqu'à la Côte d'Ivoire, au Dahomey, voire même au Congo.

De plus, et ceci n'offre pour l'avenir de la ville pas moins d'intérêt que cela, le port à peine achevé tend à devenir un grand point d'escale et de charbonnage. Dakar, auberge pour voyageurs est aussi un relai pour bateaux. C'est chez lui que touchent, de plus en plus nombreux, les paquebots qui cinglent vers l'Amérique du Sud comme ceux qui desservent les nombreuses colonies portugaises, anglaises, allemandes, espagnoles et belges entre lesquelles se partage toute l'Afrique Occidentale jusqu'au Cap.

Ces bâtiments viennent et viendront davantage chercher à Dakar des vivres frais pour leurs passagers, du charbon pour leurs machines.

Plus de 100.000 tonnes de combustible y sont déjà écoulées chaque année aux navires des compagnies françaises. Les vapeurs belges du Congo s'y approvisionnent également ainsi que les grands steamers italiens qui relient Gênes à Buenos-Ayres. Plus tard viendront sans doute les Anglais et les Allemands dont la clientèle reste assurée encore aujourd'hui à Saint-Vincent ou à Las Palmas.

Dakar possède cependant déjà de nombreuses installations qui font défaut chez ses concurrents. Il a notamment une forme de radoub qu'on vient à peine d'achever et dont l'agrandissement s'imposera peut-être bientôt. Mais il lui faudrait encore des moyens perfectionnés de chargement et de déchargement, il lui faudrait des provisions plus abondantes qu'elles ne sont devenues dans ces dernières années, il lui faudrait aussi pouvoir offrir un gros fret de retour aux navires qui rentrent en Europe. Ce fret est tout trouvé, c'est l'arachide qu'on embarque à vingt-neuf kilomètres de là, dans la rade foraine de Rufisque et par les moyens les plus primitifs.

Le terrain ne manquerait pas sur les vastes docks du nouveau port, on y pourrait élever des entrepôts couverts d'où des succeuses déverseraient jusque dans les cales, les blondes graines bigéminées. Cet aménagement, le dernier qu'il soit nécessaire d'étudier et d'installer, coûterait une fois pour toutes bien peu de millions, il en rapporterait peut-être autant chaque année à l'administration, aux commerçants et même aux noirs. Mais il est plus difficile ici qu'ailleurs, de lutter contre la routine, de dessiller les yeux même des plus intéressés, de supprimer surtout les petites rivalités de villes, de maisons commerciales ou de services administratifs. Chacun s'hypnotise trop souvent dans la contemplation de son petit intérêt du moment, au risque de ne pas reconnaître son plus grand intérêt de demain. Et l'administration elle-même songe trop à satisfaire tout le monde pour s'éviter des affaires où simplement des récriminations.

Si l'on n'a pas tout réalisé pour attirer les bateaux dans le port de Dakar, on a fait davantage, il faut le reconnaître, pour retenir en ville les passagers qui y débarquent.

Naguère, les voyageurs étaient d'ordinaire fort mal reçus et plus maltraités encore si possible, dans les rares hôtels, toujours bondés, auxquels ils pouvaient demander un gîte.

L'administration, car nous sommes ici en France, et l'État est tout, l'Administration dis-je, émue de l'intolérable situation que créaient des commerçants imbéciles et parfois peu honnêtes, dut aller jusqu'à garantir 10 °/. d'intérêt aux capitaux qui seraient engagés dans une vaste entreprise d'hôtel. Nos nationaux

mettent, on le sait, beaucoup d'empressement à souscrire aux emprunts des États les plus tarés du monde,
ils refusèrent longtemps la fortune qui s'offrait à eux
sous cette forme. On a cependant pu, à la longue, changer l'ancien et déplorable état des choses.

Le vivre et le couvert sont donc aujourd'hui très
convenablement assurés à Dakar. A cet indispensable
on a même joint le superflu sous toutes ses formes :
aussi cette ville peut-elle être surnommée le Port-Saïd
de l'Afrique Occidentale, elle mérite largement ce
rapprochement avec l'auberge mal famée qu'est la
ville égyptienne.

On y vend du plaisir pour les passagers et les équi-
pages au moins autant que du charbon pour les machines. Et ce qui est le plus désolant c'est que notre
marchandise nationale, tout comme si notre douane la
protégeait, remplit à elle seule le marché ! Pour cet
unique article en effet, la concurrence étrangère n'existe
pour ainsi dire pas sur place.

Si nos capitaux, nos industriels et même nos colons
méritent amplement le reproche de timidité qu'on leur
adresse souvent aux colonies, pareil grief, en toute justice, ne peut être articulé contre ces commerçantes
d'un genre spécial qui sont elles-mêmes leur propre
marchandise. Elles pullulent à Dakar où elles tiennent
presque le haut du pavé. Elles remontent de là jusqu'au Soudan et visitent dans la brousse les isolés à
qui leur solitude pèse trop !

On a du reste le choix pour autre chose encore que
cela. Les concerts pullulent en ville à la manière des
champignons qui sortent de terre les lendemains de
pluies et disparaissent aussi vite. Un théâtre fut même
ouvert qui mériterait de durer. Toute la gamme des
distractions se rencontre donc à Dakar, de quoi con-

tenter tout le monde, à condition qu'on ne soit pas trop difficile !

Et vraiment cette floraison spéciale n'a rien qui puisse réjouir non seulement l'esprit mais aussi les yeux !

Appeler Dakar une Suburre tropicale serait quelque peu exagéré malgré ce qui vient d'être dit. Le moindre reproche qu'on puisse lui adresser est toutefois de manquer de tenue. Le genre débraillé, démodé jusqu'en province, reste ici fort en faveur, les conversations y sont grossières ; sauf exceptions, petits fonctionnaires ou jeunes commis de magasin n'ont qu'un désir, fréquenter les cafés et s'amuser. Comme en France du reste, le goût des plaisirs faciles se répand et plus qu'en France ce goût est déplorable, car on ne vient ici que pour gagner sa vie, dans des conditions spéciales et plus pénibles que dans la métropole. Mais où sont donc les indigènes dans cette ville bâtie sur la côte de l'Afrique barbare ? On en a bien vu servant les bocks ou les repas, balayant les rues ou portant les fardeaux, les uns vêtus comme nous ou peu s'en faut, mais ils sont rares, les autres infiniment plus nombreux, fidèles au boubou national, à moins qu'ils ne mêlent en un éclectisme comique, sur leur anatomie dégingandée, des vêtements de toute origine.

Tel manœuvre couvre son chef d'un melon cabossé et son torse disparaît en partie, grâce à une chemise de femme dont le bas se perd dans sa culotte ouoloff. Un jeune employé des postes gommeux, entouré d'un faux col presque blanc orné d'une cravate rouge vif son cou surmonté d'une tête simiesque. Ses pieds trop larges macèrent dans des bottines vernies trop étroites, mais ni l'un ni l'autre de ces indigènes, représentants de deux milieux différents, n'habitent dans la ville. Tous deux y viennent seulement pour leur travail quotidien, le noir européanisé y demeure peut-être quelques heures de plus afin de prendre sa part des plaisirs d'Europe qui, satisfaisant son naïf amour-propre, s'accordent cependant le mieux possible avec l'exiguïté de ses ressources.

Donc, lorsque la ville interrompt son labeur quotidien et que seuls ses cafés ou ses « beuglants » font encore briller leurs lumières, les noirs en longues théories paresseuses s'en vont vers les quartiers de l'Est spécialement réservés à leur race. Notre état d'esprit particulier et fort ridicule au surplus nous empêcha toujours de décréter franchement et d'appliquer avec netteté, comme font les Anglais, le principe de la séparation, de la ségrégation des races. Ce n'est qu'à la dérobée, et poussée par des nécessités urgentes, que l'administration s'efforça dans cette ville d'arriver à ce but. Une menace, peut-être exagérée pour la circonstance, d'épidémie de fièvre jaune, permit une fois, voici cinq ans déjà, d'exproprier au centre de la nouvelle ville européenne qui étend chaque jour ses limites, un grand nombre d'indigènes dont les cases infectes enlaidissaient ce quartier tout en rendant d'avance illusoires les diverses mesures de prophylaxie qu'on aurait pu tenter. Si l'on trouve encore un peu partout sur le plateau, des maisons que leur seule malpropreté désigne comme appartenant à des noirs, on peut dire cependant que l'agglomération indigène est aujourd'hui repoussée loin des vieux quartiers. Chacune des deux races peut ainsi vivre à son aise et chez elle !

L'extrémité du grand boulevard National qui, traversant la ville dans sa plus grande dimension, forme en quelque sorte son axe, atteint le quartier noir. Des rues sablonneuses et cahoteuses éventrent en tous sens ce quartier qu'on peut appeler un faubourg dont le pittoresque relatif ne rachète guère la saleté.

· Là pullulent les cases rondes faites de roseaux qu'entourent des clôtures constituées par les débris les plus divers, vieilles planches, douves de barriques ou fonds de caisses de zinc. Dans le sable, seul plancher de ces demeures rudimentaires, grouillent à la fois la marmaille nue, sale et souvent remplie de plaies purulentes, les femmes, grosses et oisives, les hommes maigres et paresseux !

Mais ce n'est pas ici qu'il faut venir rendre visite à nos frères inférieurs les noirs. On y est bien dans le domaine nègre, mais dans un domaine caricaturalement disposé !

Pour employer le langage de nos sociologues adonnés à la politique, le noir conscient pas plus que l'autre noir, le primitif, si tant est que des noirs sénégalais ne soient pas tous des primitifs, ne se trouvent à Dakar. Le noir, quel qu'il soit, ne vit en effet pas à son aise, même dans ce faubourg éloigné où les blancs ne s'égarent guère, sauf quelques touristes vite saturés ou quelques soldats en quête d'aventures économiques.

Pour étudier le noir des villes, effleuré plutôt que touché par la civilisation, il faut aller à Saint-Louis ; pour voir le noir brut, naturel, dans son cadre naturel, il faut aller dans la brousse. Et c'est même là, il faut bien le dire, qu'on le trouvera le plus sympathique et le plus à son avantage.

Dakar était naguère, avec toute sa presqu'île, le siège d'une sorte d'état plus anarchique encore que les terres voisines. Les Lébous qui le peuplaient, grands pêcheurs de leur métier et révolutionnaires par nécessité, s'étaient affranchis de la domination des roitelets ouoloffs leurs suzerains. Ils avaient, voici plus d'un siècle, constitué une apparence de gouvernement que nous avons étiqueté « républicain », on ne sait trop pourquoi.

Le Dakar indigène d'aujourd'hui n'est qu'une agglomération de boys et de débardeurs. Ce n'est plus un village ouoloff ou lébou, c'est un campement. Il n'offre donc aucun intérêt ; aussi ne se trouve-t-il même plus de voyageur assez naïf pour aller présenter ses hommages, relevés de quelques sous, à son roi hypothétique.

Le Dakar indigène est mort, notre Dakar européen naît à peine, et malgré l'affection cutanée qui le dépare, sa jeunesse déjà robuste ne fait pas mal présager de sa destinée future.

CHAPITRE II

Le vestibule d'un Empire

**Les méfaits d'une politique condamnée mais conservée ; mœurs et
coutumes ouoloffs.**

A part Gorée qui n'est qu'un village abandonné au
pied d'un fort, rien ne date sur cette côte africaine.
Tout y est d'hier; les pans de murs en ruines que par
hasard on y peut rencontrer n'ont pas même vu passer deux générations d'hommes. Une ville sénégalaise
cependant fait remonter son origine à quelque trois
siècles en arrière, et c'est Saint-Louis.

Or, Saint-Louis reste la cité européenne la plus peuplée de la côte. Elle se trouve, au surplus et pour
quelques années encore, sur la route du vaste Soudan
qu'hier on ignorait et dont aujourd'hui presque tous
les mystères sont pénétrés. On ne peut donc se dis-
penser de pousser jusqu'à Saint-Louis, même lorsque
pour aller jusque-là, il faut un peu s'écarter de son
chemin.

Les moyens d'atteindre la ville sont nombreux et
relativement commodes. On y accède par mer, grâce
aux fréquentes occasions que fournissent les vapeurs
du commerce, mais il est encore plus simple de pren-

dre le chemin de fer qui, de Dakar, y conduit sans peine en moins de dix heures.

La voie ferrée, longue de 263 kilomètres, longe à quelque deux ou trois lieues de distance, les rivages sableux et inhospitaliers du Cayor.

Elle se dirige du sud-ouest vers le nord-est avec une sage lenteur, et le train, dont les voitures de 1re classe sont trop rembourrées et par conséquent trop chaudes, offre cependant au voyageur européen un confort dont il perdra bientôt l'habitude s'il veut connaître vraiment la brousse !

La région parcourue n'offre aucun intérêt. Les plaines qu'on traverse durant tout le voyage, tantôt sont couvertes de champs de mil ou d'arachides, tantôt semées de palmiers rôniers aux fûts élancés ou bien de baobabs énormes.

L'homme imita trop bien l'exemple de la nature et l'on se rassasie vite à revoir sans cesse le monotone spectacle de ses bâtisses, toujours copiées sur un unique modèle. Cela fait que le touriste aperçoit, avec un plaisir sans mélange, les maisons que Saint-Louis, terme de son voyage, dresse derrière la barrière imposante du fleuve Sénégal.

Mais le malheureux se croit bientôt tombé de Charybde en Scylla, car rien dans la ville n'attire ni ne retient l'attention ; aussi bien n'y vient-on guère pour son plaisir et ne fait-on, presque toujours, qu'y passer. Les rues se coupent à angles droits, il n'existe qu'une seule place, froide et banale, et les maisons se ressemblent toutes, sauf qu'un petit nombre d'entre elles sont assez bien entretenues, tandis que la plupart des autres révèlent au premier coup d'œil l'incurie de leurs propriétaires. On ne peut non plus parler des monuments de Saint-Louis, qui en est tout à fait dépourvu.

La plus humble sous-préfecture de France, voire même l'immense majorité de nos chefs-lieux de cantons possède à coup sûr, soit dans leurs demeures particulières, soit dans leurs constructions publiques plus de beauté ou de pittoresque que cette vieille cité coloniale. Et cependant 25.000 âmes peuplent son île étroite, allongée au fil des eaux bourbeuses de son fleuve, et ses trois faubourgs répartis sur les deux rives du Sénégal.

Pour ce qui est des environs de la capitale sénégalaise, mieux vaudrait n'en pas parler. Un sable presque pur forme les îles voisines de la sienne ainsi qu'une notable partie du territoire voisin. Un pays plat ne peut guère agréer aux yeux que si de beaux arbres le couvrent ou si la nature l'habille, comme d'un vert tapis rehaussé d'argent, de prés que traversent des ruisseaux.

Mais le Sahara tout proche fait trop sentir son influence en cette région pour qu'on puisse espérer voir dans la campagne voisine autre chose que des herbes dures, nées au moment des pluies, séchées dès que le ciel se tarit, ou des arbres presque tous épineux, qui défendent comme ils peuvent, aux dépens de l'esthétique, leur sève trop rare contre les atteintes d'un soleil trop brûlant.

Saint-Louis, d'après ces prémisses, passera difficilement pour un séjour enchanteur. La ville vaut qu'on s'y arrête cependant, car cet amas banal et laid de briques noyées sous d'épais fards de chaux offre, sinon à la curiosité du moins à l'étude, un intérêt véritable.

Par quel mystère ? Oh ! c'est bien simple au fond !

La ville est d'une désolante monotonie mais non pas ses habitants, et ce sont les blancs venus de France, les noirs accourus de partout, les mulâtres nés de l'accouplement des uns et des autres, c'est ce mélange d'êtres si dissemblables, les mœurs de tous ces hommes, la façon dont ces divers éléments réagissent les uns sur les autres, c'est tout cela qu'il est intéressant d'étudier.

De nombreux problèmes d'ordres divers, quelques-uns de ces problèmes ont une importance capitale pour l'humanité tout entière, ne tardent pas à se poser devant les esprits, pour peu qu'on séjourne quelque temps dans cette ville, peut-être unique en son genre.

. Si donc la vieille cité, naguère fondée par nos aventureux ancêtres, ne mérite pas qu'on la visite, elle vaut, fait d'apparence paradoxale, qu'on y séjourne quelque temps.

Dakar, ville fondée presque en une fois possède des quartiers distincts pour ses natifs. Saint-Louis au contraire confond tous ses habitants d'une façon qui d'abord paraît intime.

Les blancs ou les mulâtres logent à l'étage de ses plus belles maisons dont souvent les noirs occupent le rez-de-chaussée et cependant, blancs et noirs mènent leur existence habituelle sans se mêler les uns aux autres.

Depuis près de trois siècles que nous sommes là, nous avons évolué sans cesse, transformé nos sciences, nos idées et nos habitudes. Nous avons quitté nos habits à la française et les chapeaux à plumes de nos pères pour adopter le veston démocratique et nous coiffer du casque colonial. Nous avons transformé nos habitations comme nos costumes, nos meubles comme nos vêtements.

L'indigène, lui, est resté semblable à lui-même. Quelques-uns de ces noirs qu'on nomme ici « gourmets », et qui depuis trois ou quatre générations sont devenus catholiques, ont bien copié plusieurs de nos habitudes extérieures ; la masse, l'immense majorité, est demeurée ce qu'elle était, ce qu'elle fut toujours, ce que probablement elle sera durant de nombreux siècles encore.

Pour peu qu'on veuille l'étudier, la vie noire s'étale tout entière aux yeux. Les indigènes sont rares qui possèdent de la fortune, ceux mêmes à qui leurs ressources permettraient une existence semblable à la nôtre conservent les habitudes de leur race. Or, ces habitudes n'ont guère changé depuis des siècles.

Comme cela se fait dans presque toute l'Afrique noire, la nourriture se compose de mil pilé durant de longues heures par les femmes et les captives. On procède à cette opération au moyen d'un fort pilon de bois qu'on laisse retomber dans un mortier taillé à même d'un tronc d'arbre.

Cette farine cuite à l'étouffée, à laquelle on joint avec de la graisse et d'autres ingrédients un peu de viande ou, plus souvent de poisson tantôt frais tantôt sec, constitue le mets national, le « tchéré », couscous ouoloff, base de la nourriture des noirs et de beaucoup de mulâtres.

Le terme « couscous » fut emprunté par nous aux Arabes. Les noirs n'emploient guère ce vocable créé par leurs voisins du nord desquels ils ont cependant reçu tant d'autres choses.

Depuis plus de deux siècles en effet, l'islamime a commencé la conquête du Sénégal et à part les Sérères fétichistes et les rares noirs catholiques des villes, a colonie tout entière est devenue musulmane.

Aussi l'Arabe propagateur souvent armé de cette oi est-il devenu un modèle pour le noir sénégalais.

Sa langue représente pour lui ce qu'était le latin pour le Franc ou le Burgonde des premiers siècles du moyen âge. De nombreuses écoles en répandent les rudiments dans les grandes agglomérations ; même dans certains villages de l'intérieur quantités d'enfants hurlent à pleine voix sous la férule des marabouts les versets du Coran. Cette influence arabe se borne cependant à peu de choses près, au domaine religieux. Les riches Sénégalais portent toutefois des babouches jaunes fabriquées à Fez ou à... Marseille. Les plus fortunés ou les plus prodigues d'entre eux se risquent tout au plus à acheter quelque beau vêtement mauve venu du Maroc. Mais d'ordinaire le costume du Ouoloff se compose d'une sorte de pantalon de zouave coulissé à la ceinture et du « boubou », vaste pièce de toile bleue ou blanche, munie d'un trou pour laisser passer la tête, tandis que les bras s'échappent naturellement des pans conservés ouverts. La femme porte sur ses épaules un boubou semblable à celui de l'homme, sauf qu'au lieu de s'orner de broderies analogues à celles des blouses de nos paysans, il se taille d'ordinaire dans des tissus transparents de rideaux à bas prix.

C'est à la longueur de son boubou qu'on reconnaît, sinon la vertu d'une femme, du moins si elle est ou non en puissance d'époux. Les femmes mariées le portent court, les filles au contraire l'allongent presque jusqu'à leurs talons.

Avec son boubou ou sa camisole ajustée, la « Digen » ouoloff, parangon d'élégance nègre, drape une simple cotonnade rectangulaire autour de ses hanches. Il faudrait qu'elle soit bien pauvre pour ne posséder qu'un seul « pendal » et d'ordinaire elle serre autour de sa taille vite épaissie, trois, quatre, voire sept ou huit de ces pièces d'étoffes ornées de lignes géométriques ou de dessins barbares.

La plupart des peuples, jusqu'aux moins civilisés, se sont créé une architecture spéciale ; l'habitation du noir ouoloff n'est depuis de nombreux siècles qu'une case de bois et de chaume.

Toutefois, les indigènes des villes logent souvent dans des maisons construites à l'européenne, ils en possèdent même un certain nombre. Mais ces gens riches vivent dans leurs appartements comme s'ils se trouvaient dans leurs cases ancestrales, même si l'ostentation puérile propre à la race leur a fait acquérir des meubles parfois très beaux pour la colonie et dont ils ne savent que faire. Ainsi les glaces, luxe recherché, sont-elles barbouillées de blanc dès que le chef de famille part en voyage.

On couche tout habillé sur les lits jamais entretenus et surtout on ferme constamment toutes les ouvertures des pièces afin de mieux lutter contre le froid, jamais bien vif cependant. Aussi l'odeur qui se dégage d'un intérieur nègre est-elle souvent repoussante.

Voilà le cadre où se déroule la vie indigène.

Certes, il n'est pas uniforme pour tous. Depuis plus de cent ans que Saint-Louis forme une véritable ville, c'est-à-dire depuis le début du siècle précédent, l'accroissement de la population, l'accumulation des richesses au moins relatives amenées par le commerce dans cette cité uniquement occupée d'échanges, ont produit leurs effets ordinaires, malgré l'apathie native de la race.

Il y a un luxe noir, il existe une mode indigène à Saint-Louis. N'Dar, c'est en ouoloff le nom de la ville, remplit même à ce dernier point de vue, un rôle analogue, toutes proportions gardées, à celui que joue Paris vis-à-vis de la province.

Les femmes ouoloff, c'est à cela qu'on reconnaît une véritable élégante, portent autour de leur tête un mouchoir qui enferme les nattes minuscules, largement enduites de graisse, de leurs chevelures laineuses.

Ce « mouchor » s'orne toujours de dessins imprimés. Le grand chic est d'en posséder de modèles uniques, tels que n'en pourront porter les rivales. Certains « mouchors » se paient vingt francs, qu'on aurait en France pour dix sous.

Nos élégantes n'agissent-elles pas ainsi lorsqu'elles recherchent une forme neuve de jaquette ou de jupe qui, le lendemain, reproduite à de nombreux exemplaires, sera délaissée par elles pour cet unique motif.

La femme se ressemble décidément partout, sous toutes les latitudes !

Il ne faudrait pas oublier dans l'énumération des objets de la toilette féminine ouoloff ou plutôt noire, les bijoux d'or du Galam, les nombreuses boucles en filigramme qui entourent le lobe des oreilles ni les massifs bracelets des poignets et des chevilles ainsi que les superbes « tien » d'or qui ornent les vastes poitrines dés opulentes bourgeoises de Saint-Louis. Car la beauté féminine se mesure au poids ici, comme à la Villette, celle des bœufs.

Telle énorme matronne pousse lentement ses pieds chaussés de sandales l'un devant l'autre et traîne son abdomen avec effort en jetant un regard éteint et un sourire dédaigneux à ceux qu'elle rencontre. Nous la trouvons horrible, mais le Ouoloff admire ce port de femelle trop bien nourrie. Si nombreux que soient les pendals dont il est entouré, il faut bien, pense-t-il, qu'un vaste ventre se tende sous les étoffes et pour que ce ventre possède cette circonférence, que de nourriture n'a-t-il pas dû absorber au cours de longues semaines oisives.

Or il faut être riche pour tant manger et si peu marcher !

Ne nous étonnons pas trop de cette manière de penser qui, peut-être, paraît d'abord différente de la nôtre. Ne voulons-nous pas pour nos femmes que leurs mains comme leur tournure d'esprit, quand elles ont de l'esprit, témoignent de toute évidence, qu'elles ne se livrèrent jamais à aucun travail rétribué.

L'homme noir des bords du Sénégal pense donc, au fond, assez exactement comme l'homme blanc des bords de la Seine et tous deux peuvent réciproquement s'appeler des barbares !

Chose plus importante que des bijoux, la femme possède d'ordinaire et l'homme suit son exemple, une collection de gris-gris variés.

Elle porte de beaux gris-gris de cuir dont l'efficacité douteuse tient sans doute au verset du Coran qui s'y trouve caché ou à la salive du marabout qui le vendit mais dont le poids — ces gris-gris sont parfois vingt, trente, voire cinquante — ne laisse pas à la longue que d'être considérable.

D'autant qu'on porte avec eux en sautoir les objets les plus hétéroclites, une vieille clef, un flacon vide, un bout de corne de mouton, un chiffon roulé et ficelé, sans compter, pour certaines femmes, une demi-douzaine de colliers serrés autour des reins et formés de grosses perles de verre.

Ce chapitre de la coquetterie féminine serait trop long s'il le fallait rendre complet, d'autant qu'il deviendrait nécessaire d'y souligner certaines différences de goûts correspondant à des différences de races, or les mœurs locales valent aussi qu'on les esquisse.

L'indigène est superstitieux au delà du croyable, l'usage si répandu chez lui des gris-gris en fournit une preuve qui n'est pas unique. Même les noirs frottés de civilisation et instruits croient aux sorciers. Certains de nos paysans sont dans le même cas, mais ils constituent une exception et l'on ne trouvera pas chez eux, comme on fait ici couramment, des gens assez simples pour acheter à cher prix, au risque de se priver du nécessaire, des amulettes aux fins les plus bizarres.

Le noir adore les distractions : aussi le cinématographe qu'un ingénieux industriel promène dans la colonie, attire-t-il la foule dans la brousse comme dans les villes. Esclave, le nègre chantait et dansait pour endormir ses peines ; homme libre et citoyen, il s'amuse avec autant d'entrain que ses pères et il ne lui faut guère plus qu'à eux pour satisfaire à ce besoin. Les danses, aujourd'hui uniquement réservées aux femmes n'ont rien de modeste, au moins dans le sens que l'Église attache à ce terme. Les unes, ce sont les seules à peu près innocentes, rappellent les exercices des derviches tourneurs. La plupart sont d'une impudeur si grossière qu'elles choqueraient n'importe qui en France ; mais ici les petites filles les exécutent devant leurs parents attentifs.

Aussi les coloniaux, vite blasés, ne s'émeuvent-ils guère à voir dans les rues les cuisses maigres de fillettes impubères se serrer ou s'ouvrir sous les pagnes entr'ouverts, les poitrines et les ventres étroits, mal formés encore, avancer ou reculer tantôt avec lenteur, tantôt plus rapides, tandis que les mains simiesques, agitées au bout des bras, suppléent aux paroles et que les visages impassibles, révèlent la part de passive habitude des précoces chorégraphes.

Ces gestes qu'on apprend si tôt, toute la population noire de Saint-Louis les exécute, pour de bon, de très bonne heure également. La pudeur n'existe nulle part. La captive n'avait naguère rien à refuser à son maître, or nombre de captives existent bien encore dans la ville malgré toutes les dénégations intéressées et de plus, personne n'attache d'importance à conserver ce capital qu'on trouve si précieux chez nous.

Les jeunes musulmanes le prodiguent ici à qui mieux mieux et les « gourmettes » catholiques sont également ment réputées pour savoir, tout en le dilapidant, en tirer bon parti. Aussi chacun trouve-t-il facilement chaussure à son pied, si semblable proverbe peut avoir cours dans un pays où pour cause, les cordonniers ne feraient pas fortune.

Aux heureux vainqueurs incomberait, d'après la tradition, le soin de payer les boubous des belles que leurs parents n'ont plus qu'à nourrir. C'est vraisemblablement à cause de cette facilité qu'auraient les natifs de s'y distraire qu'ils se refusent à quitter Saint-Louis. Noirs ou mulâtres se considèrent comme exilés dès qu'ils perdent de vue le grêle mât de pavillon planté sur l'hôtel du gouvernement et bien peu d'entre eux savent se résigner à une telle extrémité.

Il n'y a donc rien d'étonnant à ce que la naissance d'une fille soit bien accueillie dans cette ville où la femme trouve si facilement... sa vie. Son entretien coûte peu, puis elle rapporte une dot à ses parents quand un homme la veut légitimement épouser. Or quelques-unes de ces dots représentent une belle somme pour le pays.

C'est que la femme constitue, à elle seule, presque toutes les jouissances qu'un homme puisse s'offrir.

Un bon musulman peut convoler avec quatre épouses légales et si l'appétit des noirs était seul en cause, nul doute que tous n'atteignent à ce chiffre. Par malheur, chaque femme possède une habitation spéciale, de sorte qu'au lieu d'un unique harem, l'heureux possesseur de ces quatre épouses devra entretenir quatre intérieurs. Si rudimentaire que soit un « home » ouoloff, la dépense quadruplée n'est supportable qu'à bien peu d'élus.

Il est vrai que nombre de femmes ne reçoivent de leur mari que le gîte et que leurs gages de cuisinières ou de bonnes chez les blancs suffisent à les défrayer du reste.

Quant aux enfants, ils poussent tout seuls, le manque d'hygiène au surplus en réduit le nombre de sorte qu'il est rare de rencontrer de très nombreuses familles malgré la fécondité des mères.

Qu'on n'aille, du reste, pas douter de l'amour des parents indigènes pour leurs enfants.

Ils sont attachés à leur progéniture d'une façon qui n'est pas la nôtre. Ainsi ne les battent-ils presque jamais, mais leur intelligence enfantine et versatile les empêche de les surveiller, et s'ils tombent malades, de les soigner comme il faudrait. Quand une mère amène son enfant au médecin, celui-ci a bien des chances de ne pouvoir continuer son traitement tout le temps nécessaire.

Encore une fois, si cette conduite nous semble révoltante, elle s'explique par l'indifférence foncière des parents et non par leur mauvais vouloir. Sans qu'on puisse le dire bon, le noir n'est certes pas méchant. On peut voir chaque matin une longue théorie de noirs et surtout de Maures, adultes gamins et filles, entrer dans les maisons, demander l'aumône qu'ils reçoivent souvent sous forme de grains. Plus de dix quémandeurs viennent chaque jour chez certains noirs, peut-être aussi misérables que leurs obligés et aucun mendiant ne sort les mains vides.

Personne n'ignore cependant que ces grains seront le jour même revendus au marché; personne n'ignore non plus que les effrontés quéteurs passent leur journée entière couchés sur le sable à dormir, à jacasser ou à se chercher les poux. Mais comment un noir ferait-il à son prochain le reproche de ne pas travailler, lui qui considère le repos comme le bonheur suprême !

Peu d'industries, on s'en rend compte de suite, sont nécessaires pour fournir au Sénégalais ce dont il a besoin. Il en faut moins encore dans les villages de la brousse où vit seul le « bounioul » que dans la grande N'dar dont les blancs troublent toujours un peu le repos de leur activité, si peu que ce puisse être.

Aussi les industries purement noires se compteraient-elles sans peine sur les doigts d'une seule main.

D'assez nombreux tisseurs aux métiers rudimentaires végètent encore en ville. Les étroites bandes de grosse cotonnade qu'ils fabriquent sont ensuite teintes au bleu d'indigo par des femmes.

Quelques forgerons, cumulant avec ce métier celui de bijoutier, forment la caste méprisée des Thiam, au-dessous de laquelle se trouvent seulement les griots, impudents louangeurs de qui les paie.

Tous les noirs de la brousse cultivent l'arachide ou le mil, sauf les Laobés, menuisiers de bois, et les Peuls meilleurs pasteurs encore que les Maures.

Les habitants des villes ne font généralement rien si l'on en juge d'après le nombre de ceux qui jouent aux dames ou palabrent toute la journée, vautrés dans le sable de leurs cours.

Une industrie nouvelle fait toutefois de rapides progrès dans le pays et beaucoup de noirs deviennent fonctionnaires. Aussi ne peut-on vraiment pas dire que cette race n'évolue pas sur nos traces !

Les noirs n'ont guère eu droit jusqu'ici qu'aux menues places. Ils sont petits employés des postes, de l'instruction publique et surtout, car cela ne demande ni efforts ni intelligence, ils ambitionnent d'être plantons.

Les noirs forment donc au Sénégal, en quelque sorte, le prolétariat des ronds-de-cuir dont l'aristocratie se recrute parmi les blancs et les mulâtres. Cet état de choses paraissait jusqu'ici naturel aux uns comme aux autres.

Tandis que les couples virevoltaient sous la lumière électrique, en un bal officiel où se mêlaient un peu toutes les classes, une négresse chargée de servir au buffet et regardant la salle de ses yeux émerveillés répondait à quelqu'un qui lui demandait si elle voudrait danser : « Ça y en a pour Toubabs », « C'est le plaisir de blancs », du même ton qu'elle aurait dit : Voler n'appartient qu'aux oiseaux, je ne puis donc vouloir voler !

Mais des temps nouveaux s'annoncent, grâce à nous-mêmes, et bientôt les noirs du Sénégal voudront voler à leur tour, sans avoir d'ailes !

Ils devinent cependant plus qu'ils ne la comprennent la supériorité de l'Européen, et même ils sentent confusément combien sa présence chez eux est utile. Ils ne le haïssent donc pas, mais ils ne l'aiment pas non plus, car ils sont, irrémédiablement, trop éloignés de lui.

L'Européen prête lui aussi à l'étude, surtout au point de vue de sa psychologie, car le milieu dans lequel il vit agit sur ses idées et sur son esprit tout aussi bien que sur son organisme.

En ce moment l'Européen et même le mulâtre qui n'émargent pas au budget, trafiquent en ville ou dans la brousse. Naguère encore, il y a trente ans à peine, le commerce présentait à Saint-Louis même une réelle originalité. Il n'en est plus ainsi aujourd'hui et les boutiquiers de la ville, qui se ressemblent tous par la manière de traiter leurs affaires, ne s'éloignent guère non plus sous ce rapport de leurs collègues de France.

Le fonctionnaire est roi dans cette petite ville de province, somnolente sous son ciel africain. Il ne trouve autour de lui que des boutiquiers, presque tous salariés, presque tous arrachés à la glèbe natale. Certains de ces agents commerciaux touchent des appointements supérieurs aux siens, mais il le considère cependant comme ses inférieurs car lui seul possède l'autorité !

Je remarquais précédemment qu'entre les blancs et les noirs se dresse le mulâtre. Ce produit des deux races semblerait devoir remplir le rôle d'un pont jeté sur l'abîme qui sépare, ici comme partout, les descendances de Cham et de Japhet. Les apparences mondaines, qu'on me passe ce mot prétentieux pour Saint-Louis, paraissent d'abord confirmer cette supposition, il n'en est rien dans la réalité et comment pourrait-il en être autrement ?

Le mulâtre semble s'être résolument mis à l'école de son père, il parle un français souvent correct avec n accent bizarre, dur et aspiré, très différent de celui des Antillais et des Bourbonnais qui ne peuvent prononcer les *r*. Il est vrai qu'il parle encore mieux le ouoloff.

Le mulâtre se vêt à l'européenne et il y met une certaine affectation, car on le voit, à tout propos et même hors de propos, comme ses frères en couleurs d'Haïti, s'affubler de redingotes, d'habits et de chapeaux hauts de forme. Son intérieur offre également un aspect européen, mais, sauf d'assez rares exceptions, la ressemblance s'arrête là et pour la manière de sentir le mulâtre se rapproche surtout de sa mère dont il garde fréquemment sous son vernis beaucoup de superstitions et de coutumes fétichistes ou musulmanes.

Né le plus souvent d'un père qui passa, d'une mère demeurée dans son pays natal, au milieu de sa propre famille, il doit plus à celle-ci qu'à celui-là. Il a reçū d'elle avec son lait son idiome naturel, le ouoloff, ses habitudes morales comme ses manières de penser.

Une phrase terrible et vraie, assure-t-on, stigmatise le mulâtre des Antilles qui « haït son père et méprise sa mère ».

Le mulâtre sénégalais ne méprise pas sa mère l' « iay », il l'honore même, ce qui ne l'empêche pas de la cacher avec soin pour peu qu'il occupe une situation un peu relevée.

S'il ne haït pas toujours l'Européen, du moins le jalouse-t-il pour bien des raisons. Le blanc jouit de qualités diverses, héréditaires chez nous et renforcées chaque jour par l'éducation. Or le mulâtre ne les possède pas, pour des causes extrinsèques à lui-même.

On doit bien convenir, les questions d'éducation et d'hérédité mises à part, que le climat possède une influence sur le développement physique ou cérébral de l'homme comme il en possède une sur la vie des végétaux ou des animaux.

Le blé ne pousse pas au Sénégal, une vache de race

bretonne, un chien de Saint-Bernard y souffriront, leur postérité s'éteindra vite. Comment voudrait-on que la descendance des Européens y prospère ?

Il convient ici d'aborder une autre partie de ce grave problème, celle de la qualité des géniteurs. Lorsqu'il s'agit d'animaux, non seulement on choisit avec soin les reproducteurs, mais encore on prend soin de les placer dans les meilleures conditions matérielles possibles.

Les parents des mulâtres ne furent pas sélectionnés pas plus qu'ils ne vécurent dans de parfaites conditions. Aussi, pour ne parler que des qualités physiques des mulâtres, le produit du croisement des races noires et blanches n'offre-t-il rien de satisfaisant, du moins au Sénégal.

Pour quelques hommes bien bâtis ou quelques femmes bien faites, quand elles sont toutes jeunes, on compte un nombre relativement élevé d'individus atteints de tares physiologiques diverses.

Ces observations ne font du reste que confirmer les lois édictées par Darwin et d'autres savants, d'après lesquelles les croisements entre races trop différentes les unes des autres donnent, matériellement, de mauvais résultats. Ces produits se rapprochent toujours en effet de la race inférieure au point de se confondre avec elle. Les mêmes savants n'ont eu garde de ne pas signaler également l'infériorité intellectuelle ou morale, des produits de croisement semblables.

On peut expliquer ces faits avec facilité. Le mulâtre vit surtout dans une atmosphère nègre, il a les plus étroites affinités de sang avec le noir, aussi son amour de tout ce qui brille, sa passion folle de la louange, son insouciance et son absence de sens moral sont-ils très analogues à ceux du Ouoloff. Il n'est pas non plus travailleur et son intelligence vite endormie se trouve bientôt incapable d'efforts. Si l'on veut l'instruire, il atteint péniblement les premiers échelons universitaires et s'en tient là. Si par hasard on le pousse un peu plus haut, ses connaissances acquises par le seul effort de la mémoire disparaissent bientôt de son esprit comme des chiffres écrits à la craie s'effacent sur un tableau noir. Des exceptions doivent être citées, on ne peut prétendre qu'elles soient nombreuses.

Il en est ainsi de tout. Sa politesse, son esprit religieux ne sont que des formules. Le commerce même lui réussit souvent mal, par suite de sa négligence. Presque aucun mulâtre sénégalais n'a brillé ou seulement tenu une place honorable dans les carrières libérales, pas même dans l'administration où l'on en compte tant. On ne peut citer parmi les enfants du pays qu'un officier supérieur dont le nom vaille d'être conservé.

Or, dans notre manie nivelleuse, nous avons fait des noirs et des mulâtres nos égaux politiques et les mulâtres ont profité de cette situation pour nous assujettir en quelque sorte à eux dans la colonie et pour transformer la politique locale en une fructueuse industrie. Presque tous en effet vivent, directement ou non, de la politique et par conséquent du budget.

Le Sénégal nomme un député, il possède depuis 1870 un conseil général qui dispose d'un budget de près de quatre millions. Les temps sont heureusement changés, car naguère des ressources plus importantes encore étaient à la discrétion de ce parlement au petit pied et Dieu sait s'il en abusait. Enfin les grandes villes de la colonie constituent autant de communes pourvues de ressources financières importantes.

Les électeurs sont pour la plupart des noirs, ignorant tout de la France, ses lois, ses mœurs comme sa langue. On pouvait même, jusqu'à ces derniers mois, signaler cette prodigieuse anomalie d'après laquelle les Français domiciliés ailleurs que dans les quatre grandes communes, Dakar, Saint-Louis, Rufisque et Gorée, ne votaient pas, tandis que les noirs habitant ces mêmes villes prenaient part à toutes les élections quoiqu'ils fussent sujets et non pas citoyens. Les mulâtres, si rapprochés d'eux par la mentalité, par la parenté même, guident sans peine ces gros bataillons indigènes vers les urnes tandis que nos compatriotes, en majorité fonctionnaires, se désintéressent de la lutte. Tout au plus s'égayent-ils de voir les laptots des maisons de commerce ou les clients des familles locales qu'on mène parfois au scrutin, le bulletin dressé à bout de bras sur la tête, tandis que la main libre tient une bouteille de limonade, un pain de sucre ou un sac de biscuits.

Il est vrai que naguère, noirs et mulâtres criaient en allant au vote : « A bas les blancs, le Sénégal aux Sénégalais ! » et qu'ils s'abstiennent aujourd'hui de pousser ces cris subversifs. Mais à quoi bon se souvenir de paroles volantes ! comme disait ce bon Homère.

Qu'on ne s'y trompe cependant pas. Aucun Toussaint Louverture ne se cache parmi noirs ou mulâtres. On ne lutte pas ici pour une indépendance plus ou moins complète, mais seulement pour le droit de disposer des fonds publics et des places.

Un membre du conseil général peut faire attribuer des bourses à ses enfants, des secours à ses parents, surtout si lui-même est riche ; il peut également faire entrer son fils, à peine sorti du lycée où il fut élevé gratuitement, dans l'administration des affaires indigènes ou dans les bureaux du secrétariat général. Ce jeune homme s'élèvera ensuite doucement de degrés en degrés jusqu'au moment de prendre sa retraite.

La politique ainsi comprise fausse tout, surtout les consciences et les courages. Est-il nécessaire de travailler quand on a des amis au pouvoir ? Ne vous trouveront-ils pas une place pour laquelle on n'aura besoin ni d'assiduité ni de connaissances spéciales?

Un des derniers gouverneurs de la colonie avait reçu du directeur d'un hôpital une plainte très grave contre une infirmière mulâtresse. Il lui répondit qu'il ne pouvait révoquer cette femme : « Cela vous étonne, ajouta-t-il, vous allez encore m'en dire du mal. Inutile ! je la connais mieux que vous. Elle était femme de chambre chez le gouverneur B... avant d'être nommée à l'hôpital et, entre au'res choses, elle lui vola du linge. Cela n'empêche qu'elle soit très pistonnée au conseil général. Nous allons donc lui infliger un blâme, elle est très vaniteuse, elle se piquera au jeu et nous enverra sa démission. »

Les choses se passèrent ainsi sauf toutefois que l'infirmière conserva sa place.

La question mulâtre si intimement liée au Sénégal à la question politique peut donc se résumer ainsi dans toute sa simplicité : si les blancs n'aiment pas les mulâtres, c'est que ceux-ci ne voient jamais que leur intérêt personnel, c'est parce qu'ils prétendent être les maîtres de ce Sénégal où ils ne sont rien, pas plus par le nombre ou le talent que par les services rendus. On leur reproche d'avoir gardé la mentalité noire et ce n'est pas une calomnie tout au moins pour un grand nombre d'entre eux. Or le rôle qu'ils devraient jouer dans ce pays pourrait être magnifique. N'ont-ils pas eu tout pour eux jusqu'ici, l'instruction, le pouvoir? Que leur faudrait-il encore ? La clairvoyance nécessaire pour reconnaître que leurs propres intérêts s'allieraient fort bien avec leurs devoirs !

Peut-être le meilleur moyen d'amender les mulâtres serait-il de débarrasser leur pays du fléau de la politique.

Gambetta disait naguère que l'anticléricalisme n'était pas article d'exportation. Quel Gambetta saura nous apprendre que l'égalité politique non plus n'est pas article d'exportation. Laisse-t-on par hasard les enfants s'amuser avec des allumettes ?

En résumé, ce dont on s'aperçoit le plus promptement peut-être, pourvu qu'on demeure un peu de temps à Saint-Louis, c'est que les éléments dont se compose sa population se juxtaposent sans se mélanger vraiment. Chacun d'eux conserve sa vie propre, les relations de l'un à l'autre sont fréquentes et du reste obligatoires, indispensables à tous, elles n'existent toutefois que par nécessité.

Ce sujet peut sembler par trop grave. Il convient donc de ne pas insister plus longtemps ! *Et nunc minora canamus !*

Saint-Louis représente une petite ville de province en même temps qu'une grande cité coloniale, et l'existence qu'on y mène participe donc de ce double caractère. Voici succinctement le tableau d'une de ses journées.

La nuit s'achève, les étoiles pâlissent au ciel ; un clairon sonne à la caserne prochaine, un second plus lointain fait écho. Puis le carillon de l'église se fait entendre en même temps que l'oreille perçoit le chant aigu ou plaintif du « muézin » dont le « Allah Akbar » s'élève cinq fois par vingt-quatre heures, dans la nuit, un peu avant l'aurore, au moment où le soleil avoisine son zénith, puis quand l'astre fatigué penche vers l'Océan tout proche.

La voix métallique de nos cloches possède une poésie à laquelle s'ouvrent des âmes même incroyantes, mais ces paroles clamées cinq fois par jour et qui, toutes affaires cessantes, plongent dans la poussière les fronts de tout l'Islam, paraissent autrement fortes et tyranniques !

Le jour naît, des ombres drapées de cotonnades légères commencent à circuler dans les rues, des noirs encore à moitié endormis rompent le silence exquis ; le bruit s'accroît car deux femmes se sont rencontrées ; il devient insupportable car sous vos fenêtres quelques vendeuses de lait assises sur le trottoir jacassent avec des clientes.

Les portes des magasins s'ouvrent, le travail quotidien reprend, mais qu'on se sent loin de France, rien qu'à voir la nonchalance des rares ouvriers du cru.

Le soleil plus élevé dans le ciel tout bleu commence à lécher le grossier macadam des rues, de petits négrillons vêtus d'une simple chemisette qui jamais ne vit le savon, s'amusent à faire caracoler le cercle de baril qui leur tient lieu de coursier.

Sur les quais, les bandes de débardeurs couverts de loques sordides halettent sous les lourds fardeaux. Mais qu'on entre dans n'importe quelle maison indigène et l'on verra, à toute heure du jour, des femmes vautrées demi-nues dans le sable de la cour, causant, fumant ou jouant. Des hommes, jeunes ou vieux, se livrent auprès d'elles au même exercice, indéfiniment, à moins qu'ils ne s'offrent les pures joies d'une partie de dames que ne troublent ni le toc toc répété des repasseuses indigènes ni les cris discordants d'une école arabe voisine.

Quelques grosses Ouoloffs se promènent par les rues, leurs sandales jaunes où le pied pénètre à demi traînant sur la chaussée, leurs multiples boubous enveloppant le paquet branlant de leurs appas volumineux et elles se disent entre elles sans interruption, leurs « diam adiam » glapissants.

Sur la Place qui forme, avec l'Hôtel du Gouvernement, le centre de la ville, des troupiers d'Europe en toile bise font, pendant ce temps, l'exercice sous l'œil ennuyé d'un officier ; leurs gestes brusques semblent presque déplacés dans ce milieu somnolent.

Où aller par les rues toujours droites de la ville, dont aucun mouvement ne rompt la monotonie, qui toutes, sont également bordées d'abord de maisons puis de cases de plus en plus malpropres, à mesure qu'on s'éloigne vers les extrémités ?

Deux scènes de la vie locale sont cependant susceptibles d'intéresser le touriste. Allons les voir !

Traversons le pont Servatius qui de la place du Gouvernement mène aux faubourgs de la langue de Barbarie. Il est sept heures et chaque matin les cent cinquante pirogues des pêcheurs de Guet N'dar passent les volutes argentés des brisants, s'éloignent vers la haute mer pour revenir le soir chargées de poisson.

Il faut hélas, pour admirer ce spectacle, passer la redoutable revue de toutes les femmes du quartier qui s'accroupissent le long de la plage, *coram populo*, sur de grands vases de terre qu'elles videront ensuite et nettoyeront avec leur pied, uniquement par paresse de s'accroupir.

A peu de distance de la plage, au débouché du pont Servatius, le grand marché couvert mérite également une visite. Il attire chaque jour une foule bariolée où se mêlent toutes les races de cette partie de l'Afrique. Ce sont des Maures basanés et sales qui la veille y portaient des quartiers de viande, ce sont des Bambaras puissants, des Ouoloffs tout en longueur, ce sont surtout des femmes par centaines. Les unes s'ornent du « mouchor » ouoloff ; d'autres, les Toucouleurs, se coiffent d'un casque compact de cheveux tassés grâce au large emploi de graisse rance et par-dessus cet édifice puant elles jettent une gaze noire.

Les Peules qui gardent encore sous l'ombre épaissie de leur peau les traits fins des follahs d'Egypte, leurs lointaines ancêtres, s'accommodent de grosses boules d'ambre artificiel. Mais celles qui plaisent le plus à nos yeux, ce sont les femmes maures au teint de cire jaune, venues du Sahara tout proche, ou les noirés Pourogues, leurs demi-sœurs qui, drapées sous de vastes voiles bleus, couvrent seulement leurs longues chevelures d'une lingerie flottante comme on en voit aux vierges de nos églises.

Ces femmes vont lentement, comme les autres, d'une allure moins animale ; elles passent calmes et dignes sous leurs haillons malodorants qui laissent voir en s'écartant tantôt un beau sein doré comme une pomme mûre, tantôt une jambe fine.

Des Européennes, femmes de modestes employés, viennent faire leur marché comme si elles vivaient encore dans leur simple province et leur bonne noire les suit portant sur sa tête ou sur sa main repliée la vaste calebasse où s'accumulent les achats.

Tout ce peuple grouille, parle, hurle, rit, se chamaille sous le hall du grand marché, autour des stalles surélevées où trônent les revendeuses de la ville, les grosses Akouses endimanchées qui vendent la kola, et les « digen » des environs entourées de volailles attachées par la patte. La foule se presse aussi dans l'enceinte du marché à la viande et dans celle, toute proche, où des poissons souvent énormes jettent innombrables sur des étals salis l'éclat de leurs écailles d'azur, d'argent et d'or. Elle reflue même sur l'avenue Dodds poussiéreuse et le long du fleuve où se tiennent auprès des charbonniers les détaillants d'herbes médicinales et de marchandises innomables qu'enveloppent des nuées de mouches bruissantes.

Pour être le plus sale, ce coin du vaste marché n'en paraît pas moins au touriste d'un pittoresque de haut goût, mais comme l'odorat du malheureux paie cher le plaisir que prennent ses yeux !

Le calme renaît dès qu'on revient vers la ville. Toutefois l'animation semble s'accroître un moment lorsque survient onze heures car les bureaux administratifs se vident alors de leurs employés, et Dieu sait s'il y en a !

Les heures de la sieste passées, de deux à cinq, la ville endormie se réveille. Les commerçants noirs, Syriens et blancs, sont à leur comptoir, les fonctionnaires à leurs bureaux.

Puis de nouveau les bureaux ferment. Leur exemple sera suivi tout à l'heure par les magasins ; la journée du travail est finie cette fois, la véritable journée commence.

Des voitures démodées passent dans les rues naguère quasi désertes et maintenant fréquentées par des groupes de « marsouins », par des noirs aux boubous flottants, dont la tête rasée se couvre d'une calotte de velours et qui, une badine à la main, s'en vont trois ou quatre de front, droit devant eux.

Les rares cafés regorgent de consommateurs. Des couples, européens ou mulâtres, se hâtent dans tous les sens, car c'est l'heure des visites. Or Saint-Louis se dit mondain ! La femme du plus simple commis y choisit son jour et dans son salon orné de chromos, elle joue à la dame avec une naïveté parfois touchante.

Ces visites ! C'est tout à la fois une des corvées et l'une des joies de la ville. On y accumule banalités et calomnies, ce qui n'a rien d'étonnant, mais on le fait sans grâce ni mesure, car l'éducation et la politesse sont ici denrées plus rares qu'ailleurs.

Est-ce le désœuvrement, ou bien le climat qui aigrit à la longue les caractères, je n'en sais rien ; le résultat n'est pas toutefois douteux et Saint-Louis qui ne sait pas égratigner, assomme avec joie !

« — M⁻ X... est au mieux avec le capitaine Z... (Qui n'en jurerait quoique ce soit inexact !)

« — Mˡˡᵉ Z... va enfin se marier avec M. V..., la nouvelle est sûre !

« — Que non pas, ce monsieur est fiancé en France, il nous le disait hier ! »

Et les potins ou les calomnies courent, tandis qu'on sert des coktails incendiaires.

Ce seraient là mœurs coloniales plutôt qu'habitudes spéciales à Saint-Louis, car au début du dernier siècle un auteur anglais pouvait tracer un tableau tout à fait analogue des plaisirs de Calcutta.

« Dans les salons de la ville, disait ce voyageur, pas une coquetterie, pas un sourire, pas un mot de dépit qui ne soient des textes féconds pour les commentateurs... Une douzaine de réputations tombent en sacrifices sur cet autel que l'oisiveté et la frivolité consacrent dans tous les pays à la calomnie des salons. »

Parlant de la grande cité indienne, notre Jacquemont disait aussi, et ceci explique en partie tout ce qui précède comme ce qui suivra :

« On ne vient pas à Calcutta pour vivre, pour jouir de la vie, on y vient, et cela est vrai dans toutes les positions sociales, pour gagner de quoi en jouir ailleurs et il n'y a pas dans la ville un seul *man of leisure*, un seul homme de loisir. »

Telle est probablement en effet la raison qui explique le mieux la psychologie des blancs, à Saint-Louis comme dans les autres villes de la côte. Tous y viennent gagner leur vie.

Ce n'est pas tout. Et si parmi les fonctionnaires comme parmi les colons se peuvent rencontrer des hommes de belle intelligence, de haute culture, corrects et même affinés, ces hommes cependant sont rares car les carrières coloniales n'attirent pas chez nous l'élite. Les médiocrités s'y serrent-elles mieux les coudes qu'ailleurs, comme si redoutant les comparaisons elles voulaient, d'avance, les écarter.

Toutefois, les aigrefins ne sont pas trop nombreux ici. Chacun se connaît dans la ville et l'on n'est pas plutôt débarqué que tous, ou peu s'en faut, font leur petite enquête sur le nouveau venu, objet de la curiosité générale.

On ne rencontre donc pas un trop grand nombre de ces savoureux personnages qu'on appelle des « frères de la Côte ». Les maisons de commerce et l'administration trient leur personnel autant qu'elles peuvent. Il passe bien à travers leurs cribles, des ivrognes ou des ratés, ou des gens dont la mémoire est courte au sujet de leurs dettes. Mais cela ne se voit-il pas partout ?

Au contraire la race des gens frustes qui, par exemple, saisissent d'une main ferme l'aile du poulet qu'on leur sert ou dont la langue mal habile tourne des phrases parfois mal bâties, plus souvent encore mal pensées, cette race-là possède en ville de nombreux représentants.

Un seul fait important est à retenir de tout cela. Le climat qui a longuement façonné l'âme noire, qui tient en lisière l'intellect du mulâtre, le climat agit aussi sur l'homme blanc. Celui-ci s'use à la longue, luttant contre la chaleur anémiante, luttant surtout contre les mœurs locales, contre l'apathie ou la mauvaise foi ambiantes. Et comme disait encore Jacquemont : « Tout ce qui n'est pas très distingué perd bientôt toute énergie et tombe dans une lâche indolence. »

N'est-on pas dans ce pays dont son ancien gouverneur, le spirituel chevalier de Boufflers, disait qu'il y fallait « double volonté pour une demi-opération et où personne n'en a la moitié de la mesure ordinaire ». Cette phrase sévère est une des plus vraies qui aient été écrites sur le Sénégal et nul de ceux qui abordent cette terre ne devraient l'ignorer !

Les traits les plus saillants peut-être qui caractérisent en quelque sorte l'état moral de Saint-Louis sont d'une part, l'influence du mulâtre et de l'autre celle des fonctionnaires. Celle du mulâtre fut déjà étudiée. Voici quelques notes au sujet de la seconde. Tout le monde ici est fonctionnaire, peu ou prou, ou du moins tout le monde en a le caractère spécial, la mentalité. Le commerçant lui-même, s'il n'attend pas d'avancement, ne souhaite-t-il pas devenir conseiller privé, ce mot résume tout un programme, ou voir fleurir sa boutonnière des couleurs du coquelicot ?

Mais il faut retourner la médaille et voir aussi son côté face ! Si donc Saint-Louis ressemble par certains côtés à quelque cité haïtienne plutôt qu'à une ville d'Afrique, il présente cependant plusieurs avantages précieux pour ses habitants.

Malgré l'incurie de tous, malgré la malpropreté qui dépare la ville dont seules les principales rues sont suffisamment nettoyées, Saint-Louis jouit d'une véritable salubrité.

Son ciel est presque toujours bleu, il n'y pleut guère plus de quinze à vingt fois par an. Le voisinage du Sahara agit également de façon favorable, grâce au vent d'Est, si sec et si chaud que les feuilles des livres se recroquevillent dans les bibliothèques, que les meubles se fendent et que les lèvres se gercent, mais qui constitue, ainsi que le soleil, le meilleur agent d'assainissement qu'on puisse souhaiter.

Les habitants de Saint-Louis possèdent encore d'autres avantages. Leur existence matérielle est vraiment facile, presque toute l'année durant.

Aussi la vie, surtout pour un ménage, n'y est-elle pas déplaisante. Ceux qui ont connu Saint-Louis préfèrent les calmes plaisirs de cette ville provinciale aux joies bruyantes de Dakar, aux escales trop mortes et surtout à la brousse trop lointaine.

Dans la vieille cité léthargique et administrative, l'existence s'écoule donc monotone mais douce, le temps y vient, sans trop de peine, du retour en France, et n'est-ce pas la suprême pensée de bien des coloniaux !

Mais pour peu qu'on veuille songer à l'avenir et à ces grands intérêts généraux dont tant de gens se désintéressent ici qui, par devoir, devraient s'en préoccuper, le charme tout relatif de cette ville se dissipe bientôt.

Et pour ma part une pensée m'est souvent venue, à laquelle de simples touristes ne voudront probablement jamais souscrire.

Si jamais notre domination doit s'effondrer en Afrique, Saint-Louis sera sans doute le premier doigt de notre main qui, desserrant l'étreinte, permettra qu'on nous arrache le sceptre ou, plutôt, car le danger s'il vient un jour viendra du dedans, c'est à Saint-Louis que le ver piquera d'abord le fruit.

CHAPITRE III

Banlieue d'Afrique

Chercher une excursion intéressante à faire dans les environs de Saint-Louis c'est, semble-t-il au premier coup d'œil, vouloir résoudre le difficile problème de la quadrature du cercle. Si l'on monte en effet pardessus les toits de l'hôtel du gouvernement jusqu'à la lanterne du petit phare qui s'y trouve, on embrasse comme sur un plan tout le panorama de la ville, son île très longue et étroite, parallèle à l'étroite, longue et désolée langue de Barbarie derrière les sables de laquelle resplendit la mer et sa frange de brisants écumeux. On peut de cet observatoire compter les maisons de la vieille cité et celles de ses faubourgs dont un seul, celui de Sor, présente une certaine irrégularité. Et par delà le puissant fossé du Sénégal, on ne distingue qu'une seule tache de verdure qui est justement ce faubourg de Sor dont les jardins reposent à l'ombre des cocotiers et des eucalyptus.

Un galon vert sombre plus ou moins étroit rehausse bien, en amont comme en aval, et seulement à gauche, la traîne argentée du fleuve, mais on sait trop de quoi il est fait. Les palétuviers nains qui le composent plongent leurs racines dans une vase infecte et profonde, noyée chaque jour par le flux. La campagne derrière cela, ne la connaît-on pas pour l'avoir parcourue d'un regard désenchanté, tandis que le train hoquetant semblait user ses dernières forces pour atteindre la ville, terme de son voyage ?

Je sais bien qu'on va en pique-nique à Bop-N'kior ou bien à Dakar Bango dont le marigot fournit quelque menue friture aux pêcheurs persévérants ; je n'ignore même pas qu'on pousse jusqu'à la barre, mais on fait tout cela sans enthousiasme... faute de mieux.

On pourrait certes s'enfoncer à cheval dans la brousse dénudée, l'espace n'y manque guère, les touristes ordinaires ne s'y risquent cependant pas. Si l'on ne cherche que la distraction des yeux, mieux vaut encore se morfondre dans Saint-Louis. Cette terre qui les use cependant si vite, semble réservée aux gens d'étude ou aux commerçants ; eux seuls recueillent de riches récoltes dans ses champs de sable !

Voici, au surplus, le simple récit d'une excursion au cours de laquelle je visitais tout un côté de la banlieue saint-louisienne :

Nous avions quitté la ville le matin de très bonne heure et le trot de nos chevaux avait un moment troublé le repos de ses rues sonores. A peine si nous rencontrions un noir vaguant d'un pas lourd le long des maisons aux boutiques closes. Et même sur le pont Faidherbe qui réunit la ville au continent, nous n'avions absolument croisé personne.

L'air était frais par ce matin de février et le ciel couvert, chose bien rare en cette saison, de gros nuages qui le faisaient ressembler à un ciel de chez nous.

Un garde de police nous accompagnait, le D' T. et moi dans notre chevauchée ; en fourrier prévoyant, mon compagnon avait de plus expédié quelques instants avant nous nos bagages de bouche pour la journée, car, sans cette précaution, qui sait à quelle heure nous aurions pu les utiliser ?

Notre intention n'était pas de résoudre la quadrature du cercle ou, pour parler sans images, de révéler aux habitants de Saint-Louis les beautés jusqu'ici méconnues de leur banlieue. Nous voulions seulement déterminer le plus exactement possible s'il n'existait pas une région, sans doute très circonscrite, où vivaient des mouches glossines. Les diverses espèces de ces malfaisantes bestioles communiquent, comme on sait, par leurs piqûres, une étrange et redoutable affection appelée trypanosomiase par les spécialistes, ce que tout le monde traduit expressivement par maladie du sommeil.

Répandue dans le centre de l'Afrique, des bords du Congo à ceux du grand lac Victoria Nyanza, la maladie dépeuple ces terres auxquelles les bras manquaient déjà. On avait constaté depuis le milieu du siècle dernier son existence dans une certaine région du Sénégal mais on la croyait cantonnée au sud de Dakar. Mon compagnon de route, en compagnie du D' Wurtz de Paris, venait d'étendre ses limites vers le nord et voilà que l'interrogatoire d'un indigène récemment examiné nous avait fait soupçonner que la maladie sévissait peut-être jusqu'aux portes de notre ville où vivent de nombreux Européens.

Le petit pont de Leybar où s'arrête la route et que seul franchit le chemin de fer marque la limite que ne dépassent presque jamais les promeneurs de la ville. Naguère, il n'y a de cela que trente ans, le souverain du Cayor, le Damel, notre voisin souvent notre ennemi, y possédait une douane. Comme cela paraît loin aujourd'hui ! Quelques habitants de la ville ont eu l'idée bizarre d'élever des baraques où parfois l'on vient déjeuner dans ce hameau perdu au milieu de cette brousse désolée ! Le marigot très resserré au point qu'enjambe le pont commençait, lorsque nous passions, à refléter les premiers rayons du soleil enfin dégagé de nuages. Nous laissâmes le chemin de fer sur notre gauche pour nous enfoncer dans un paysage étrange givré de verglas, semblait-il. Cela s'appelle le « tanne ». La terre argileuse et craquelée s'y poudre d'efflorescences salines, surtout collectées au fond de petites dépressions parfois encore humides. Comme de la poudre de riz dans les rides d'un visage, le sel forme ici une couche très appréciable tandis qu'un peu plus loin le sol plus élevé et mieux lavé par les pluies nourrit quelques herbes, voire des buissons clairsemés et revêches. Pour compléter le tableau de désolation qui s'offre aux yeux, de-ci de-là quelques vertèbres de chameaux achèvent de sécher au soleil.

Nous avançons vers le sud ; un village, Gaïna, dont les rares cases faites d'herbes abritent une population misérable, se profile sous quelques cocotiers. Nous nous y arrêtons pour visiter tous les indigènes. La marche reprend ensuite jusqu'à Guomben, autre hameau plus misérable encore que le premier. C'est de là qu'est venu le petit malade, cause première de notre excursion.

Sur l'ordre de notre garde, le chef du village réunit tous ses administrés. Ceux-ci viennent un peu effrayés par ces toubabs dont l'un couvre ses manches d'un nombre respectable de galons, plus inquiets encore peut-être à cause de ces étranges instruments que nous manions pour des fins mystérieuses. Mais un « badolo » sourit à une plaisanterie gaillarde traduite et amplifiée par le garde. Comme un noir ne fait jamais rien à demi, le sourire bientôt se transforme en un gros rire inextinguible. Des voisins, de confiance, partagent son hilarité, une flamme de plaisir s'allume des uns aux autres, tel le gaz à la rampe d'un théâtre et voici toute cette population d'abord peureuse et méfiante qui se presse autour de nous, devient encombrante et sans gêne se dispute nos gros sous ou nos feuilles de tabac. Ce sont surtout les dames qui fument ici, non pas l'anodine cigarette, mais bien une petite pipe en terre bourrée jusqu'aux bords d'un « virginie » âcre et puant. Les sensations les plus fortes ne sont-elles pas les meilleures !

Les dernières observations prises, les microscopes rangés, il ne nous reste plus qu'à attendre les paroles sacramentelles du cuisinier : « Ça prêt », ce qui veut dire en bon français d'office, « ces messieurs sont servis ». Nous avons juste eu le temps de chercher un petit coin, non pas dans une case, elles sont vraiment trop sales, mais à l'ombre relative d'une simple « tapade » de roseaux. Il est vrai que le soleil fait aujourd'hui preuve d'une discrétion louable et rare. On nous sert un poulet, menu ordinaire voire même obligatoire des déjeuners de brousse avec diverses autres victuailles et nos forces peuvent se restaurer sans peine.

Il est temps de repartir. Nous enfourchons donc à nouveau nos coursiers et, piquant droit vers l'ouest nous traversons d'abord à gué un tout petit marigot où la vase marron gluante se couvre d'une infime épaisseur d'eau et où les palétuviers peu nombreux et mal à l'aise, ne forment qu'une barrière peu importante. Nous voici au bord d'une crique où doit venir nous prendre le canot de la barre grâce auquel nous pourrons évoluer dans un archipel d'îles marécageuses, dont l'une vit peut-être le premier établissement sur la côte d'Afrique, en tout cas la première tentative de colonisation des Français dans ce fleuve. L'île de Baba-Gueye qu'on identifie généralement avec le Boccos des historiens s'étend seulement en longueur comme toutes celles qu'ont créées les apports du fleuve dans cette dernière partie de son cours.

Quelques dunes de sable s'y haussent un peu au-dessus d'une minuscule plaine à demi marécageuse. Plus rien ne subsiste de ce qu'avaient pu édifier nos pères vers la fin du xvie siècle ou au début du siècle suivant, ce devait être sans doute une case en planches peut-être entourée d'un talus de sable.

Une grande habitation se dresse bien aujourd'hui au centre de l'île, elle n'offre aucun caractère historique et représente seulement le sanatorium de Saint-Louis, occupé en tout temps par des lézards, des gueules tapées, nom ordinaire mais peu convenable j'en conviens, des iguanes de près d'un mètre de long qui, malgré leur parenté avec les sauriens, sont d'une part inoffensifs et de l'autre comestibles. Je crois même que de nombreuses chauves-souris ont élu domicile dans les chambres du haut, elles n'ont pas poussé l'indiscrétion jusqu'à se servir des lits rangés en « pagaye » dans le coin d'une pièce.

Le capitaine de la barre ne nous a pas oubliés, son équipe se trouve exacte au rendez-vous, nonchalamment vautrée sur le sable de la berge en attendant les toubabs. Nous embarquons tandis que le garde de police ramène en arrière nos chevaux que nous retrouverons demain. « Pousse », dit le pilote, et notre navigation commence. Nous laissons à droite quelques terres couvertes de petits palétuviers, nous contournons la grande île marécageuse de Guelemban, puis nous tournons encore à droite, en prenant le marigot de Diombal. Et voilà qu'à trois lieues de Saint-Louis, à guère plus de deux kilomètres de cette plaine nue où nos chevaux galopaient le matin, nous nous voyons transportés dans un paysage tout différent, celui qu'on rencontre dans toutes les embouchures de fleuves tropicaux, mais que l'on ne penserait vraiment pas trouver ici, si loin dans le nord, si près du Sahara puisque Saint-Louis n'est en somme séparé du vaste désert que par la courte distance du petit bras de son fleuve.

L'Afrique vous réserve de ces surprises, on croit la connaître et il faut bientôt avouer son erreur ! Notre baleinière avance lentement entre deux épaisses lisières de palétuviers. Nous sommes seuls à parcourir ainsi ce chemin qui marche dans des sens différents, selon la marée, mais nous ne sommes pas seuls à vivre dans cette région bizarre et triste dont les couleurs violentes s'opposent les unes aux autres. Des oiseaux de marais se lèvent parfois à notre approche, canards, hérons ou sarcelles, des mouettes posées sur l'eau s'envolent lourdement quand nous sommes tout près d'elles, pour se reposer ensuite un peu plus loin comme font des perdreaux envolés devant le chasseur. Mais surtout la vie grouille dans les eaux du fleuve ainsi que dans l'inextricable fouillis constitué par les racines enchevêtrées des mangliers.

Voici un petit espace de sable uni s'abaissant en pente douce vers l'eau qui clapote doucement. Nous allons aborder dans cette crique minuscule pour de là gagner une petite éminence, ancienne dune sableuse, fixée par des herbes dures. Nous verrons mieux de ce piédestal improvisé où diriger nos pas. La butte rapidement gravie car elle s'élève à peine, nous apercevons des fourrés de palétuviers tout proches et d'aspect assez dense. Voilà où nous devons aller, d'autant qu'à proximité des bûcherons coupent des troncs de palétuviers dont ils feront du charbon pour la ville.

Nous pénétrons dans les taillis, suivis de nos matelots, mais nous n'allons pas très loin, malgré les prodiges d'équilibre que nous réalisons pour passer d'un palétuvier à l'autre, sans sombrer dans la vase infecte. Il y a bien des sentiers cependant, à travers le fouillis des arbres, ils sont comme tous les sentiers noirs, sinueux et zigzaguant au possible, leur largeur même, chose contraire aux habitudes, est très suffisante. Mais voilà, ces sentiers sont aquatiques! La mer est presque étale en ce moment et comme tout le Bas-Sénégal, durant des kilomètres et des kilomètres, n'est en somme qu'un golfe marin, l'eau qui clapote à nos pieds est salée, ce qui m'importe peu; de plus, fait autrement grave, elle est assez haute pour atteindre notre buste.

Nous ne pouvons décemment patauger là-dedans. Et cependant il nous faut aller un peu plus loin, les charbonniers viennent de nous apprendre que des mouches de grosseur moyenne les piquent très cruellement lorsqu'ils travaillent dans ces palétuviers, ce sont certainement des glossines!

Nous embauchons les charbonniers bambaras et nous grimpons sur leur dos, ils nous emmènent ainsi le long de ces sentiers où l'on a très frais parce qu'on marche entre l'eau et la verdure. Nous abordons enfin un coin de terre à peu près sec où les palétuviers font une petite place à des herbes très hautes qui vous cinglent au passage. Nous placerons là notre quartier général tandis que les Bambaras s'enfoncent de nouveau sous le couvert pour nous prendre des « koss ».

Bientôt entre en ligne contre nous, un nouvel ennemi qui se laisse rarement oublier, Samba Yoo, M. Moustique et son innombrable famille, nous assaillent en tourbillonnants escadrons. Notre résistance d'abord énergique, bientôt désespérée, puis impuissante, ne nous préserve pas d'un seul coup d'aiguillon et si le sentiment du devoir renforcé par celui de l'impossibilité de fuir à cause de l'éloignement de nos porteurs, ne nous avait retenus en cette place malencontreuse, nul doute que nous n'eussions pris la fuite sans le moindre respect humain.

Aussi quand les noirs revinrent avec un certain nombre d'authentiques glossines, le diagnostic à peine fait de leurs trouvailles, nous étions déjà juchés sur leur dos luisant et peu confortable afin de reprendre plus vite, sous la voûte des palétuviers, le chemin du retour.

J'avais donc pu constater une fois de plus, expérience assez désagréable, que le moustique pique même de jour. Je dois le reconnaître, ce fâcheux insecte ne se livre pas partout à ces pratiques désobligeantes. C'est seulement au milieu des marais où l'on ne va naturellement pas tous les jours, qu'il commet ces excès. On peut même ajouter que certaines espèces sont vraisemblablement seules coupables de tels crimes.

Toutes les bestioles vulgairement nommées cousins chez nous, sans doute par ironie, attendent d'ordinaire la nuit pour assaillir le passant de leur trompe acérée et pour l'énerver du bruit aigu, si spécial, de leurs ailes bourdonnantes.

Les mouches tsé-tsé, les « koss », opèrent au contraire à la seule clarté du jour. Encore faut-il, du moins dans cette région très septentrionale, pousser pour les découvrir jusqu'au centre de leurs repaires.

Notre travail de la journée était donc achevé, il ne nous restait plus qu'à reprendre la baleinière pour atteindre au plus tôt la case du capitaine de la barre où nous devions coucher.

Cette case s'élève sur le fleuve à près d'un mille de son embouchure actuelle et à huit environ de Saint-Louis. Montée sur des piliers maçonnés, selon un rite ordinaire aux colonies, elle est tout entière en bois, sauf son toit dont les plaques de tôle ondulée semblent d'or fin, grâce à la magie quotidienne du soleil. Un sable épais entoure l'habitation, quelques choux et des salades y poussent dans des planches de terre rapportée. Des cocotiers tout jeunes font aussi de louables efforts pour ombrager case et jardins. Et dans cette Thébaïde à demi marine vit un philosophe en khaki et en casque de liège. Le gouvernement l'appointe pour qu'il surveille constamment l'état de la barre, qu'il mesure sans répit l'épaisseur de la tranche liquide dont elle se couvre, les sinuosités du chenal qui la traverse. Entouré et aidé d'un petit groupe de pilotes noirs, officiels et fort bien payés ma foi, car certains touchent des appointements de commandants, notre compatriote refait sans cesse la carte sous-marine de cette entrée du Sénégal, changeante et diverse comme une jolie femme. Les vapeurs de haute mer peuvent, grâce à lui, passer sans trop de danger cette barrière mouvante et traîtresse. Là ne se bornent pas les attributions du capitaine de la barre, les autres toutefois n'ont rien d'officiel. Le petit coin de sable où se dresse sa résidence poudroie au soleil à proximité d'un village indigène, Gandiole où, faute de mieux, les gens de Saint-Louis viennent parfois en excursion. Le capitaine de la barre leur offre souvent le gîte et parfois il aide, grâce à sa pêche, à corser le menu de sés hôtes de quelques heures.

Descendre le fleuve n'est guère difficile à l'époque où nous sommes, le froid vent du nord souffle presque tous les soirs, aussi laissons-nous la voile nous mener, sans fatigue pour personne, vers le but très proche. Notre époque est celle des paquebots géants dont les turbines dévorent goulûment les milles marins, c'est pourquoi bien peu de voyageurs connaissent encore la navigation à la voile que nous pratiquions en ce moment et cela est regrettable. La sensation que nous éprouvions était exquise, à nous voir glisser le long des berges, sans effort, sans odeur désagréable, les vapeurs les mieux tenus n'en pourraient dire autant, sans autre bruit même que parfois le gémissement d'une poulie. Nous étions, à dire vrai, certains d'arriver bientôt à destination et cela complétait peut-être notre sentiment de béate satisfaction qu'eût troublé la crainte des longues stations de calme plat.

Bientôt en effet, après une savante manœuvre, notre équipage carguait la voile, il ne nous restait plus qu'à effectuer l'atterrissage sur la grève de sable où nous attendait le capitaine de la barre. Une brève poignée de main, l'offre de nous rafraîchir, notre refus, une succincte discussion à propos du dîner et nous n'avions, après un nettoyage sommaire, qu'à contempler de la véranda le coucher du soleil sur le fleuve tout proche et sur le désert en miniature qui nous entourait.

Les cocotiers de Baba-Gueye au nord, ceux de Gandiole vers le sud étaient les seuls végétaux que nous découvrions sans compter, bien entendu, les salades qui résolvaient à nos pieds le dur problème de vivre! La case est juchée sur un bourrelet de sable dont le fleuve lèche le pied; derrière nous quelques dunes moutonnaient et l'on voyait, au flanc de l'une d'elles, quelques pierres mortuaires. Il y avait eu là un camp de dissémination, lors d'une de ces épidémies de fièvre jaune qui ravageaient naguère la colonie. Mais le fléau sévit autant dans ces camps trop peu éloignés que dans la ville elle-même et c'est pourquoi les pierres que nous voyions toutes abandonnées sont si nombreuses !

Laissons ces tristes choses ; devant nous le ciel flambe de tous les feux du couchant que la nuit éteindra bientôt. Là-bas, de l'autre côté du fleuve, dont la berge toute nue n'est qu'une mince langue de sable, l'Océan qui brise sans cesse continue sa plainte éternelle.

La lumière se dégrade davantage à chaque instant, le bleu éclatant du ciel s'est assombri, le vaste cercle, éblouissant tout à l'heure, n'est plus qu'un mince filet d'or tracé juste à la limite des eaux dans lesquelles il disparaîtra bientôt. Et l'on s'étonnera presque alors que son métal en fusion n'ait pas, en plongeant, projeté des vapeurs brûlantes autour de lui...

Nous reprenons le lendemain nos chevaux et nous dirigeant vers l'est, nous atteignons, après avoir longé d'assez vastes marais, un village tout proche de ceux que nous avions visités la veille.

Ce hameau compte à peu près soixante-quinze habitants disséminés entre trois agglomérations différentes de cases. Un forgeron, qui œuvre aussi d'informes bijoux, représente seul l'industrie dans ce village voué aux travaux agricoles.

Sans perdre de temps, armés de nos microscopes, nous continuons nos recherches de trypanosomes. Ces animalcules se rencontrent d'abord dans le sang des malades puis, un peu plus tard, ils émigrent dans les ganglions tuméfiés du cou que présentent, à un moment donné, la plupart des gens atteints de cette curieuse et presque toujours mortelle affection.

L'un de nous en décèle dans le sang d'un enfant qu'il examinait ; or ce petit, par extraordinaire, n'a jamais quitté son village. C'est donc sur place qu'il s'est contaminé. Comme nous avons également retrouvé dans les marais voisins les mouches dont la piqûre transmet le virus, notre but est atteint et le petit problème de géographie médicale qui se posait devant nous se trouve tout à fait élucidé. La continuation de l'enquête nous révélera seulement l'étendue du mal et les limites très restreintes, à coup sûr, de la région contaminée...

Une fois de plus, nous repartons vers un autre village, nos chevaux s'éloignent des terrains marécageux des bords du fleuve dont nous venons de terminer le tour. Ils traversent d'abord un terrain plat très aride dont le sable épais vole sous leurs sabots. Bientôt cette plaine se creuse, tout comme fait à certains jours l'Océan, de longues vagues peu profondes. Si légères que soient ces dénivellations nos montures remontent ou descendent péniblement leurs pentes ensablées. De rares touffes d'herbes sèches, de lugubres buissons de salsal dont les tiges sont nues comme des baguettes, quelques arbres malingres aux branches épineuses, parsèment seuls cette brousse saharienne. Comme sur un lac, le vent fait même onduler le sable en longues rides parallèles, ces rides se forment et se déforment sous nos yeux, car un fort vent d'est chasse les particules quartzeuses de crête en crête. On croirait voir des tirailleurs disséminés sur une ligne de feu, qui se défilent, bondissant d'un obstacle à un autre. Une étrange buée composée de ces mêmes particules de sable presque impondérables remplit dans le même temps l'atmosphère, derrière nous,

Un nouveau venu dans ces régions penserait sans doute qu'il pleut là-bas ou qu'il va pleuvoir, nous savons que ce n'est là qu'une apparence. Le soleil est même de plus en plus brûlant aussi voyons-nous avec plaisir les cases de Gantam où nous avons résolu de déjeuner et dont les toits couronnent le sommet d'une dernière ondulation.

Nous sommes depuis longtemps sortis de la région où peuvent vivre les glossines. Ces mouches ont en effet besoin pour leurs larves, comme l'a démontré un savant français de haute valeur, M. Roubaud, de couverts épais sous lesquels persiste constamment une température saturée d'humidité. Les palétuviers seuls, à cause de leur habitat spécial et de l'épaisseur de leurs fourrés, peuvent réaliser, du moins dans ce canton-ci, des « couveuses » de ce genre. On peut même, étant donnée la latitude où nous nous trouvons ici, assurer que ces conditions favorables existent seulement durant la courte saison de l'hivernage. C'est à coup sûr pour ce motif que les mouches cantonnées dans un espace de terrain minime et peu fréquenté, ne commettent pas plus de ravages.

Notre caravane s'était installée tant bien que mal dans ce village et nous avions élu domicile dans une case vide sur laquelle deux ou trois tamariniers tendaient l'ombre de leur feuillage serré. Il nous prit fantaisie de déambuler un peu à travers les cases pendant que le cuisinier se livrait à ses travaux ordinaires.

La politesse nègre n'impose pas la discrétion. Nous pouvions donc jeter un coup d'œil dans l'intérieur des habitations où rien, du reste, ne valait la peine d'être vu. Je constatai seulement qu'ici s'arrêtait l'influence de la ville. Plus de lits de fer comme dans les villages visités la veille, rien que des « tara » indigènes, cadres de bois dressés sur des piquets, à courte distance du sol. Presque plus même d'objets de ménage en métal émaillé. Les habitants eux aussi paraissaient plus sauvages et moins confiants. Ils se demandaient de toute évidence ce que nous venions chercher chez eux. Deux « toubabs » à la fois ! Pareil fait ne s'était vraisemblablement pas produit depuis longtemps. Notre garde lui-même pas plus qu'aucun de ses camarades de Saint-Louis, ne connaissait cette région. Or un garde de cercle est l'équivalent d'un gendarme ! Cela nous confirmait dans une idée que nous nous étions déjà faite la veille à la suite de constatations analogues. Et je me rappelais une parole très juste du gouverneur général actuel de l'Afrique Occidentale, M. Ponty, à qui l'on ne refusera certes pas une connaissance approfondie de la brousse où il vécut si longtemps. M. Ponty assurait donc qu'on arrive bientôt à ignorer une région où passe un chemin de fer. Ce haut fonctionnaire ne voulait pas émettre un paradoxe ni, non plus, mettre en doute l'immense utilité des voies ferrées, surtout dans des pays aussi neufs que le Sénégal. On a pu faire, en France, une constatation analogue. La multiplication des voies rapides de communication n'a-t-elle pas causé la mort de nombreuses localités que la bicyclette et puis l'auto viennent seulement de rappeler à la vie ?

Il est à présumer que l'équitation, seul mode de locomotion praticable ici, n'est pas un sport très en honneur chez les colons et les fonctionnaires, car la plupart d'entre eux ne connaissent rien en dehors des stations de la voie ferrée.

On pourrait appeler cela « absentéisme » par analogie avec un fait fort peu semblable qui donne en

Irlande les plus fâcheux résultats. Les Irlandais prétendent que l'absence prolongée de leurs lords auxquels ils paient quand même des fermages contribue à ruiner la verte Erin.

On pourrait également avancer que la grande ignorance où vivent certains blancs, même s'ils sont fonctionnaires, des indigènes de la brousse, ne sert en rien l'influence française.

La répugnance à l'effort physique, expliquée et même provoquée en partie par l'existence de moyens de transport perfectionnés tels que les chemins de fer, produit par conséquent cet effet fâcheux autant qu'imprévu d'éloigner pour une certaine part l'Européen de l'indigène des campagnes.

Nous ne sommes pas en cet endroit à plus de vingt kilomètres de Saint-Louis; à peine si au cours de ce déplacement nous avons perdu de vue les eaux du fleuve, les toits de la ville et les poteaux télégraphiques qui longent la voie ferrée, et cependant nous pourrions dans ce village nous croire perdus dans les profondeurs de la brousse, loin de tout centre civilisé !

Il ne nous restait plus qu'à couvrir une très courte étape, huit ou dix kilomètres, pour atteindre la première station du Dakar Saint-Louis d'où le train nous ramènerait sans peine ni perte de temps jusque chez nous. Aussi pouvions-nous muser à notre aise et comme le vent d'est faisait des siennes, brûlant tout de son souffle ardent, recroquevillant par exemple les débris de journaux qui avaient servi à l'empaquetage de nos provisions, l'octroi d'une longue sieste après le déjeuner nous parut très légitime.

Nous ne dormions pas pour cela; tel le lièvre en son gîte, nous songions seulement dans la position horizontale qui aide beaucoup à la digestion des mets

et à celle des pensées. A travers les parois de la case
nous pouvions voir en plein soleil l'air vibrer comme
il fait chez nous autour d'un poêle en ignition,
cela augmentait notre béatitude d'être à l'ombre.
Le personnel goûtait lui aussi les joies du farniente.
Auprès des chevaux entravés, le garde qui avait au
préalable jeté bas sa veste et desserré son ceinturon
ronflait béatement, couché à même dans le sable sous
l'ombre mouvante d'un tamarinier. Quant au boy, il
s'était faufilé déjà dans quelque case où il devait jacasser sur on ne sait quel sujet.

Trois heures sont marquées à nos montres, l'ombre des cases et des arbres s'étale plus longue su le
sol, le garde s'est levé en faisant de grands étirements
de ses vastes bras, une jument voisine fait s'ébrouer
nos chevaux, il est temps de partir.

Nous reprenons une dernière fois notre route en allant
encore vers l'est ; le plateau sur lequel nous avançons
paraît de moins en moins sablonneux, il offre pour ce
motif un aspect un peu moins désertique. Les herbes
plus abondantes lui forment presque un manteau, si
pelé et déchiré de nombreuses clairières qu'il soit. Par
places même, le voisinage d'une couche d'eau sans doute
peu profonde se remarque à la verdure des tiges ailleurs grillées ainsi qu'à la poussée plus intense de ces
palmiers phénix, buissonneux et résistants que l'indigène nomme « sorsor ». Nous cheminons lentement
dans l'atmosphère chaude, sans fixer notre attention sur
rien, sans ennui cependant car le paysage dans lequel
nous nous mouvons n'offre rien ni de déplaisant ni de
remarquable. Tout cela doit être exubérant de jeunesse et de végétation pendant l'hivernage, et si nous
repassions alors ici, à peine si la tête de nos chevaux
dépasserait le sommet des herbes !

Nous atteignons une troupe lente de chameaux, si lente que soit notre propre marche nous la laissons bientôt derrière nous. Les animaux bizarres à la démarche sautillante et au long col de cygne continuent leur chemin en ruminant. Leurs guides maures, basanés et peu vêtus, les précèdent tenant d'une main négligente la corde qui, passée dans les narines de l'animal, sert à le maintenir en obéissance.

La caravane en marche ne fait guère plus de bruit qu'elle ne laisse de traces sur la sente étroite dont elle suit les méandres et tout cela, sous le ciel uniformément bleu, semble être une fantasmagorie, un mirage plutôt qu'un tableau réel de la vie.

Comme pour dresser un parallèle entre le passé toujours actuel dans ce pays et le présent qui paraît être quelquefois anachronique, un coup de sifflet aigu déchire avec peine la torpeur de l'atmosphère et parvient à nos oreilles, tout menu et falot.

Nous voyons ensuite, glissant derrière les herbes et les « sorsor » ébouriffés quelques wagons minuscules traînés par une petite locomotive semblable à un jouet d'enfant. Comme il est bien imité ce jouet, des flocons de fumée gris bleu sortent de sa cheminée. Tout cela avance cependant. Le convoi se trouvait à notre gauche, voici qu'il est à droite. Un nouveau coup de sifflet prolongé, traînant, se fait entendre et tout disparaît derrière d'autres sorsors plus épais !

Nous avons marché nous aussi, voici qu'un toit de tôle flambe au soleil devant nous, d'autres toits encore sortent de terre, ils sont rouges et couverts de tuile. Nous voyons maintenant naître et grandir des murs tout blancs parmi des arbres, enfin des hommes et des animaux au repos nous apparaissent. Nous sommes à Rao, dernière station, que dis-je ? dernière halte avant d'atteindre Saint-Louis. Les deux rubans d'acier parallèle émergeant des cailloux importés de Rufisque font une large traînée blanche galonnée d'argent à travers la campagne de sable gris clair. De belles constructions très confortables s'élèvent près de la gare, c'est là que la Compagnie loge magnifiquement ses employés. Le long de la voie s'empilent de gros sacs d'arachides. La végétation ne brille pas dans ce tableau par son exubérance : presque seule une maigre rangée d'eucalyptus souffreteux cherche à faire croire qu'elle pourrait donner de l'ombre.

De cela les noirs assemblés sur le quai n'ont vraiment cure ! Certains attendent comme nous le train qui doit les mener vers N'dar la grande ville ; d'autres causent seulement ici au lieu d'être ailleurs. Peu nombreux, les uns et les autres ne font pas grand bruit, relativement. Un noir revêtu d'un casque officiel secoue rudement le bras d'une « digen » qui très offensée proteste sans succès d'ailleurs. Qui sait, un acte d'arbitraire se commet peut-être sous nos yeux ! Cela ne nous trouble guère ! Nous sommes des êtres d'essence trop supérieure pour avoir souci de si menus faits, puis le garde et la femme dévident simultanément et en ouoloff, de tels flots de paroles, nous ne comprendrions pas !

Notre train entre enfin en gare. Le va-et-vient coutumier des voyageurs qui descendent ou s'embarquent n'offre guère de différences nulle part. Les boubous d'ici rappellent un peu les blouses de nos paysans mais voici qui est plus couleur locale ! Quelques noirs se sont précipités vers la pompe de la gare, ils remplissent d'eau en se bousculant la petite théière de métal qui les quitte rarement. L'un d'eux retire ensuite ses larges sandales fixées autour du pied par une lanière de cuir et sa théière soigneusement posée devant lui, il s'agenouille, frotte le sable de ses paumes qu'il porte ensuite à son front pour commencer son salam. Le mécanicien siffle pour annoncer le départ, le pieux voyageur ne bouge ; le mécanicien voyant son impassibilité lui crie de monter vite, l'homme entremêle rituellement génuflexions et paroles sacramentelles. Le train s'ébranle à grands renforts de grincements d'essieux, voilà qu'il est parti. Pour le coup l'homme en prière rafle d'une main simiesque théière et sandales et courant vers son wagon, il le rattrape à grand'peine tandis que les employés lui lancent des brocards accompagnés de rires sonores. Les dieux s'en vont décidément ! ou plutôt le sens pratique s'éveille chez nos sujets africains. Ils commencent à reconnaître la nécessité de se plier aux habitudes des toubabs. Eux aussi, de loin je l'avoue, sont pris de notre fièvre inconcevable d'abord pour ces grands enfants dont toute la philosophie se résume dans la formule du latin : *Carpe diem*. Ces bons noirs vont même plus loin, ils saisissent l'instant fugace sans vouloir ou pouvoir songer à la minute suivante. Ont-ils tort ou raison ? Ce n'est pas ici le moment de trancher ce grave problème philosophique. N'oublions pas que nous sommes dans une gare et que, même au Sénégal, si les compagnies de transport ne suivent pas toujours leurs horaires à la minute, vient un moment cependant où leurs wagons s'ébranlent, qu'on ait ou non pris sa place sur leurs banquettes trop chaudes !

Le train s'est donc décidé au départ, nous refaisons en sens presque inverse le chemin de tout à l'heure. Nous revoyons dans la même douceur calme du soir le paysage d'herbes et de sorsors que nous traversions précédemment, au pas nonchalant de nos chevaux.

C'est nous qu'on peut voir passer de là-bas, dans nos boîtes roulantes, petites comme des jouéts qu'un enfant traînerait au bout d'une ficelle.

Mais personne ne nous regarde du fond de la brousse déserte : plus de cavaliers, plus de chameaux en caravane, plus qu'un chacal effaré par le bruit de la machine, s'enfuyant, la queue entre les jambes, d'un buisson trop proche de la voie.

Les dunes que nous gravissions ce matin se sont effacées, il semble d'ici qu'une vaste plaine toute unie s'étende à perte de vue. Nous traversons maintenant un marais, celui de N'diegem, un tanne plutôt, reste d'un ancien diverticule du fleuve, peut-être d'une de ses branches peu à peu comblée par les alluvions, puis desséchée par l'intense évaporation qui, des jours durant, pompe toute l'humidité du sol et semble-t-il jusqu'à la sève des plantes elles-mêmes.

Le sol se creuse à peine dans ce « tanne », qu'on ne distinguerait pas si des irisations de sel cristallisé ne traçaient sur ses limites une frange encore scintillante, sous les derniers rayons du soleil. Nous touchons Leybar et son pont ; au delà s'étend la route bordée, comme une route de France, d'arbres correctement alignés dont, par excès de ressemblance sans doute, les feuilles sont toutes tombées. Des voitures se succèdent, quelques cavaliers passent, c'est le Tout-Saint-Louis qui fait sa promenade quotidienne avant d'aller dîner. Voici des baobabs dont l'aspect bizarre n'étonne pas dans ce paysage avec lequel ils s'harmonisent si bien. Leur énorme tronc se couronne d'un enchevêtrement de branches sans verdure. Nous passons maintenant devant le champ de courses et le stand où des jeunes gens se livrent aux joies saines du tennis. Bientôt ensuite commencent les ombrages

des jardins de Sor, oasis artificielle créée par les ingénieurs aux portes de la ville. Ils ont en effet amené
de dix-huit kilomètres de distance l'eau d'un marigot
secondaire du fleuve, préalablement isolé par des écluses
mobiles des autres marigots que la mer commence à
remplir dès la fin des pluies d'hivernage.

Ces eaux dont la canalisation s'appauvrit à Sor de
nombreuses saignées qui vivifient les jardins du faubourg, servent, dans Saint-Louis, à tous les besoins de
la population.

Le train ralentit pour passer devant la vieille gare
minuscule qu'un beau bougainvilia continue à fleurir;
il s'arrête enfin presque au bord du fleuve où se
dresse sur des terrains rapportés la nouvelle gare
bâtie de fer et de briques polychromes.

A côté d'elle pointent dans l'air les funèbres filaos
d'un cimetière désaffecté tandis que de l'autre côté
l'immense pont Faidherbe jette ses arches hardies sur
le fleuve encombré à cette heure de bancs de sable
émergés.

Nous voici rentrés dans notre île, petit coin d'Europe, semble-t-il, auprès de ce pays noir si proche,
si peu connu cependant où nous venons de passer
quelques heures qui ne furent pas sans charmes !

CHAPITRE IV

Le Thiès-Kayes

Une nouvelle voie ferrée dans un Far-West africain. Pistaches et Pistachiers. Questions d'eau et de politique.

Il y avait trois ans que je ne m'étais pas arrêté à Thiès ; j'ai dû reconnaître quand j'y suis revenu, que ce bourg n'avait pas perdu son temps depuis ma dernière visite.

Thiès s'étendait alors tout entier à gauche de la voie ferrée du Dakar-Saint-Louis tandis que de rares bâtiments appartenant à la colonie formaient seuls, de l'autre côté du rail, une sorte de quartier séparé. Il prend aujourd'hui des allures de cité, car une nouvelle agglomération commerçante quadruple l'ancien quartier administratif tandis que la vieille escale s'embellit elle-même, dans la mesure du possible. On la dota récemment en effet de nouvelles avenues qui seront plus tard ombragées de beaux arbres si toutefois l'administrateur du moment veut bien veiller sur l'œuvre ébauchée naguère par un prédécesseur ami de la verdure.

La géométrie nous enseigne que la ligne droite est le plus court chemin d'un point à un autre. La logi-

que semble imposer à nos esprits cette même ligne
comme étant la plus facile à tracer. Ah ! que notre
immortel Montesquieu avait raison lorsqu'il écrivait
cette page célèbre où il traitait de la vérité dans ses
rapports avec les monts pyrénéens ! La vérité est une
très grande dame ondoyante et diverse selon les latitudes, ce qui tendrait à démontrer entre autres choses
qu'elle est vraiment femme !

Le plus court chemin d'un point vers un autre, du
moins au Sénégal, n'a jamais été, tant s'en faut, la
simple ligne droite et les noirs dont les cases bordent
en grand nombre les rues de Thiès prouvent, par de
nombreux exemples, l'inexactitude du précédent
axiome accepté par nous sans discussion.

Les « tapades » en paille ou en branches entrelacées
qui limitent leurs habitations font des zigzags extraordinaires. On avait primitivement tracé, quand on
ouvrit ces rues en pleine brousse, une ligne rigide, au
cordeau, pour guider les propriétaires, mais ; suivant le
génie de leur race, ceux-ci ont abandonné cette rec-
titude trop chère à nos esprits et peu à peu ils tendent vers le cercle imparfait.

Le vieux quartier administratif a gardé son aspect
ancien. Ses constructions n'ont jamais été remarqua-
bles, elles sont seulement confortables, avantage fort
précieux partout et principalement au Sénégal. Ce
n'est pas leur seul mérite, car elles s'élèvent dans un
véritable parc où poussent à l'envi les ficus aux larges
feuilles toujours vertes, les caïlcédrats, les manguiers
dont les branches se chargent de fruits, à partir de
mai, les citronniers et d'autres arbres dont l'énumération serait trop longue. On y admire même deux
magnifiques grevilia robusta originaires de l'Inde. Les
dix ans d'âge et les quinze mètres de hauteur de ces

arbres méritent largement l'épithète latine dont se complète leur nom.

Les quartiers nouveaux de Thiès s'élèvent au nord de la Résidence qui les sépare de l'ancien poste militaire bâti du temps de Faidherbe et véritable embryon d'où naquit le bourg. L'ancienne ville doit son extension au chemin de fer qu'on lança en 1887 de Dakar jusqu'à Saint-Louis ; de même les quartiers en formation devront leur naissance à la voie ferrée qui de Thiès doit pousser jusqu'à Kayes.

L'ancienne ligne forme la racine et la branche gauche d'un Y dont le centre, qui se confond avec celui de la ville, est représenté par la gare, tandis que la voie nouvelle forme sa branche droite.

L'administration du nouveau chemin de fer s'est logée entre les branches de l'Y tandis que le quartier neuf du commerce s'est placé sur sa droite.

C'est également de ce côté, un peu à l'écart des autres constructions, que se dresse le dispensaire sanitaire. Cette désignation officielle désigne une sorte de petit hôpital. On trouvera bientôt, il faut l'espérer, d'assez nombreuses copies de cet établissement dans nos diverses colonies de la côte. La formation sanitaire de Thiès a du reste une histoire, fort courte il est vrai, mais instructive. Construite sur des fonds provenant d'un emprunt colonial, elle coûta environ 65.000 francs. Ce prix ne représentait que la bâtisse toute nue, or un hôpital ne peut être considéré comme achevé lorsque le toit préserve ses murs de la pluie, il lui faut aussi du matériel et des approvisionnements de diverses sortes. Si les fonds d'emprunt avaient payé la bâtisse, ils ne pouvaient en aucune façon servir à payer les notes, toujours copieuses, des fournisseurs de lingerie ou d'instruments. Rien n'avait été prévu pour ces divers achats dans le budget et il fallut deux ans d'efforts à l'administrateur du cercle pour obtenir le matériel nécessaire à son hôpital. Des petits faits de ce genre se produisent quelquefois, nous appelons chinoiserie administrative leur cause originelle. Sans doute les Chinois ignorent-ils cette expression de notre langue car ils se jugeraient calomniés !

Il ne faudrait pas croire que le nouveau quartier de l'escale, bénéficiant de tous les progrès modernes, ressemble à celui d'une ville d'Europe. Ses rues s'élancent d'abord conquérantes dans la brousse, elles sont larges et nettes de végétation, leur sol demeure cependant vierge de tout macadam et un sable épais y forme tapis naturel sous les pas tôt lassés des promeneurs, mais la perfection est-elle de ce monde ?

Ce beau début n'a guère de suites en effet, on avance un peu, un superbe baobab trône au milieu de la chaussée, c'est un charme de plus quand il donne de l'ombre, le malheur veut que cet arbre n'ait pas souvent de feuilles ! Quelques pas plus loin, c'est une forêt entière que la hache effleura sans l'abîmer trop et qu'on doit traverser. Il faut donc effectuer un véritable voyage quand on veut parcourir ces rues qui ressemblent beaucoup à la brousse. Quand même cela vit, cela au surplus ne manque pas d'une certaine beauté pittoresque sous le soleil éclatant d'Afrique !

Si l'on traverse la branche droite de l'Y, on foule, cela se sent de suite, le domaine du génie militaire, constructeur de la nouvelle ligne ferrée. Le génie s'en est donné à cœur joie sur ce terrain, vierge il y a moins de deux ans ; ses nombreux bâtiments militairement alignés ressemblent, comme des frères jumeaux, aux quartiers de n'importe quelle caserne. Pour compléter l'illusion un numéro d'ordre timbre chaque porte que surmontent également les lettres fatidiques B^t, bien connues de tous nos soldats.

Et c'est solide, bâti à chaux et à sable, au point qu'un tremblement de terre ne pourrait sans doute les faire disparaître !

Voilà Thiès en résumé, il n'offre donc rien d'extraordinaire ; une seule note pittoresque s'y trouve ; on peut la saisir des yeux sans quitter le train ; c'est la gare, encore faut-il la voir seulement vers trois heures lorsque le convoi descendant vers Rufisque et Dakar croise celui qui monte sur le Thiès-Kayes.

Durant l'arrêt qui se prolonge, le grouillement du public atteint une extrême intensité. On ne peut s'imaginer, si l'on ne l'a vu soi-même, quel petit nombre d'indigènes suffit ici pour donner l'illusion d'une foule. Les vêtements flottants des noirs, leur exubérance combien méridionale, suffisent pour cela. L'œil étonné et amusé tout d'abord embrasse d'un coup mille petites scènes de genre ordinairement comiques.

Un vieux muni de sa petite bouillotte d'eau en forme de théière fait ses ablutions auprès d'un groupe de beaux parleurs qui gesticulent, des femmes passent, lourdement chargées à la fois de leurs mioches juchés à califourchon sur leur dos et de paquets énormes étagés sur leur tête.

Un blanc pressé, tous le sont à bon compte et petite allure parmi les noirs qui paraissent toujours dormir sauf quand ils palabrent, un blanc, dis-je, s'avance au milieu des groupes et s'ouvre de ses bras exaspérés un sillon vite refermé derrière lui.

Un employé de la compagnie, noir autant de cambouis que de peau, bavarde sans songer à l'heure avec un garde de police digne sous son grand casque tandis qu'à l'ombre de la gare quelques « toubabs » sortis de leurs wagons surchauffés se rafraîchissent en devisant.

Kaléidoscope vivant, tout cela bouge, se transforme et recommence jusqu'au moment où la voix enrouée de la locomotive cherche à couvrir le tumulte comme ferait en agitant sa sonnette le président d'une assemblée houleuse.

Thiès deviendra, quand son nouveau chemin de fer sera achevé, une des antichambres du Soudan; mais, dès aujourd'hui, l'escale tire un réel profit de la mise en exploitation du premier tronçon de cette importante ligne.

Un voyage sur cette section, dont la longueur ne dépassait guère 100 kilomètres il y a moins d'un an, demande peu d'efforts et de temps, il offre en échange un spectacle aussi nouveau qu'instructif.

On parle souvent chez nous, avec une admiration si grande qu'elle n'est pas même mêlée d'envie, de la croissance rapide de certaines villes américaines. Le Far West de notre enfance est un mot magique. Dès qu'il sonne à nos oreilles, nos imaginations surexcitées voient une longue file de chariots lourdement chargés s'arrêter au bord d'un creek de la prairie. Les pesantes voitures sont arrêtées, les tentes dressées. Les haches résonnent en frappant les arbres voisins qui tombent et ébranlent la terre sous leur masse.

Voici que s'élèvent des cabanes grossières. Un journal s'imprime du jour au lendemain, des magasins s'ouvrent. D'autres émigrants viennent se joindre aux premiers. On commence une grande maison de plusieurs étages. Elle n'est pas achevée qu'une ligne ferrée s'avance à grandes enjambées de rails vers la cité nouvelle qui demain s'enorgueillira de monuments superbes.

Je ne sais si l'on peut citer de très nombreuses villes

américaines dont l'essor ait été si rapide, mais en parcourant le premier tronçon de la nouvelle ligne qu'on désigne sous le nom du Thiès-Kayes il m'a presque semblé faire un voyage dans quelque État très éloigné du Far West de la légende.

J'avais pris le train dit du « Baol » à trois heures dans la « vieille » gare de Thiès, ce qualificatif dont je décore la gare n'ayant qu'une exactitude relative. Tout ne semble-t-il pas bientôt vieux dans ce Sénégal pour les nouveaux venus qui, chaque deux ou trois ans, prennent la place de prédécesseurs.

Il y avait sans compter les nombreux indigènes, encaqués dans des compartiments de troisième, quelques commerçants de la ligne et l'on causait uniquement « pistaches » autour de moi.

Le train à peine en marche, s'engagea sur la branche droite de l'Y dont je parlais tout à l'heure pour s'arrêter peu d'instants après devant les bâtisses du génie. Il ne resta là qu'un moment, le temps de prendre le capitaine R..., chef du service de l'avancement des travaux. Cet officier auquel j'avais été recommandé la veille par son chef le capitaine T..., m'avait promis de me piloter jusqu'au bout du rail et non seulement il tint le plus aimablement du monde sa promesse, mais encore il m'hébergea durant toute l'excursion.

Le chemin de fer construit à travers la province Sérère du Baol constitue la première section de la grande ligne future qui, par Thiès, réunira le Soudan à Dakar.

Le projet d'une œuvre aussi grandiose avait été, voici longtemps déjà, caressé par un certain nombre d'esprits pratiques et aventureux en même temps, pour ce motif que le fleuve Sénégal, seule route qui permette d'atteindre sans rompre charge, les régions centrales du continent, n'est guère navigable plus de trois mois par année.

Kayes, port terminus du fleuve, se trouve à vol d'oiseau à près de 900 kilomètres de la mer, son altitude ne dépasse pas 60 mètres. C'est dire que le Sénégal ne ressemble nullement à un torrent irrésistible, on pourrait plutôt le comparer à beaucoup d'ouadi algériens, roulant en hiver des masses d'eau considérables et qui s'appauvrissent durant l'été au point de s'assécher tout à fait.

Le magnifique Sénégal, pour le malheur des régions qu'il traverse, est un fleuve en quelque sorte intermittent. Les pluies commencent vers ses sources dans le milieu de mai. Un mois plus tard, son bassin supérieur regorge d'une eau qui s'écoule chaque jour plus abondante dans son lit desséché jusque-là. Un homme peut le traverser durant huit mois de l'année presque partout, jusqu'à moins de 300 kilomètres de son embouchure, et cependant depuis le mois d'août jusqu'à la fin d'octobre, un vapeur de 4 mètres de tirant d'eau peut venir décharger à Kayes ses marchandises arrimées à Bordeaux.

Le commerce ne s'accommode pas de facilités intermittentes si grandes soient-elles, il exige davantage et veut pouvoir, à tout moment, communiquer avec l'intérieur, d'autant que dans ces régions, les plus déshéritées d'apparence, se révèlent chaque jour des produits nouveaux, sources d'échanges et de richesses futures.

On peut ne pas parler du premier projet de voie ferrée du Baol qui date de 1804, mais dont l'intérêt n'était pour ainsi dire que local, et reporter à l'année 1003 la naissance du grand projet actuellement en voie de réalisation. M. Roume en fut le promoteur, il envoya l'année suivante une mission d'études qui s'acquitta de sa tâche en dix-huit mois. Des variantes furent présentées depuis lors et/le seront peut-être encore, mais, fait plus important, les travaux commencèrent à la fin de l'année 1907. Le départ de M. Roume à qui succéda M. Ponty au gouvernement général ne nuisit nullement à l'œuvre entreprise, car le nouveau gouverneur venait du Soudan qu'il aimait un peu à la façon d'un père.

Malgré l'apport considérable dû aux ressources données par les emprunts, les nécessités budgétaires sont, en Afrique, infiniment supérieures aux ressources. On n'a donc pas poussé aussi vite qu'il eût été désirable, les travaux de cette ligne dont la longueur atteindra 760 kilomètres tracés dans des territoires déjà exploités et dans d'autres à peu près déserts, malgré les ressources naturelles qu'on y rencontre. Du moins les a-t-on poussés autant qu'il était possible. Les renseignements suivants puisés aux meilleures sources indiquent où l'on en est aujourd'hui.

Les premiers terrassements commencèrent au milieu de 1907. On posa le premier rail le 1ᵉʳ février suivant. Kombole, première station de la ligne, était atteint deux mois après. Trois autres mois de travaux permettaient de toucher M'bambey, deuxième gare du tracé. La locomotive pouvait rouler jusqu'à Diourbel avant la fin de la même année et les travaux furent poursuivis avec célérité jusqu'au milieu de 1909, date à laquelle le manque d'eau, si bizarre que cette raison puisse paraître, obligea de les ralentir. D'autres causes encore, à la vérité, manque de matériel, incertitudes sur l'avenir financier de l'entreprise, contraignirent également les constructeurs de la voie à diminuer le rendement des chantiers.

On continua depuis lors d'une allure ralentie qui

permit cependant d'atteindre au mois de mai 1910 le kilomètre 130, c'est-à-dire le début de la seconde section. Ces travaux ont été poussés dans le cours de l'année 1911 sur environ 100 kilomètres de plus. Ils ne présentèrent jamais de difficultés techniques, le sol très meuble est plat comme un billard, mais les problèmes pénibles qu'on eut à résoudre étaient de ceux qui ne se posent pas chez nous. Ils se rapportaient à l'alimentation des ouvriers, à la recherche des matériaux de construction, voire du simple ballast et surtout de l'eau comme il a été dit précédemment. On pourrait ajouter que l'absence ou la rareté du matériel roulant compliqua encore la difficulté. La dépense par kilomètre fut en moyenne de 600 francs pour le débroussaillement, de 10.000 francs pour les terrassements ; 1.000 francs furent consacrés aux petits ouvrages en béton armé pour l'écoulement des eaux et 11.150 francs pour la pose des rails. Enfin pour compléter ces détails statistiques, les chantiers comprirent une moyenne de 1.000 à 1.500 travailleurs.

Le matériel utilisé sur la ligne qui est à voie unique appartient au type de 1 mètre de large et il se compose de rails de 8 mètres de long. Le matériel roulant arriva très tard dans la colonie. Ce fut, comme il a été dit, une des grosses raisons des retards de construction subis. Une cause d'un autre ordre doit être également signalée car elle est intéressante. Le commerce de la colonie escomptait tellement les bienfaits de la nouvelle ligne qu'il contraignit par son insistance les autorités à commencer l'exploitation dans les plus brefs délais possibles. Ainsi cette voie ferrée qui devait s'avancer dans un pays bientôt désert et, pour ce motif, absolument dépourvu de tout, dut en même temps que le matériel nécessaire pour son avancement et sans parler du ravitaillement de ses ouvriers, transporter dès la première année un tonnage de marchandises et un nombre de voyageurs considérables.

On ouvrit donc à l'exploitation la partie de la ligne qui s'étend jusqu'à la seconde gare, au début de la traite de 1908, c'est-à-dire vers décembre. Comme la direction n'avait alors aucun matériel pour satisfaire aux besoins du public, elle dut passer un traité avec la compagnie « Dakar-Saint-Louis » qui assura l'exploitation du tronçon ouvert. Le « Dakar-Saint-Louis » devait, d'après cette convention, former et conduire tous les trains moyennant un pourcentage d'environ 43 sur les recettes brutes. Cette compagnie, fort économe même sur son réseau, n'étant obligée de prêter que l'excédent de son matériel, le commerce eut des motifs de plaintes amères au sujet de l'insuffisance des moyens de transports qu'on mettait à sa disposition. Il se produisit bientôt en effet un véritable encombrement dans toutes les nouvelles gares ; aussi les récoltes d'arachides du Baol, de plus en plus abondantes, car les populations voisines se portent en foule dans ces régions vides d'habitants et fertiles, ne s'écoulent-elles qu'avec une grande lenteur vers les points d'embarquement.

Cette convention sinon parfaite du moins aussi bonne qu'il était possible de la faire, vient seulement de prendre fin, laissant à la colonie l'entière disposition de sa ligne ferrée. Les résultats de l'exploitation ne peuvent qu'être brillants à moins qu'on ne commette des fautes impardonnables si l'on en juge d'après les premiers résultats acquis jusqu'ici.

La gare de Diourbel que 70 kilomètres séparent de Thiès, fut ouverte le 20 janvier 1909. Or, voici les chiffres des transports des voyageurs et de marchandises pour cette première année sur ce court tronçon.

On délivra des billets pour 103.801 francs, les marchandises transportées en grande vitesse payèrent 19.090 francs, tandis que la petite vitesse donnait 540.097 francs, soit un total de recettes de 753.048 francs. La progression de plus se révèle comme devant être rapide car les deux premiers mois de l'année 1910 donnèrent à eux seuls 209.089 francs de recettes. Aussi les prévisions de la direction, elles se sont justifiées depuis, assignaient-elles le chiffre de 1 million comme minimum des sommes qui devaient être encaissées dans le cours de l'année entière. On transporta en effet, rien que durant le premier semestre de l'année, 80.000 voyageurs et 61.000 tonnes de marchandises dont 47.800 d'arachides.

Voilà certes de magnifiques résultats pour un chemin de fer dont le kilomètre n'a coûté jusqu'ici qu'environ 73.000 francs, chiffre au surplus très suffisant.

Cette partie de l'histoire du Thiès-Kayes est intéressante, mais il est à la portée de tout le monde de la connaître. Les publications officielles n'auront garde de ne pas fournir sur elle tous les détails possibles, car on aime toujours, si modeste qu'on soit, or l'administration ne l'est guère, se louer de ses succès. Il est une autre partie de l'histoire de ce même chemin de fer que les curieux de problèmes coloniaux auraient intérêt à ne pas ignorer et sur laquelle il leur sera, surtout dans quelques années, bien difficile de se renseigner.

Il est évident que nombre de questions coloniales sont connues en France d'une façon très incomplète, comment pourrait-il en être autrement ? La distance et le temps estompent les faits comme les choses. C'est pourquoi l'histoire qu'on nous apprend dans les livres ressemble si peu, quelquefois, aux événements qu'elle prétend nous raconter. L'histoire vraie du Thiès-Kayes n'est pas non plus tout à fait celle que l'on imprimera dans les publications officielles ; toutefois les différences qui existent entre la version connue et la réalité ne sont pas telles qu'on pourrait les supposer.

Lorsqu'on décide de construire en France, et même en beaucoup d'autres pays, une nouvelle voie ferrée, bien des intérêts privés entrent en lutte. Telle ville veut être desservie, telle autre cherche à obtenir la préférence. On voit surtout des propriétaires influents multiplier les efforts pour dériver la ligne nouvelle vers leur domaine, soit pour le vendre à haut prix, soit pour pouvoir le mieux exploiter. Le grand et universel mobile, l'intérêt privé, joue ici plus encore peut-être qu'ailleurs, mais ce ne sont pas les intérêts de telle escale ou de certaines maisons de commerce qui entrent en compétition avec ceux d'autres escales ou de maisons concurrentes.

La raison en est facile à donner. Il n'existe pas sur la nouvelle ligne de ville véritable et les mêmes firmes commerciales ont ouvert partout des comptoirs. Il est évident d'autre part qu'aucun propriétaire n'avait intérêt à se faire exproprier ; l'unique propriétaire foncier sur le parcours de la voie future étant l'Etat lui-même. On ne comprend pas non plus très bien à première vue que des luttes d'influence puissent s'exercer en faveur de tel ou tel tracé puisque les mêmes concurrents se retrouvent face à face partout. Des luttes ardentes se sont cependant soutenues et continuent, même aujourd'hui, pour faire dévier à droite ou à gauche cette ligne ferrée dont tout le monde souhaite voir le prochain achèvement.

Ceci nécessite une explication.

Le principal commerce de la côte est celui de l'arachide, personne ne l'ignore. Cette petite graine à chair blanche, produite par une légumineuse dont on tire une huile claire et fort estimée, constitue un produit très encombrant. Son prix de transport jusqu'aux grands marchés d'Europe offre donc une énorme importance. C'est ce prix de transport qui limite, mathématiquement peut-on dire, l'aire de culture de la « pistache », c'est lui qui, dans cette zone même, tient sous son étroite dépendance le prix donné au producteur. Ce prix demeure invariable pour tous les acheteurs dans une escale donnée, aussi ces derniers n'ont-ils qu'une arme pour lutter contre la concurrence, diminuer leurs frais de transport. Cela c'est du commerce loyal, auquel on ne peut rien reprocher, mais voici un autre point de la question dont l'importance est extrême, qu'il faut donc traiter malgré qu'il soit fort délicat.

Le commerce reste libre, bien entendu, dans toute la colonie ; chacun peut ouvrir boutique, peser et acheter des arachides, vendre des tissus ou tous autres objets. De la libre concurrence sortent, peut-on dire, les prix de vente ou d'achat. Les commerçants d'abord rares, peuvent acheter à meilleur compte de l'indigène peu sollicité. Leurs profits élevés attirent de nouveaux concurrents et bientôt les prix montent jusqu'au moment où les bénéfices payant juste le travail fourni et le capital engagé, personne ne vient disputer aux premiers venus une place qui n'est plus ce qu'elle était naguère.

Le Sénégal, on peut même dire la côte tout entière, pays primitifs, ne possèdent que des moyens de transport primitifs. Les chameaux portent une charge de 300 kilogrammes sur une trentaine de kilomètres, les ânes n'en tolèrent pas 100. Si le transport doit s'effectuer sur une distance supérieure à 60 ou 70 kilomètres, le chamelier maure ou l'ânier demandent au moins la moitié des graines transportées comme rémunération de leur peine et le cultivateur, le « badolo », ne touchant que la moitié de 20 francs, prix moyen de 100 kilogrammes d'arachides « logées à bord », ne trouve plus de bénéfice à cultiver, et même parfois ne tire pas sa subsistance du produit de sa récolte.

L'indigène en effet consomme du mil ainsi qu'un peu de riz; s'il cultive de l'arachide, seule denrée qu'il puisse vendre au dehors ou peu s'en faut, il lui faudra acheter des graines.

Les grandes maisons commerciales de la côte possèdent presque toutes leurs propres vapeurs dont le tonnage et le tirant d'eau sont appropriés aux escales qu'ils fréquentent.

Ces vapeurs drainent bien entendu les arachides de la maison qui sont dirigées des environs sur ces divers ports souvent peu importants. Mais comment feront les maisons qui ne possèdent pas de vapeurs? Il leur faudra d'une part, acheter moins cher leurs graines pour payer l'armateur et de l'autre, traiter beaucoup d'arachides à la fois, faute de quoi aucun armateur libre ne voudra dans les circonstances ordinaires se charger de leur fret. On peut donc affirmer que dans toutes les escales maritimes ou terrestres, où n'existent pas de puissants moyens de transports en commun, la liberté commerciale, absolue en théorie, n'existe pas en fait.

Le chemin de fer constitue le mode idéal de transports en commun, le prix kilométrique d'un wagon d'arachides est le même pour tous. Les voies ferrées, doit-on l'ajouter, se dirigent toujours vers des ports largement desservis par de nombreux bateaux, sans cesse avides de fret. Il ressort de cela que des petits traitants peuvent s'établir le long d'une voie ferrée; les conditions de la lutte seront pour eux moins onéreuses que par exemple dans le voisinage d'escales, fluviales ou maritimes, dépourvues de moyens de transport publics. Ces petites escales ne recevant qu'une quantité minime de graines, les bateaux ordinaires n'y touchent pas en effet, sauf dans de rares exceptions. Les vapeurs des maisons commerciales s'y arrêtent seuls à certains moments quand ils savent y trouver une certaine quantité de fret leur appartenant. Cette quantité jointe à celles fournies par d'autres succursales voisines, complétera enfin leur chargement.

On comprendra donc sans peine que les grandes maisons aient un certain intérêt à éloigner la voie ferrée en construction de la côte où pourraient se créer de véritables ports. Un exemple est peut-être nécessaire ? le voici. A 100 kilomètres en allant vers le sud à partir de Dakar et de Rufisque, les bateaux rencontrent l'estuaire de deux fleuves morts, le Sine et le Saloum. Le bourg de Kaolak s'élève sur cet estuaire au point où il cesse d'être navigable, c'est-à-dire à environ 60 kilomètres dans l'intérieur des terres. Deux autres escales placées sur le même fleuve sont plus près de son embouchure, mais Fatik n'est plus accessible aux cargos et, grâce à un artifice des grandes firmes qui se sont fait attribuer dans Foundiougne tous les terrains solides en bordure du fleuve, il est impossible aux petits commerçants de venir s'installer dans ce dernier poste. Les grandes maisons n'ont pu accaparer de même façon tous les bons terrains de Kaolak le long du Saloum, et qui voudrait s'y installer aujourd'hui puisque les arrivages de graines, trop peu importants, n'y attirent pas les cargos des armateurs? Mais que le chemin de fer touche Kaolak et dans toute la province du Sine-Saloum où la concurrence, actuellement difficile, sinon impossible contre elles, permet aux grandes maisons d'acheter les arachides 3 et 4 francs moins cher qu'à Rufisque, la concentration des graines récoltées à plus de 100 kilomètres à la ronde attirera les grands vapeurs, certains de trouver du fret et, par conséquent, les petits traitants certains de pouvoir exporter leurs achats.

Un point à signaler au passage : le prix du transport des marchandises pour l'Europe est le même depuis Dakar jusqu'à la Casamance.

Ces calculs ont été faits vraisemblablement par tous les intéressés, car la chambre de commerce de Rufisque demanda maintes fois, dit-on, que le tracé du chemin de fer soit porté à 20 kilomètres environ au nord de Kaolak.

Il semblait bien que l'intérêt général voulût au contraire que la voie ferrée desserve cette escale. Rufisque et Dakar, celle-ci, malgré certaines prédictions intéressées, est appelé à tuer sa voisine trop immédiate, conserveront cependant leur zone d'attraction. Mais Kaolak aura la sienne. Le territoire où la culture de l'arachide est rémunératrice pour l'indigène en sera accru de beaucoup et par conséquent aussi le commerce global de la colonie. Les commerçants sont cependant excusables de ne pas voir clairement cela et de ne pas sacrifier leurs intérêts, privés et immédiats, au profit de l'intérêt général et futur de la colonie. Le gouvernement seul a le devoir de peser tout et de décider, n'ayant en vue que le bien public.

Voici une longue digression qui ne résume pas les conversations que je tenais avec mon guide sur la galerie de notre wagon tandis que le train traversait la vaste plaine unie du Baol, uniformément couverte de lougans ou d'arbres espacés.

On a décidé l'ouverture d'assez nombreuses gares sur la ligne nouvelle et, comme il n'existait aucune agglomération indigène suffisante pour fixer les choix, on s'est décidé à séparer les stations par des distances égales d'environ 27 kilomètres. Six de ces gares ont été ouvertes déjà et leurs quais sont depuis lors encombrés de marchandises et de voyageurs. Aucune d'elles n'était rien il y a trois ans. L'administration envoya un jour un géomètre qui découpa dans la brousse des carrés très réguliers, séparés par des avenues très larges. Ces carrés furent vendus aux enchères, les commerçants se les disputèrent à qui mieux mieux. C'est ainsi que naquirent les nouvelles escales.

Si le paysage monotone du Baol n'offre bientôt plus d'intérêt pour le touriste, ce qui attire son attention, même malgré lui, ce sont ces points de la brousse où se créent des villes autour d'une gare à peine achévée. Il semblerait en effet, je le répète, qu'on est dans ce Far West légendaire jadis décrit par les romanciers.

Les choses se passent ici presque comme elles se passaient là-bas et cependant les conditions sont pires.

Un Européen ne peut cultiver le sol au Sénégal, cette partie principale de tout programme de colonisation doit être réservée aux indigènes qui seuls supportent le climat, qui seuls également peuvent vivre des produits d'une culture peu riche. Le blanc, le « toubab » ne peut que troquer les arachides ou les autres produits du pays contre nos objets manufacturés. Et cependant les carrés du géomètre ont à peine été tracés et vendus, après des luttes d'enchères mémorables, que les nouveaux propriétaires construisent des baraques de planches ou de tôles, ils entourent leurs terrains de clôtures solides pour enfermer les arachides que les noirs ne tarderont pas à leur apporter. Ils déballent les tissus de France ou d'Angleterre, les tabacs d'Amérique, nos vins et malheureusement aussi les alcools nocifs dont la vertueuse Allemagne empoisonne l'Afrique.

La « traite » commence quelques semaines après la fin de la saison des pluies. Chaque traitant apprête sa bascule. Un convoi d'ânes ou de chameaux s'arrête devant sa boutique rudimentaire. Le blanc est en tenue de travail, pantalon et chemise ; on décharge les graines, il les pèse et les fait verser dans le « secco » voisin.

Le soleil chauffe de plus en plus, les noirs palabrent, trouvant les prix trop bas, ils gesticulent et crient, la poussière sous les pas des manœuvres, des chalands et des bêtes s'élève en épaisse buée. Le blanc essoufflé de parler, de peser, de respirer cette atmosphère, découvre sa poitrine haletante, mais de nouveaux noirs s'approchent que des pisteurs attendaient à l'entrée du village pour les empêcher d'entrer chez les voisins et les débats recommencent tandis que s'épaissit le nuage de poussière et que s'emplit le secco.

Midi s'écrit sur le sol avec l'ombre presque disparue des arbres, midi flamboie dans le ciel vide et bleu, grille dans l'atmosphère brûlante, des chalands nouveaux se pressent encore autour du blanc qui défaille. Quelques courts instants de répit pour le repas et le travail recommence. Le soleil est sur le point d'achever son voyage quotidien, le travail continue toujours, des chameliers qui viennent poussent leurs appels auxquels les chameaux répondent par des cris rauques avant de s'affaler sur le sol comme des pantins dont les fils casseraient. La nuit tombe, enfin on ferme le secco, puis la boutique, il ne reste plus au pistachier qu'à faire sa caisse, à terminer ses écritures, il avale ensuite sa pitance et puis, écrasé de fatigue, il cherche dans le sommeil des forces pour le travail du lendemain.

Voilà la vie des escales depuis décembre jusqu'à la fin d'avril. Ceux qui s'imposent ce dur métier sont pour la plupart d'âpres et robustes paysans venus de l'Ariège ou du Gers. On les nomme des mange-mil car ils sont comme les moineaux du Sénégal, contents de tous profits. Qu'on n'aille pas croire cette pénible existence réservée aux seuls salariés des grandes maisons de commerce. Quand un mange-mil parle bien le ouoloff ou le serère, sinon les deux langues, lorsqu'il possède quelques économies et de bonnes relations dans la brousse, il se fait commanditer ou même, volant de suite de ses propres ailes, il s'installe à son compte, risquant tout son avoir économisé sou par sou et alors, plus âpre si possible qu'auparavant, il recommence à endurer l'esclavage véritable que chaque « traite » ramène avec elle.

Ses profits augmentent, les noirs le connaissent et l'apprécient mieux que ses voisins car il sait flatter ces grands gamins ; sa grosse main calleuse serre leurs pattes sales, son éloquence bon enfant sait vanter ses tissus ou ses liquides. Ses bénéfices deviennent énormes, il a dans ses caisses plus d'un million qui remis au creuset des affaires rend chaque année des intérêts superbes. Le mange-mil d'il y a vingt ans est devenu un notable négociant. Ses fils sont des messieurs bien habillés et parfois mal embouchés malgré leurs prétentions à l'élégance. Lui demeure souvent un paysan simple et sans morgue, ses mains serrent toujours les mains de ses clients fidèles, il manie encore lui-même sa bascule ou bien surveille la mise en secco de ses arachides, puis leur ensachement pour le transport à la gare. Quand il sera très vieux, enfin retiré dans son village des montagnes natales, il se souviendra, en les regrettant, des heureuses années de sa vie où il trimait quinze heures de suite au soleil du Sénégal en respirant l'âcre et chaude poussière de la traite !

Une pensée le consolera cependant, ses fils n'abandonneront pas le dur métier, ils porteront des jaquettes et même enfileront certains soirs l'habit sur leurs vastes épaules, mais ils connaîtront la loi du travail et sauront l'observer. Reste à savoir si leurs fils à eux continueront la tradition ?

Ainsi se sont formées, il y a moins d'un demi-siècle et se forment encore aujourd'hui, de véritables dynasties de grands commerçants devenus aussi, et par l'entraînement des choses, de gros armateurs et de puissants industriels occupant, soit dans la Métropole, soit dans la colonie, un nombreux personnel d'employés et d'ouvriers.

Et l'on peut dire que de futurs millionnaires logent dans les baraques en bois des nouvelles escales de la ligne du Baol !...

C'est le 23 avril 1908 que le ministre des Colonies vint en grand appareil inaugurer la première de ces stations. Khombol est fort modeste ; borné à un rez-de-chaussée, il n'affiche vraiment aucune prétention, mais il ne désemplit pas de voyageurs noirs.

Ceux-ci sont à ce point empressés qu'ils se privent du nécessaire pour s'offrir le plaisir d'un voyage en wagon. Cela devient même une passion telle, chez eux, que ne pouvant passer au guichet trop encombré, ils prennent place tout de même, quitte à payer double tarif quand passe le contrôleur. Notez de plus qu'ils n'ont souvent, en prenant le train, d'autre but que celui d'être vus par leurs voisins !

Les Pistachiers sont plus pratiques que leurs clients, ils ne sacrifient rien aux apparences, à peine même s'ils s'inclinent, du moins au début, devant les exigences du climat et s'ils s'accordent un peu du confortable nécessaire dans ces régions inclémentes. Khombol et sa voisine M'Bambey n'ont auprès de leurs seccos regorgeant de grains pendant la traite que des baraques en planches exiguës, froides durant l'hiver, brûlantes sous le soleil d'été. N'Diourbel, la troisième gare de la ligne, offre un aspect moins provisoire. Cette escale il est vrai fut choisie, voici quatre ans, comme siège d'une résidence. L'administration y construisit donc pour ses fonctionnaires, et les commerçants eux-mêmes se sont décidés à suivre cet exemple.

N'Diourbel a devant lui un bel avenir, 78 kilomètres le séparent de Thiès, une distance égale de Kaolak. La terre autour du bourg est fertile en arachides et, circonstance heureuse autant que rare, l'eau s'y trouve en abondance à moins de 3 mètres de profondeur.

N' Diourbel fut en effet créé dans le lit même d'un fleuve mort, le Sine, qui se divisait en ce point et formait une île sans doute marécageuse. Le bourg couvre l'île et empiète sur la branche droite du fleuve; aussi, pendant l'hivernage, se trouve-t-il parfois, et le fait semble entaché de paradoxe, les pieds dans l'eau.

N'Diourbel n'offre, bien entendu, rien de curieux, il naît à peine au surplus et ses larges avenues sablonneuses, son immense place sont tracées d'hier seulement dans la brousse. Les quelque cinquante blancs qui s'y sont installés, ils étaient trois voici quatre ans, ne peuvent animer l'escale à eux seuls; mais un peu de patience, ils seront bientôt cent. Tous habiteront alors de vastes maisons de brique, chacun possédera son jardin bien vert. La place et les avenues seront ombragées de

beaux arbres qui tendront un rideau de verdure entre
le sable aujourd'hui trop blanc et le ciel trop chaud.
N'Diourbel alors ne se contentera peut-être pas du cinématographe qu'un industriel avisé venait d'y installer
pour quelques jours, lors de mon passage. Il exigera
sans doute que les artistes du théâtre de Dakar viennent quelquefois le distraire. En fin de traite, ses
dames voudront danser, et cela c'est peut-être aussi la
rançon du progrès !

L'exploitation s'arrête actuellement à Guinguinéo
(fin 1911) mais la ligne continue toujours dans la
même plaine immense. Les officiers du génie qui la
construisent seraient certes capables d'affronter d'autres obstacles, il faut toutefois reconnaître qu'ils n'ont
guère eu à lutter ici que contre la pénurie d'eau et celle
du ballast. Le recrutement de la main-d'œuvre leur
donna aussi quelque tablature, ainsi que la nécessité de
maintenir parmi leurs ouvriers une exacte discipline.

Les militaires sont d'ordinaire très énergiques, mais
il leur faut, pour qu'ils témoignent de cette précieuse
qualité, une indépendance parfaite. Or chacun sait que
nous avons appliqué au Sénégal un certain nombre
de nos idées les plus généreuses et les plus absurdes
et que certaines catégories de noirs y sont électeurs ;
ces électeurs, bien entendu, représentent la clientèle
des politiciens du cru. Ces prémisses posées expliquent
pourquoi les officiers n'osèrent pas imposer une stricte
discipline sur leurs chantiers d'abord encombrés de
mauvaises têtes.

En bons citoyens pénétrés eux-mêmes de la justesse
du précepte cicéronien, ils allaient référer à la police de
tous les actes délictueux commis par leurs ouvriers. Or
un seul qualificatif peut être appliqué à la police sénégalaise si l'on veut la dépeindre exactement, elle est

carnavalesque. Cette caractéristique la rapproche au surplus de sa proche parente la justice avec laquelle ses rapports sont étroits comme il convient. J'exagère, dira-t-on. Voici quelques exemples — mais combien en pourrai-je citer — dans un texte, l'exemple tient le rôle d'une gravure, il l'éclaire et le rend plus intéressant.

Un ouvrier noir menaça de sa pioche le sous-officier chef de chantier qui lui adressait une observation. La police avisée répondit par la voix du commissaire de police de Thiès que la seule menace ne constituait pas un délit et qu'on ne pouvait poursuivre puisque la pioche arrêtée dans sa chute n'avait pas atteint le plaignant.

Nous connaissons aussi en France ces jongleries, sinon avec l'esprit du moins avec la lettre de la loi, et nous savons par expérience combien l'impunité augmente la criminalité. Les chantiers du Thiès-Kayes virent donc, au début, des scènes parfois fort regrettables. Une fois même, un noir se jeta le couteau à la main sur le capitaine X... et... il fut heureusement renversé par le coup de poing d'un athlétique sous-officier. Les autres noirs protestèrent, pensez-vous, contre la violence dont on avait usé vis-à-vis de leur compagnon ; que non pas, le Sénégal à ce point de vue, reste encore fort en retard sur la métropole et les témoins de la scène se contentèrent d'applaudir le justicier.

Le problème de l'eau fut beaucoup plus grave et plus insoluble que le précédent. Le tracé de la voie qui procède par immenses paliers presque rectilignes se dirige jusque vers le kilomètre 130 dans la direction du Nord-Est, c'est-à-dire vers le désert du Ferlo, socle de latérite où personne   't à demeure, car sauf pendant l'hivernage, on   ni eaux de surface ni même de puits acce ables.   ui d'abord paraît étrange, la végétation semble cependant acquérir une nouvelle force à mesure qu'on s'enfonce dans ce triste pays. Cela tient à ce que l'on est ici plus loin des régions peuplées où les noirs incendient la brousse avant de cultiver leurs lougans. La pénurie d'eau devint si grande que le capitaine Friry, premier directeur de l'entreprise et malheureusement décédé l'an passé, dut déclarer qu'il ne pouvait continuer à suivre la direction imposée. Il faisait valoir qu'il avait atteint les dernières limites de l'obéissance, celles où cette vertu devient criminelle. Sachant l'impossibilité absolue où l'on se trouverait, d'abord de continuer l'œuvre commencée, ensuite d'exploiter une voie ferrée construite dans de telles conditions, son devoir lui commandait d'abandonner son poste plutôt que d'accepter la trop lourde responsabilité de diriger une œuvre vouée à un piteux échec. Des puits forés à cent mètres de profondeur, comme à Gossas, donnant à peine quelques litres d'eau en vingt-quatre heures, on dut se rendre à l'évidence et décider d'infléchir la voie vers le sud-ouest.

Cette question de l'eau n'est pas seulement d'une importance extrême, elle offre de plus bien des surprises, le jeu de mots s'impose presque, à ceux qui veulent l'approfondir. Ainsi mon aimable guide m'apprend que lorsqu'on fore un puits dans la région où nous nous trouvons en ce moment, trois alternatives peuvent se présenter. On atteint ou l'on n'atteint pas l'eau, mais de plus, au cas où on la rencontre, cette eau peut être ou n'être pas salée. Cette dernière alternative ne présente toutefois pas autant d'importance qu'on pourrait supposer. On s'est rendu compte en effet d'un très curieux phénomène. La salure des eaux varie tout d'abord énormément d'un point à un autre, même lorsqu'il n'existe pas une grande distance entre eux. Fait d'aspect plus paradoxal encore, la salure d'un puits donné n'est elle-même pas fixe, elle varie selon un facteur inattendu, selon le plus ou moins fréquent usage que l'on fait de ce puits. On s'en rendit compte en constatant que des puits d'eau saumâtre dont les indigènes se servaient uniquement pour leurs troupeaux, voyaient peu à peu s'abaisser leur degré de salure au point de fournir à la longue un liquide potable, même pour les hommes. Et voici l'explication qu'on peut donner de ce phénomène.

La plaine immense formée par le Cayor, le Baol et les régions voisines n'est pas de formation très ancienne, les sables dont elle se compose ont été longtemps imprégnés de sel par l'Océan qui les recouvrait.

La nappe aquifère collectée sous ses sables contient donc presque partout du sel. Un puits qu'on fore s'alimente d'eaux salées qui se chargent encore de sel durant leur passage à travers la couche sablonneuse voisine. Ces eaux rejetées au dehors sont remplacées dans le puits par une autre quantité qui enlève à son tour un peu de sel jusqu'au jour où tout le sable environnant, se trouvant débarrassé, forme alors un véritable filtre et celui-ci arrête le sel provenant des couches excentriques.

Dans cette plaine sans fin que traverse la ligne et où les villages et les cultures étaient rares hier encore, les noirs venus de partout commencent à s'installer. Si l'on continue la campagne heureusement commencée, voici quatre ans, par le capitaine Friry devenu plus tard le premier directeur du Thiès-Kaye, si l'on multiplie dans la brousse le forage des puits qui donnent aux hommes et à leurs troupeaux l'eau nécessaire à l'existence, des villages se créeront partout où l'on trouvera l'inestimable liquide. Le noir travaillera dans ces plaines aujourd'hui désertes, il y fera pousser l'arachide et le mil, ses cases peupleront la forêt clairsemée qu'il traversera parfois, tel un seigneur féodal ou bien un banquier contemporain, derrière sa meute de grands laobés jaunes forçant un sanglier du pays. La chasse est en effet la distraction favorite des habitants du pays, noirs ou blancs. Le sanglier phacochère n'intéresse pas seul ces disciples de Nemrod qui font aussi grand cas du lièvre, dont cependant la valeur culinaire ne peut être comparée à celle du nôtre. On trouve facilement des lièvres au Baol, ils gîtent dans des fourrés peu touffus où il est facile de les découvrir sans trop de peine, mais il existe encore un autre procédé fort simple et moins fatigant aussi pour remplir son carnier avec ce gibier. Je crois devoir l'indiquer en raison de son originalité.

Quand l'herbe est rare, vers la fin de la saison sèche, le lièvre doit s'ingénier davantage pour trouver sa pitance quotidienne. Or c'est juste à ce moment que mûrissent les fruits du soto, sorte de figuier aux feuilles relativement petites. Le chasseur astucieux se cache à proximité d'un de ces soto. La nuit venue ou simplement quand le soleil décline, le lièvre s'approche de l'arbre et le séant en terre, l'oreille tendue, il attend qu'une figue mûre se détache. La belle cible qu'il représente invite au coup de fusil et, pour peu que le chasseur ait été patient, il est rare, m'affirmait le capitaine R..., auteur responsable de l'anecdote, que sa patience ne soit pas récompensée. Libre à lui au surplus d'ajouter au rôti quelque dessert, car bien mûres, les figues du soto ne sont pas absolument à dédaigner.

Il me faut revenir à quelques kilomètres en arrière

jusqu'à Gossas où se construisait la gare quand j'y passai moi-même. L'officier d'administration du génie qui en fut le père, était sur le point de rentrer en France lors de mon passage et je fus son hôte durant quelques heures, juste le temps nécessaire pour me rendre compte des rares joies et des nombreux et pénibles travaux dont sa vie était faite.

Il se promenait hâtivement allant d'une équipe de maçons à une bande de terrassiers quand notre train s'arrêta devant sa gare. Reconnaissant son chef, il se dirigea vers nous et, pendant qu'on nous présentait, je remarquai alors seulement les deux galons d'or qui ornaient les manches râpées de son costume khaki.

Les deux officiers procédèrent ensemble à une minutieuse inspection tandis que je me dirigeais vers la case du maître de céans. Elle dominait les chantiers de quelques mètres et se composait d'une pièce unique où lit, table pour les repas et bureau pour le travail voisinaient fraternellement.

Le luxe, voire le confort, s'y trouvaient, on le voit, réduits à leur plus simple expression, car des planches formaient les parois qu'un toit de chaume protégeait seul. Pas de jardin, comment l'aurait-on arrosé? pas de provisions non plus, sauf celles qu'apportaient les trains. Le travail, seule distraction, se prolongeait toute la journée et une partie de la nuit. Ne fallait-il pas, durant le jour, donner à chaque instant des instructions aux deux sous-officiers, seuls blancs des chantiers, et quand les équipes noires faisaient leur popote dans les taillis voisins ne fallait-il pas, avant de se coucher, mettre au net les nombreuses paperasses administratives ? Telle est la vie pleine et active de tous les constructeurs de la voie dans la brousse. Elle est fatigante mais ne semble pas dépourvue de charmes, à entendre ceux qui l'ont faite leur. Loin de se poser en victimes, ils se déclarent au contraire contents de leur lot et souhaitent conserver leurs postes le plus longtemps possible. Ces élus, car leurs situations sont très recherchées à tous les degrés de la hiérarchie, touchent en effet des indemnités formidables qui atteignent jusqu'à 100 francs par mois pour les sous-officiers et 200 pour l'officier. La solde mensuelle totale de ce dernier s'élevait donc dans ce chantier à environ 600 francs et l'on ne peut qu'admirer un zèle qui se trouve payé à si bon compte !

Il est vrai que tous trouvent leur besogne si intéressante ! On a d'abord dû lancer dans la brousse couverte d'un taillis plus ou moins épais, une armée de débroussailleurs ; ils firent place nette tandis qu'on forait des puits et qu'on traçait l'emplacement des futures constructions. Mais la nappe aquifère qu'on rencontrait quelque temps auparavant à 20 mètres de profondeur s'était évanouie dans le sol de Gossas. Cette recherche habituelle de l'eau devenait un cauchemar. Comment abreuver les manœuvres, comment même gâcher le mortier nécessaire à la construction des murs? Et plus tard, comment donner à l'escale le liquide indispensable pour ses habitants, pour les trains eux-mêmes? Aussi construisit-on des citernes en même temps qu'on forait d'autres puits, aussi innova-t-on, en créant des puits-citernes d'un genre nouveau, agencés de la façon suivante : Un certain nombre de trous profonds sont creusés autour d'une aire cimentée qui recueillera les eaux du ciel. Celles-ci se collecteront ensuite dans ces puits transformés en réservoir. Tous ces procédés ne furent que des palliatifs, on dut donc commander en France des wagons-citernes et amener en gare, par des convois spéciaux, l'eau indispensable à tous.

A la fin de 1910 les six lettres du mot « Gossas »

s'étalaient cependant sur les murs de la gare que sont déjà venus battre les premiers flots des arachides récoltées. L'affreux désert est dès aujourd'hui une escale naissante ; qui sait si le village né d'hier ne rivalisera pas demain avec les autres stations plus anciennes et mieux partagées d'apparence ?

La gare qui vient après Gossas se nomme Guinguinéo. Son emplacement portait, quand j'y passai, le nom significatif « de bout de rail ». Nous avions remarqué un peu avant de l'atteindre, le grand arc de cercle que forme la ligne enfin infléchie vers les régions plus hospitalières où l'eau demeure à distance raisonnable du sol, où, par conséquent, la vie reste possible en toute saison.

Aucun ballast ne recouvrait alors les derniers rails sur lesquels nous roulions et, tout d'un coup, le convoi ralentit, ralentit encore pour s'arrêter enfin. Là-bas, au bout de l'horizon, trouant la forêt que l'éloignement faisait paraître dense, s'avançait encore l'avenue taillée par les bûcherons.

Quand les nouveaux crédits ont été disponibles, l'activité renaquit sur les chantiers que je vis apaisés et ce que j'ai noté à Guinguinéo se voit plus loin dans l'intérieur, tandis que le « bout de rail » actuel est aujourd'hui une gare affairée comme les autres gares de la ligne.

Voilà où en était, il y a près d'un an, la nouvelle voie ferrée qui doit joindre le Soudan à la mer. Les problèmes que souleva sa construction, ceux qu'elle soulèvera dans l'avenir sont, on l'a vu, de divers ordres. Ceux d'entre eux qui ne sont que techniques n'ont pas, tant s'en faut, été les plus pénibles à résoudre, et il en sera probablement encore de même dans l'avenir.

Si nécessaire qu'elle soit, la jonction avec Kaolak ne

fut par exemple absolument décidée qu'il y a moins d'un an. Vingt kilomètres seulement séparent Kaolak de Guinguineo et l'on réalisera des économies bien supérieures au prix de revient de cette courte section, rien que par le transport des matériaux de construction nécessaires aux sections suivantes. Kaolak est donc, malgré vents et marées, desservi par le chemin de fer au grand déplaisir de certains qui ne voulaient pas sacrifier leur intérêt personnel actuel aux grands intérêts, permanents ceux-là, de la colonie tout entière [1].

Les changements qu'on dut apporter au tracé primitif de la ligne après N' Diourbel seront-ils les derniers?

Il serait hasardeux de porter un pronostic sur ces sujets. La logique toutefois semble devoir faire pencher pour l'affirmative, mais la question n'est pas aussi simple qu'on pourrait croire, car elle se complique d'une question d'ordre politique.

Cette nouvelle question greffée sur la première, est celle de la Gambie. On ne peut la traiter souverainement à Dakar.

On prétend bien, « on » sait toujours tant de choses et des plus secrètes, on prétend donc que la cession de la Gambie anglaise à la France revient sur le tapis diplomatique. Je ne sais et vraisemblablement beaucoup d'autres se trouvent dans mon cas, qui se prétendent dans le secret des dieux.

Mais, hélas, les précédents permettent et excusent le scepticisme à ce sujet. Aussi peut-on se demander si les dieux eux-mêmes, ceux qui tiennent en leurs

1. Me sera-t-il permis de rappeler que je demandais dès l'année 1908, ce que l'administration vient seulement de se décider à réaliser ?

puissantes mains l'avenir de ce pays, se préoccupent vraiment de cette question de la Gambie.

Nous avons depuis quelques années déjà acquis de nouveaux droits très importants sur ce beau fleuve, or jamais le moindre geste de notre part n'a pu laisser supposer que nous voulions tirer profit de ces droits.

Le traité du 8 avril 1904 nous donnait en vertu de son article 5 la possibilité de choisir sur le fleuve un port accessible aux bateaux de haute mer. Or la Gambie constitue la plus belle voie navigable de cette partie de la côte et si nous avions dirigé de ce port qu'on devait nous y céder, un chemin de fer vers le Soudan, nous aurions pu nous épargner la construction d'environ 200 kilomètres de voie. Cela représente une économie de plus de dix millions de francs sans compter les autres avantages de divers ordres que nous aurait assurés cette façon d'agir.

Une fois de plus et comme le poète, n'ayant rien demandé nous n'avons rien obtenu, ou si l'on préfère, nous étant contentés de la cession d'un point inutilisable, nous n'avons même pas cherché à l'utiliser.

Doit-on penser, en face de cette situation étrange et de notre plus étrange désintéressement, qu'une politique active de la France en Gambie, soit pour acquérir d'un coup cette minuscule enclave anglaise perdue dans nos possessions, soit pour obtenir de nos voisins le port en rivière qu'ils nous doivent, trouverait peut-être chez nous-mêmes des adversaires cachés?

Que dites-vous là, monsieur, de quel droit soupçonnez-vous autrui? Quelles insinuations vous permettez-vous?

Eh là, je ne dis rien et si j'ai pensé tout haut c'est sans doute qu'au « bout de rail » où je me trouvais tout à l'heure le ciel flamboyait, car il était midi et aucun souffle n'agitait l'air surchauffé. J'ai dit du chemin de fer du Thiès-Kaye tout ce que j'en savais, j'ai raconté tout ce que j'y avais vu, je n'ai plus à ajouter qu'une chose : je souhaite d'apprendre que ses chantiers ont repris une nouvelle activité et que le rail progresse avec plus de rapidité à mesure qu'il se rapproche du Soudan profond et magnifique.

CHAPITRE V

Kaolak et Nioro

Une ville d'avenir sur un fleuve qui meurt. Deux grosses questions : le recrutement d'une armée noire, la mutualité indigène. Essais de psychologie sénégalaise et d'horticulture. Nioro, rivale de Paris.

Si le chemin de fer du Thiès-Kayes que je venais de parcourir s'était ingénié jusqu'ici à éviter Kaolak, mon itinéraire m'y amenait au contraire, ce dont je me sentais fort heureux.

Je savais devoir trouver une voiture à quelques mètres du dernier rail posé sur la future route du Soudan ; je la vis, abritée sous un grand arbre, dès que je fus sorti de la case où j'avais reçu, en quittant le train quelques heures auparavant, l'hospitalité d'un guide aussi aimable que renseigné. Cette voiture, dite « hirondelle », aussi légère, toutes proportions gardées, que l'oiseau dont elle emprunte le nom, est d'origine américaine. On la fabrique à Cincinnati, nombre de ses sœurs circulent dans la prairie que notre ami d'enfance, le capitaine Mayne Reed, peuplait naguère de farouches Indiens. Quand j'arrive, le cheval dételé attend patiemment tandis que le cocher bavarde dans une case voisine. Ce personnage serait, si nous étions en France, en train de se rafraîchir, mais dans ce pays où boire n'importe quoi de frais s'explique sans peine, il y fait si chaud ! l'habitude de prendre autre chose que de l'eau n'est guère répandue encore !

Dès qu'il me voit venir, le cocher se doute que je suis son voyageur. Cette espèce de gens ne pullule pas en effet dans le pays et, comme il a sans doute appris ma qualité avant de quitter Kaolak, il me salue d'un retentissant « bonjour, doctor ». Il attelle ensuite sa bête avec une sage lenteur, puis me fait enfin signe de me hisser auprès de lui, car le véhicule comporte deux placés en tout et pour tout, et les bagages suivront, si rudimentaires qu'ils soient, par des voies moins rapides. Un claquement de fouet, un autre, presque aussi sonore, de la langue, l'étape commence. Elle sera courte, mais ne manquera pas d'agrément, car le pays verdoie de plus en plus. Nous sommes toujours cependant sur ce même plateau de latérite que traverse le chemin de fer ; mais, le plateau s'abaissant, le niveau des eaux souterraines se rapproche davantage de celui du sol et la vigueur de la végétation en témoigne avec éloquence. La route sur laquelle nous trottons à bonne allure n'est l'œuvre d'aucun ingénieur, elle ne ressemble au surplus nullement à ce que nous appelons en France une route. Elle fut ouverte par l'administrateur du cercle qui se contenta de tracer deux lignes parallèles aussi droites que possible du point d'arrivée au point de départ. Entre ces deux lignes distantes l'une de l'autre d'environ dix à douze mètres tous les arbres furent coupés et, ceci fait, chacun rentra chez soi.

Cette route n'est donc, à proprement parler, qu'une piste de même que la plupart de ces chemins d'Afrique qu'on s'accorde cependant à décorer d'un nom plus ronflant dans l'unique but probable de se faire illusion à soi-même.

Qu'on l'appelle d'une façon ou de l'autre, la route est en ce moment fort belle à sa manière. De jeunes pousses de toutes les essences de la forêt jaillies des troncs coupés au ras du sol la parent d'une belle robe vert tendre qui ferait probablement voir rouge à n'importe quel ingénieur, même s'il ne présentait précédemment aucun symptôme de daltonisme.

Les tiges grêles des « rath », des « rabaroth » ou des « guer », dont les larges et belles feuilles sont dans tout l'éclat de leur printemps, se couchent sous l'effort des roues étroites de ma voiture, mais elles se relèvent de suite, indemnes malgré ce choc trop rarement renouvelé pour être mortel.

Si l'on n'y prenait garde, les tiges flexibles deviendraient avant deux hivernages, des branches résistantes qui endommageraient bientôt les rayons ou les essieux peu solides des véhicules employés dans la région.

Mais, sur un ordre venu du chef-lieu, des corvées de noirs fournies par les plus proches villages sarcleront les tiges encombrantes et la piste se trouvera rajeunie pour une ou deux années de plus.

Le soleil commence à décliner, ses rayons maintenant obliques ne feront bientôt plus que caresser les feuilles qu'ils brûlaient tout à l'heure et mêler un peu d'or bientôt fondu à leur verdure tendre.

Tantôt, quelque écureuil toujours pressé traverse la piste à vingt mètres devant nous, son museau effaré pointe tout droit devant lui et il ne tarde pas à disparaître. On appelle rat palmiste ce gentil animal, très facile à apprivoiser. Parfois encore, nous rencontrons un grave et sage touca, dûment juché sur une branche. Il incline son grotesque bec vers la terre sans prêter attention aux deux humains qui passent sur leur voiture tout en rayons et en essieux. Ce sont à peu près les seuls animaux que nous rencontrions dans notre course ; la brousse est cependant peuplée par une faune assez riche, mais comment découvrir une bête peureuse dans cet océan de verdure monotone traversé par notre sentier ?

L'horizon se ferme tout autour de nous à quelques mètres de distance, sauf devant la voiture grâce à la percée de l'immense avenue toujours rectiligne qui se prolonge indéfiniment.

Je me suis vite lassé du bavardage insipide de mon cocher noir, mon silence le désoblige sans doute car il se met à chantonner l'air d'une inepte chanson, vieille de trois ou quatre saisons, oubliée sur les boulevards où elle naquit et dont il ignore au moins les trois quarts des paroles ainsi que la totalité du sens. Les kilomètres suivants sont franchis sans que rien vienne troubler le silence enfin rétabli entre nous, puis tout d'un coup le sol s'abaisse, les taillis voisins — il n'y a de futaies nulle part — qui me fermaient la vue, semblent s'enfoncer en terre, mon regard peut s'étendre au loin sur un vaste paysage. Le Saloum s'étale paresseux dans une grande plaine aux molles perspectives, car maintenant le soleil s'éteint de plus en plus. Ses eaux d'or et d'argent s'enroulent comme de gracieuses écharpes autour de véritables plages de sable salé qui, pour ce motif, semblent couvertes de givre. De beaux arbres formant des massifs sombres arrêtent un peu plus loin d'une façon très heureuse mes regards qui s'en reviennent vers le fleuve, puis jusqu'à la brousse dont j'étais tout à l'heure assiégé.

On aime toujours, lorsqu'on vit loin de son pays,

rapprocher ceux qu'on voit en ce moment des paysages naguère coutumiers et ce que je viens d'admirer me fait ressouvenir un peu des bords de la Loire au moment de l'étiage. Il n'y a pas à la ronde un seul palmier pour rappeler à l'ordre mon imagination vagabonde, je n'aperçois non plus ni château, ni flèche d'église, ni même un humble toit d'où s'échappe une maigre fumée. Aussi mon esprit tôt ramené vers la réalité efface-t-il de lui-même le mirage qu'il avait créé, et où il s'était un moment complu.

Ces eaux que je vois ne sont du reste que l'apparence d'un fleuve et le Saloum n'est plus en réalité qu'un bras de mer en voie de desséchement. Naguère, il y a peu de siècles encore, les plages givrées que je découvre partout restaient cachées sous une épaisse couche liquide. Le Saloum était alors un véritable fleuve et peut-être les mystérieux et premiers explorateurs de cette côte, Phéniciens d'Hannon du Périple ou matelots contemporains de Sésostris, le virent-ils ainsi, large et resplendissant, entre deux rives couvertes de puissantes forêts.

Une légende, peut-être est-ce de l'histoire, assure que les Portugais ou nos ancêtres les Dieppois purent encore le remonter sur un long trajet jusqu'aux limites actuelles du Ferlo. Pourra-t-on jamais savoir cela ? Non, bien probablement, quoique la solution de ce problème d'apparence oiseuse présente une grosse utilité pratique. Connaître en effet ce passé, récent en somme, ne nous instruirait-il pas sur un avenir que notre peu de longévité nous fait seul croire très lointain ?

Nous longeons maintenant ce qui reste du Saloum. Deux rangées bien alignées de jeunes fromagers nous encadrent de leurs troncs très droits couverts de fortes épines. La route s'allonge entre ces arbres, droite et unie, elle a perdu toutefois sa parure verte et trace maintenant dans la brousse moins épaisse un large sillon blanc de poussière. On discerne même sur la piste des marques très légères de voitures que le vent n'a pas eu le temps d'effacer encore. Cela et surtout les rangées d'arbres parallèlement alignées indiquent sans erreur possible le voisinage immédiat d'une importante agglomération, de même que chez nous le nombre subitement accru des guinguettes rencontrées signale à coup sûr l'approche d'une grande ville.

La route plonge, en effet, au bout de peu d'instants, dans une dépression très marquée qui représente un diverticule maintenant desséché du fleuve et, couronnant l'autre berge, apparaissent les premiers toits de chaume du Kaolak indigène.

Cela n'a rien de théâtral ni d'impressionnant, j'en conviens, cette entrée d'une grosse escale sénégalaise ressemble fort à celle d'un petit bourg de notre pays. Le cheval presse cependant un peu l'allure, c'est pour retrouver plus tôt le mil de sa provende et la liberté de ses mouvements. Moi que n'incite ni l'espoir d'un repos, ni le désir d'un repas mal gagnés, je me sens plein de patience. C'est cependant une vieille connaissance que Kaolak. Je l'avais également visitée quelques années auparavant et j'en gardais un très bon souvenir.

Que me réservait ma nouvelle visite ? Tout m'avait plu naguère : le quartier indigène où j'entrais en ce moment et dont les larges avenues sablonneuses et propres sont ombragées de beaux arbres, le quartier administratif qui lui fait suite et même le quartier du commerce dont les constructions s'étalent le long du fleuve.

C'est ridicule, mais je suis un peu inquiet vraiment

au moment de revoir ce Kaolak à qui j'ai prédit de belles destinées naguère, alors qu'on ne parlait pas de le raccorder au chemin de fer du Soudan, seul artisan possible de sa fortune future. Il est passé en d'autres mains depuis que je l'ai visité pour la première fois, or je n'ignore pas qu'un gouverneur de colonie, voire même un simple chef de cercle, sont rarement continués par leurs successeurs. A des hommes nouveaux correspondent ici, trop souvent, des idées nouvelles. L'esprit de suite est bien certainement plus rare sur la côte que tous les autres genres d'esprit !

Quelles bévues enfanta dans un cerveau peut-être obnubilé par une grande présomption l'envie d'agir autrement que les prédécesseurs? ou bien quels désastres naquirent d'un amour exagéré du *far niente* dont est peut-être pénétré le seigneur du jour et du lieu ?

Depuis la création du cercle deux administrateurs seulement s'y étaient succédé, en dix ou douze ans ; par conséquent ils avaient fait de son chef-lieu le poste le plus intéressant de la colonie. L'un et l'autre avaient certes leurs défauts, peut-être leurs ridicules, sans doute même leur politique n'était-elle pas exempte de reproche et qui sait s'ils ne commirent pas des fautes administratives plus ou moins grosses ? Je savais que le premier s'était ingénié, entre autres choses, à couvrir son territoire de ponts et de routes éminemment utiles au commerce, je n'ignorais pas que le second suivît son exemple. Plus j'y songeais et plus je devais me persuader que le troisième entreprenait des essais de cultures riches sur l'emplacement préalablement fumé et défoncé des anciennes routes !

Je ne tarderai plus à savoir, mon attelage a déjà traversé les belles avenues, toujours aussi propres, du quartier indigène, une chaussée caillloutée de coquilles

fait place au sable dont le tapis épais amortissait le
bruit des roues de la voiture et des sabots de notre
cheval. Nous longeons de confortables constructions en
brique, monumentales à côté des cases noires voisines.
Je ne reconnais qu'une de ces maisons, celles qui la
précèdent ou qui la suivent sont récentes et par leurs
intervalles j'aperçois de nouveaux toits sur la grande
place mieux ombragée qu'elle ne fut jamais. Un marché couvert, fort convenable, s'élève en son centre,
auprès d'un puits qu'ombrage un magnifique tamarinier et l'on a jeté bas une grotesque petite école d'un
style bizarre et prétentieux qui se dressait là naguère.

Kaolak est bien changé à son avantage et j'en
éprouve une vraie joie. Embellir une ville avec quelque cinq ou six maisons nouvelles, vraiment dira-t-on
sans doute, les coloniaux sont gens faciles aux enthou-
siasmes ; on devinerait qu'ils vivent d'ordinaire dans
un Midi très méridional !

Tout n'est-il pas relatif en ce monde et quand on
ne trouvait d'abord rien quelque part, n'est-il pas légitime de remarquer le peu qu'on vient d'y pouvoir faire ?
Encore doit-on ne pas oublier que le moindre progrès
s'achète ici fort cher grâce à des efforts dont on n'a
pas toujours ailleurs une idée très exacte !

Mon dernier séjour à Kaolak s'est prolongé assez
peu de temps, mais je découvris bien d'autres motifs
d'espérer encore davantage en l'avenir de cette escale.
L'administrateur actuel forme des projets, son esprit
travaille sans cesse, on sent que son cœur s'est pris
d'affection pour son œuvre. Or cela, il faut bien l'avouer,
n'est guère fréquent aujourd'hui. Sans être le *contemp-
tor temporis acti* du poète, en reconnaissant qu'à toute
époque et en tous lieux, le bon et le mauvais se mêlent
à doses quasi égales, il me semble parfois que dans

cette colonie le mauvais n'a aucune tendance à diminuer comme il serait logique et désirable.

Peut-être mon pessimisme relatif tient-il à cette cause purement physiologique que je me trouve en fin de séjour, l'impatience et le besoin de changer d'air et de milieu me rendent sans doute injuste !

Il n'en est pas moins certain que Kaolak eut vraiment bien de la chance avec ses administrateurs ! Je croirais assez volontiers qu'il doit cette chance à sa situation géographique, assez excentrique. On y était en effet jusqu'ici un peu isolé, le cercle avait pour ce motif mauvaise réputation, les gens bien en cour préféraient n'y pas aller !

J'ai déjà parlé des qualités professionnelles de l'administrateur que je venais de trouver à Kaolak, j'oubliais d'ajouter, or je ne veux pas passer cela sous silence, qu'il rendait par-dessus le marché, justice à ses prédécesseurs. Le climat du Sénégal et de quelques autres colonies ne fait pas tourner à l'aigre que le vin, les caractères s'y piquent aussi promptement ; or M. B... ne déchirait personne. Tant de qualités réunies en un seul homme m'ont fait croire qu'il était parfait, je ne le nommerai donc pas, pour ne pas froisser sa modestie. Il aurait en effet pu s'appesantir sur certaines expériences manquées, par exemple sur l'essai de mutualisme indigène qui fut tenté voici deux ou trois ans à Kaolak. J'aurais volontiers suivi le charitable exemple qu'il me donna ainsi en laissant à mon tour de côté cette question, mais on parle de renouveler sur une plus vaste échelle l'expérience avortée, c'est pourquoi je me décide à dire ce que je sais de l'histoire de la Mutualité au Sénégal.

Le précédent commandant du cercle avait, à la suite d'une récolte déficitaire, demandé au gouverneur et obtenu de lui qu'un crédit de 20.000 francs soit mis à sa disposition pour créer une caisse d'assurances mutuelles agricoles indigène. Ce titre dé l'association que je rapporte intégralement est presque plus long que ne fut son existence.

L'administrateur exerça la fonction de président de la nouvelle société, cela va de soi, il dirigea en cette qualité un trésorier et un secrétaire appartenant l'un et l'autre également à l'administration.

Les premiers noirs venus pouvaient entrer dans la société en qualité de membres actifs pour la modique somme d'une gourde, c'est-à-dire de 5 francs, et on leur confiait des graines d'arachides à charge par eux de rembourser ce prêt en nature avec une majoration de 5 %. Examinée du boulevard cette idée peut sembler merveilleuse ; elle ne le fut pas dans la pratique pour les motifs suivants :

L'indigène pensa tout d'abord qu'on le frappait d'un nouvel impôt. Qu'on lui demande des tirailleurs volontaires ou des cotisations facultatives, les conseils du commandant font toujours, pour le noir, l'effet d'ordres précis auxquels il doit obéir sans retard.

Le badolo, le paysan, apporta ses gourdes avec une grimace identique à celle que ferait un de nos bons bourgeois rappelé chez le percepteur pour l'acquittement d'une nouvelle taxe. S'il paye, c'est que ses chefs de canton et de village dûment stylés prirent soin qu'il accomplît ce rite.

C'est ainsi que sept cents sociétaires furent inscrits pour la première année. Ces gens étaient-ils ou non convaincus ? on ne pouvait guère s'en rendre compte du chef-lieu et je ne sais si on se préoccupait beaucoup de cette particularité sans intérêt. Le succès n'en apparaissait pas moins éclatant, d'un peu loin, et cela seul importait. Or la métropole est très éloignée du Sénégal, elle l'est de toutes manières et pas seulement à cause de la distance qui l'en sépare.

Les noirs connaîtraient bientôt au surplus, à l'usage, tous les avantages de la nouvelle création. S'il en était autrement par hasard, le mal serait assez mince, car sous le coup frappé, le gong de la Renommée aurait quand même retenti pour le meilleur bénéfice du gouverneur et de l'administrateur instigateurs de ce magnifique essai mutualiste!

Je ne sais quel profit personnel tirèrent ces messieurs de la mise en pratique de leur idée, je reconnais même que cette idée n'était pas mauvaise, mais le certain c'est que les noirs n'y trouvèrent aucun bénéfice. Les calculs sur lesquels les fonctionnaires créateurs et directeurs de la société se fondaient pour établir leurs pronostics furent reconnus inexacts. Le proverbe est toujours vrai, ce fameux proverbe où il est question d'un danseur et d'un calculateur. Les danseurs, non pas, les fonctionnaires, peu habitués aux manipulations d'arachides et peu désireux de se faire une expérience personnelle sur cette question particulière, avaient d'abord établi leur budget en comptant un pourcentage de déchets trop faibles. Leur manque de surveillance — et comment, n'étant pas du métier et n'ayant pas la main-d'œuvre suffisante, auraient-ils pu surveiller? — causa bientôt un accroissement fâcheux de ce pourcentage. La société dut pour se couvrir de ses pertes faire payer ses graines à ses propres adhérents un tiers plus cher que les prix du commerce. Les gens sérieux, il s'en trouve même chez les noirs, aimèrent mieux perdre leur cotisation et bien entendu, ils s'adressèrent de nouveau au commerce pour se procurer les semences dont ils avaient besoin. Quelques filous ou de pauvres malheureux sans ressources ni crédits frappèrent seuls aux guichets de la mutuelle. De sorte que celle-ci connut d'abord des pertes importantes du fait de l'insuffisance professionnelle de ses dirigeants, fonctionnaires mués pour la circonstance en pistachiers. Elle perdit ensuite l'argent des prêts consentis à des gens sans ressources, enfin elle perdit même ses sociétaires qui, laissés en repos par leurs chefs, jugèrent inutile de cotiser de nouveau.

Je disais tout à l'heure que le noir ne fait pas la différence entre un ordre et un simple conseil sortis de la bouche de celui qu'il nomme encore le « commandant » comme du temps de la marine. Cette façon de comprendre qui lui est personnelle illustre pour moi et rend tout à fait compréhensible une histoire parue tout au long dans un grave journal, *le Temps*, et qui d'abord m'avait profondément étonné. Je raconte ici cette histoire à laquelle s'intéressa naguère le grand public, car elle-même expliquera ma thèse mieux que je ne saurais faire.

On envoya récemment en Afrique Occidentale une mission chargée d'étudier la possibilité de créer une armée noire. Le colonel Mangin, père de ce projet fort séduisant, il faut en convenir, fut justement désigné comme chef de cette mission dont le but était de contrôler ses propres affirmations.

Le colonel Mangin visita Kaolak au cours de son voyage d'études. Un ordre émané du gouvernement, passé par les mains de l'administrateur du cercle, était parvenu à tous les chefs indigènes qui devaient conduire le plus d'hommes possible à un grand palabre au cours duquel on étudierait de concert avec eux la possibilité de recruter quelques tirailleurs dans le cercle.

Je n'ai pas assisté à ce palabre, mais les faits s'y sont

passés bien certainement comme je vais le rapporter.
Tout le monde se trouva donc au jour dit dans la
grande cour de la Résidence et les discours commencèrent : « Nous voulons trouver des hommes, pour en
faire des tirailleurs, ils seront bien payés, bien vêtus
et ils auront toutes les places. Combien pouvez-vous
nous donner d'hommes ? Plus il y en aura, mieux cela
vaudra et plus grande sera la satisfaction du grand
« Borum » de Dakar », assurèrent en substance et en
français l'administrateur du cercle et le chef de la mission. Les interprètes traduisirent les paroles des grands
blancs avec quelques commentaires sans doute ; un
proverbe ne dit-il pas *tradutore traditore ?* Or les noirs
ont une déplorable habitude, ils répondent toujours de
la façon qu'ils jugent devoir être la plus agréable pour
lui au maître qui les interroge. Aussi les chefs indigènes débordant d'enthousiasme ordonnent-ils à tous
les hommes présents de se tenir prêts à partir comme
volontaires. On leur a demandé avis. Avis, conseil,
ordres, tout cela y en a même chose, comme on dit au
Sénégal. Puisque les blancs veulent qu'on leur donne
des hommes, on leur en donnera. Les Toubabs l'ont
dit, ils seront d'autant plus contents qu'on leur en
promettra davantage. Les chefs noirs promettent et
comme il y a du monde, de la mise en scène, les cer-
veaux se montent, bientôt tout le monde, jusqu'aux
femmes, se déclarera prêt à partir ! Le rideau peut tom-
ber, la pièce est achevée, l'armée noire existe comme
naquit la grande société coopérative indigène, elle
existe jusqu'au jour où l'on voudra faire des réalités
avec ces assurances déclamatoires ! La situation chan-
gera alors. Les gens qui connaissent la côte le savent
bien, nous pouvions sans facilités spéciales, mais enfin
nous pouvions recruter jusqu'ici les quelque deux

mille hommes dont avaient besoin chaque année nos corps de troupes noires. Or voici que nous devons trouver dorénavant un nombre de recrues plus considérable, ne serait-ce qu'à cause du Congo dont les garnisons ridiculement faibles seront doublées sinon triplées avant qu'il soit longtemps. Le colonel Mangin réclame sur ces entrefaites la formation d'un corps de 20.000 noirs pour l'Algérie. Puis, l'ambition lui venant très vite, il va jusqu'à certifier que nous pouvons lever tous les ans 40.000 hommes parmi les dix millions d'individus qui peuplent notre Afrique Occidentale.

Il aurait raison si ces peuplades diverses ressemblaient aux habitants de la métropole. On compte en effet en Europe qu'on peut tirer cinq mille conscrits par million d'habitants d'une population donnée soumise au recrutement total. Mais quelle puissance coloniale oserait et pourrait tirer de ses sujets exotiques un nombre proportionnel de soldats égal à celui qu'elle recrute sur son propre territoire. Premier point acquis : ces recrues ne seraient pas des volontaires ! Eh bien, ce seront des appelés ! Certes on peut lever des troupes dans notre Afrique. Comme naguère il apporta ses gourdes, de même le noir fournira ses volontaires avec la même résignation, mais il faudrait cependant ne pas trop tirer sur la corde, si solide qu'elle paraisse, de sa passive obéissance !

Nos noirs fournissaient péniblement jadis les petits effectifs qu'on leur demandait ; voici qu'après un palabre, oh puissance invraisemblable du verbe ! ils se découvrent des âmes de patriotes, non pas de patriotes ouoloffs ou sérères, comme on pourrait croire mais de chauvins français, qui sait, peut-être gaulois ? Ils répugnaient naguère au service, mais dorénavant, retournés du jour au lendemain par nos missionnaires à broderies ou à galons, ils vont encombrer nos casernes !

Que le public s'y trompe, la chose est excusable, mais que ceux qui savent ou doivent savoir la vérité se laissent hypnotiser par leurs rêves, cela vraiment peut présenter quelques inconvénients, sinon quelques dangers ! Qui sait, en effet, ce que nous réserve l'avenir. L'Afrique Occidentale tout entière manque d'hommes et on lui en enlèverait beaucoup et des meilleurs ! Toutes ces populations ne sont pas également soumises, quelques-unes pourraient-elles se révolter ? Qu'importe, dira-t-on, si un intérêt supérieur, celui de la défense nationale, exige l'adoption d'une semblable mesure ! Il me semble, pour ma part, qu'il eût été préférable de viser plus modestement un but moins élevé. On l'aurait atteint sans peine pour le plus grand profit du pays et sans aucun dommage pour la colonie. Cette sage opinion n'est-elle pas au surplus celle même de M. Ponty.

Laissons ces problèmes trop vastes, et revenons à l'histoire de la mutuelle indigène qui sombra si malheureusement. Cette idée de mutualité entre cultivateurs noirs n'était pas mauvaise, assurément. Un pays où la famine sévit encore de temps à autre et de-ci delà au hasard des pluies, trop fréquentes, ce qui est rare, ou trop rares, ce qui est plus habituel, un pays comme le Sénégal paraît devoir devenir une belle et facile conquête pour les mutualistes.

La question est de savoir si les noirs peuvent comprendre le sens de ce mot et surtout se pénétrer de l'idée qu'il représente ? Peut-être, à condition toutefois qu'on prépare le remède selon leurs goûts particuliers et selon leurs habitudes !

Ne donne-t-on pas chez nous aux malades difficiles les

médicaments peu agréables à prendre en déguisant leur goût dans une potion appropriée ?

Or voici ce que nous enseigne l'étude sommaire de la société noire. Le village y rappelle un peu l'agglomération annamite. Les noirs d'un même ensemble de cases sont jusqu'à un certain point sinon solidaires les uns des autres, du moins assez unis entre eux ; ils se groupent toujours selon leurs races, même dans les régions où les populations sont le plus mélangées. Ils comprennent, d'autre part, assez bien la propriété collective, la preuve en peut être trouvée dans ce fait que le sol n'a généralement pas de maître. Chacun prend tout ce qu'il en peut cultiver. Ceci est plus probant encore, certains villages généralement adonnés à la culture de l'arachide préparent un ou deux champs de manioc, propriété collective de tous les habitants. Une sorte de grenier public pourrait par analogie, être également constitué sous l'active surveillance de l'administration sans paperasses et avec le seul concours du chef et des notables. Pour être moins reluisante, moins administrative surtout, une telle mesure risquerait cependant de donner de bons résultats. Des tentatives à peu près analogues ont du reste été faites voici cinq ou six ans du temps d'un gouverneur à qui l'intelligence ne manquait certes pas.

Des procédés de ce genre atténueraient dans une proportion certaine l'effet des mauvaises récoltes, mais il existe d'autres moyens d'enrichir le pays. L'administration ne s'est pas préoccupée de ces moyens autant qu'elle aurait dû peut-être. Que ceci soit dit pour sa défense, elle doit s'intéresser à tant de questions à la fois !

L'élevage est une des sources de richesses du Sénégal, notamment du Sine-Saloum dont Kaolak est le chef-lieu. On pourrait améliorer les races existantes en sélectionnant les reproducteurs ou bien par des croisements appropriés, on pourrait même introduire de nouvelles espèces. L'élevage du mulet serait productif; il faudrait pour l'introduire dans la colonie, lutter contre la répugnance irraisonnée du noir. On devrait également organiser de façon moins sommaire qu'elle n'est, la lutte contre les épizooties, voire même la prophylaxie de certaines affections qui rendent inhabitables, soit pour les chevaux, soit pour les bœufs, certains cantons sénégalais. Les maladies communiquées par les mouches piquantes vulgairement nommées tsé-tsé entrent pour une large part dans cette catégorie, elles pourraient être combattues avec succès sans qu'il en coûte trop au budget.

L'administrateur de Kaolak me parlait souvent de quelques-uns de ces projets et d'autres encore. Décidément ce fonctionnaire dépassait de beaucoup M. Emile de Gérardin qui, chacun le sait, n'enfantait qu'une idée par jour. M. B... n'avait pas que des idées, il possédait aussi une véritable merveille, du moins pour Kaolak, et c'était son jardin.

Ah ! le jardin de M. B... ! Je lui ai voué un souvenir ému et je paie une grosse dette de reconnaissance en chantant aujourd'hui ses beautés. Que n'ai-je pour ce faire la lyre de Virgile ! J'essaierai en tous cas, selon mes faibles moyens, de proclamer les trésors utiles du jardin ombreux si bien garni de fruits et de légumes dont chaque jour notre table surabondait !

Cela me rappelle une histoire : j'émettais une fois, devant un administrateur très haut placé dans la hiérarchie, l'opinion que l'entretien d'un jardin devrait être imposée à tout chef de poste, grand ou petit. A quoi bon, me répondit mon interlocuteur, beaucoup de personnes n'aiment pas les légumes ! Il avait raison et le démontrait en ne mangeant guère que de la viande et comme il ne s'intéressait de plus qu'au tennis, il aurait pu ajouter qu'à son avis la pratique de ce noble jeu devait passer bien avant celle du culte de Pomone. S'il ne me le dit pas, ce fut, je m'en suis rendu compte, par pure bonté d'âme, ce dont je lui garde infiniment de gré !

L'importance d'un jardin dans un poste isolé est cependant extrême. Avoir de cette façon une bonne nourriture végétale suffisamment variée constitue pour les broussards la meilleure distraction et la plus saine en même temps.

Un jardin peut fournir tout cela. Celui de Kaolak donnait plus encore, car suivant à la lettre le beau précepte d'Horace, il savait joindre l'utile à l'agréable. Je me souviens notamment de deux superbes avenues en croix qui le traversaient et que bordaient dans toute leur longueur des « pommiers cajou ». Cet arbre se couvre de larges et abondantes feuilles vernissées qui procurent une ombre délicieuse contre le soleil et le vent d'est. Il fournit de plus des pommes acidulées assez semblables à de petites rainettes auxquelles seraient accrochées par dehors de gros haricots. Ces rainettes exotiques mûries à point ne sont pas un fruit négligeable, mais laissons de côté ces honteuses manifestations d'une gourmandise cynique et n'envisageons que les autres utilités de l'arbre producteur de la pomme cajou. Il pousse fort bien et cela vaut quelque chose dans un pays qui manque d'arbres verts. Son beau feuillage dure toute l'année, enfin pour ne plus parler de ces pommes dont le goût acidulé me revient à la bouche, enfin dis-je, il pousse vite.

Ah ! le modèle des arbres fruitiers et comme j'avais

plaisir à vanter ses mérites l'après-midi, avant que le soleil dont il nous préservait ne soit encore tout à fait inoffensif, auprès de deux ou trois dames qui voulaient bien me permettre de leur tenir compagnie tandis que la dure loi du travail retenait leurs époux dans les bureaux surchauffés.

C'est sur ce souvenir agréable que je veux laisser Kaolak. Je lui prédisais naguère un bel avenir. Cet avenir se réalise malgré vents et marées, malgré l'indifférence des uns, l'hostilité des autres. Maintenant que je vais la quitter pour toujours selon toute vraisemblance, je veux encore souhaiter quelque chose à cette cité propre, gaie et vivante, je veux lui souhaiter pour le plus proche avenir de nombreux jardins comme celui de mon ami B... où d'innombrables pommiers-cajou tendront leur ombre épaisse entre le soleil et de frais minois de jeunes femmes !

Kaolak aura tout cela dès qu'il sera un véritable port où le chemin de fer déversera, durant la traite, des montagnes d'arachides blondes qui viendront charger les gros cargos aux flancs rebondis.

Le dragage de quelque quinze cents ou deux mille mètres cubes de vase sur le banc de Koudam dans le Saloum, et ces rêves de mon esprit deviendront une belle et solide vérité.

Je voulais en quittant Kaolak me diriger vers un marigot tributaire de la Gambie anglaise. Le plus court chemin qui s'offrait à moi vers ce but était encore celui de Nioro. Qu'est ce point ? Une grande ville, une petite bourgade ? Nioro signifie en sossé tout simplement la Ville-Lumière ! Le Rip, mince canton du cercle de Kaolak possède donc lui aussi une Ville-Lumière ; qu'on ne s'y trompe pas, c'est là l'unique ressemblance qu'on puisse trouver, même en cherchant

bien, entre Paris et Nioro. Voyez la force des verbes !
Telle une alouette aveuglée par un perfide miroir, telle
ma plume dévore l'espace et brûle les étapes au point
d'atteindre la Ville-Lumière du Rip dès qu'elle a
dépassé les dernières maisons de Kaolak. La distance
entre ces deux points n'est cependant pas négligeable
puisqu'elle atteint soixante kilomètres, c'est-à-dire la
longueur d'une bonne journée de voiture.

On doit pour faire cette excursion traverser le
Saloum presque au sortir de Kaolak sur un pont de
bois précédé et suivi de longues chaussées. Voilà maintenant plus de dix ans que l'administrateur Noirot
jeta sur le fleuve salé et sur les tannes qui l'entourent ce très bel ouvrage aussi utile au commerce qu'aux
voyageurs. J'ai loué ailleurs de façon dithyrambique
l'œuvre et l'ouvrier, je puis donc ne plus revenir sur
ce sujet.

Le chemin de Nioro qui laisse sur sa droite celui
de Foundiougne se dirige presque en ligne droite
vers le sud. Il a d'abord traversé le long du Saloum
quelques « tannes » peu étendus. Ces tannes sont des
plaines encore salées, généralement voisines des bras
de mer enfoncés dans les terres qu'on nomme des
fleuves, mais qui depuis longtemps ne méritent plus cé
nom. Les tannes, d'ordinaire peu étendus, sont fort
agréables à traverser durant la saison sèche et encore
aux heures les moins chaudes de la journée seulement. Pendant les pluies quelques-uns deviennent
fort dangereux. Leur sol détrempé est alors mouvant,
on pourrait s'y enlizer si l'on commettait la grave
imprudence de vouloir les traverser. La route, comme
toutes celles du cercle, que dis-je, de la colonie, n'est
qu'une simple piste débroussaillée, tracée sur le sable
uniformément plat et couvert d'arbres peu serrés. On

peut cependant employer, sans trop de fatigue pour les chevaux comme pour les voyageurs, les légères voitures dont je parlais précédemment, et c'est en effet dans cet équipage que j'ai couvert l'étape tout entière.

La décrire avec trop de minutie serait fastidieux. C'est toujours la même brousse que l'on traverse indéfiniment depuis le Sahara au nord jusqu'à la Gambie très proche maintenant, entre des arbres mâlingres toujours pareils dans la même uniforme plaine. Le sol se tourmente à vrai dire quelque peu dans les derniers kilomètres, sans excès toutefois, ne sommes-nous pas dans un pays où les termitières jouent presque le rôle de collines, d'abord parce qu'elles sont souvent monumentales, ensuite et surtout parce qu'on ne rencontre jamais de véritables collines.

Après cinq heures de trot environ, je découvris un toit de chaume abrité sous des arbres de belle venue. Le toit couvrait une habitation dont les murs sont solidement construits en pierre. Cette résidence n'a rien d'un palais, elle comporte, si mes souvenirs sont exacts, quatre pièces entourées d'une vaste véranda. C'est là qu'habite l'administrateur résident du Rip, ses bureaux et ses appartements privés ne faisant qu'un. D'autres cases voisines et moins luxueuses abritent ses gardes, ses magasins et ses chevaux. Le personnel administratif de Nioro, la ville-lumière, se composait lors de mon arrivée d'une seule personne. L'administrateur, M. de la R..., y vivait sans commis, il avait dû récemment expédier cet agent, dont la santé laissait à désirer, vers un hôpital de la colonie. La solitude ne démoralisait pas ce solide Breton, il la connaissait au surplus l'ayant pratiquée naguère dans d'autres régions africaines plus éloignées que celle-ci. Je connaissais déjà M. de la R... pour avoir été son hôte durant un précédent voyage. Il me reçut avec sa bonne grâce coutumière et voulut d'abord me faire visiter son chef-lieu.

Nioro était naguère une place forte, c'est-à-dire qu'il possédait une petite garnison de quelques hommes commandés par un lieutenant et cantonnés derrière une muraille de boue et de pierres pas très haute et peu solide. On a déclassé depuis longtemps ce fortin rudimentaire. M. de la R... me mena tout d'abord vers l'ancien poste dont ses cinq ou six gardes de cercles avec leurs chevaux et leurs familles peuplent seuls les ruines percées de larges brèches ouvertes par les pluies d'hivernage. Une partie des anciens remparts, encore à peu près debout par miracle, surplombe la berge assez élevée d'un « bayou » large comme un fleuve d'Amérique mais aussi desséché que peut l'être un oued saharien.

Le village indigène entoure les autres côtés du fortin. Ses cases ressemblent à celles de tous les autres villages mais, fait qui signale la présence permanente d'un blanc, elles sont rangées à peu près correctement des deux côtés de rues tracées droit dans la brousse. Rien dans ce hameau n'attire l'œil ni ne fixe l'attention, rien sinon un champ vide qui est un cimetière. Quelques blancs de l'ancienne garnison y reposent oubliés loin du bruit, de leurs familles et de leur patrie, auprès de camarades noirs dont plus rien ne les distingue aujourd'hui.

Qu'importe ! les monuments funéraires modestes ou somptueux sont peu de chose, la mémoire sait ressusciter les morts sans le secours du métal ou de la pierre, et j'aurais tort de dire que ces morts sont oubliés parce que rien, sur ce sol aride où l'on coucha leur dépouille, ne marque leur présence ! Ce n'est pas dans les cimetières que s'épanouissent les plus belles fleurs du souvenir, c'est dans l'âme de ceux qui restent, dans leurs yeux aussi, quand une larme silencieuse se forme, grossit, puis tombe doucement parce qu'un nom cher vient d'être prononcé, parce que la mémoire fidèle évoque l'absent...

Elle a de quoi s'exercer notre mémoire, partout où nous pouvons promener nos pas sur ce sol africain dont l'aspect est si souvent triste et monotone. Car il n'est point de canton où quelqu'un des nôtres, connu ou ignoré, n'ait donné sa vie pour le pays, il n'est pas de province où nos troupes n'aient livré de combats souvent durs, parfois héroïques pour la gloire et dans l'intérêt de la France.

Ce Nioro dont le nom redondant et bien nègre paraît être une dérision pour le voyageur, rappelle à la mémoire des luttes sanglantes fréquemment renouvelées. Le Rip dont il est la capitale fut peut-être la province du Sénégal qui nous coûta le plus de sang. Je me rappelais devant l'enceinte éventrée de son fortin, les péripéties de notre première conquête, au temps légendaire de Faidherbe et de Pinet-Laprade, puis la seconde, celle dont il y a moins d'un quart de siècle le général Coronnat fut le héros.

Maba, toucouleur originaire du Fouta, province baignée par le Sénégal, ayant grâce à des pratiques religieuses ostentatoires et à des prédications violentes groupé autour de lui un noyau de talibés fanatiques, se fixa en 1861 dans le Rip qu'il conquit bientôt. Rayonnant de là dans les provinces voisines, Maba s'appropria par les mêmes moyens le Saloum presque entier. Il devint promptement un des adversaires les plus redoutables de notre souveraineté au Sénégal. C'est pourquoi le colonel Pinet-Laprade, continuateur de

Faidherbe auquel il avait succédé, décida de poursuivre l'anéantissement du dangereux marabout. Toutes les troupes de la colonie étaient représentées dans le corps expéditionnaire qui, traversant le Cayor, le Baol, le Sine et le Saloum, se réunit à Kaolak. Le nombre d'auxiliaires fournis par les provinces voisines fit monter le total de nos troupes à plus de deux mille cavaliers et à quatre mille fantassins, de sorte que le Sénégal n'avait jamais vu réuni sous nos couleurs un tel nombre de combattants.

Nous traversions le 29 novembre 1865 la frontière du Rip. Un étroit sentier se prolongeant pendant 50 kilomètres dans une forêt dense et sans puits nous devait conduire à Nioro.

L'étape commencée vers trois heures de l'après-midi se poursuivit avec seulement un arrêt de cinq heures pendant la nuit jusqu'au moment où l'on rencontra l'ennemi. Celui-ci avait placé ses forces dans la forêt elle-même et les dispositions prises étaient telles qu'il barrait la route suivie par nos effectifs tout en menaçant du même coup notre flanc gauche.

Le combat s'engagea près d'un hameau nommé Soukhoto très voisin de Nioro, il fut un des plus meurtriers de ceux que nous avons livrés au Sénégal. L'énumération de nos pertes en donne la preuve. Trois officiers furent tués et plusieurs blessés parmi lesquels le gouverneur lui-même. Un quart de l'effectif des compagnies de débarquement fut mis hors de combat. La seule compagnie du génie compta six morts et dix blessés. Nos troupes campaient cependant le soir même dans Nioro, mais comme elles évacuèrent ensuite le Rip, il nous fallut durant plusieurs années demeurer sous le coup d'attaques nouvelles. Maba nous fit même subir le 20 avril 1868 un véritable désastre au village de Tioffat sur les frontières du Rip. Il y surprit la garnison presque tout entière de Kaolak. Son chef le capitaine Le Creuser y fut tué avec trois autres officiers, ainsi que 65 hommes sur un effectif de 100. La mort de Maba survenue trois mois plus tard au cours d'un combat que le marabout livrait à notre allié le roi de Sine, rendit quelque tranquillité à cette région, mais vingt ans plus tard de nouveaux troubles contraignirent le gouvernement à de nouveaux efforts.

Le colonel Coronnat fut désigné pour diriger une forte colonne contre Saër Maty qui fut battu au village de Goumbof. L'expérience passée nous servit cette fois et nous ne laissâmes pas sans surveillance le foyer mal éteint de fanatisme et de révolte qu'était le Rip. Un poste fut alors installé dans Nioro et pourvu d'une garnison. Toutefois les précautions prises ne furent pas ce qu'elles auraient dû être. Ainsi la petite garnison laissée à Nioro ne fut jamais relevée, ses chefs seuls quittaient le poste, selon l'habitude, après avoir achevé leur temps de séjour colonial, mais les tirailleurs semblaient avoir été par ordre supérieur complètement fixés au sol. Aussi prenaient-ils tous femmes dans la région et y faisaient-ils souche. Cela explique pourquoi et comment Mandiaye Bâ, neveu de notre vieil adversaire Maba, demeuré cependant chef du pays malgré cette parenté, sut toujours fort bien ce qui se passait chez le lieutenant commandant du poste.

En dépit de cette police qu'on pourrait appeler domestique, les indigènes ne nous donnèrent pas sujet de reconquérir une troisième fois leur pays. Les années se sont écoulées, là comme partout au Sénégal la pacification des esprits suivit de plus ou moins près celle qu'avait amenée l'intervention de nos troupes. Vint un jour où, comme en bien d'autres postes, l'administration décida de retirer la garnison. L'officier commandant à Nioro s'en alla, il fut remplacé par un administrateur, le fortin fut abandonné de plus en plus d'autant qu'un agent des travaux publics aidé d'ouvriers venus de Gorée avait construit en belle et bonne pierre rougeâtre une solide habitation pour le représentant de l'autorité civile.

Ce fonctionnaire est vraiment maître chez lui comme le sont beaucoup de ses camarades. Il se trouve en effet à une bonne journée de route de son supérieur hiérarchique qui réside à Kaolak. Loin du monde et de son agitation, il peut, s'il lui convient, se livrer sans frein ni permis d'aucune sorte, au plaisir de la chasse, grande distraction des blancs isolés dans la brousse africaine.

Je crois devoir toutefois, pour éviter qu'une trop grande affluence de voyageurs ne vienne troubler son repos, reconnaître que le gibier n'offre pas dans le Rip une très grande variété. Un peu de plume, un peu de poil représenté par des lièvres et des sangliers phacochères et c'est tout ! Le pays n'est cependant pas très peuplé, mais l'eau y est rare et sous la brousse qui couvre tout, plaine immense et légères ondulations à pentes faibles, on ne trouve jamais, même durant l'hivernage, un seul ruisseau coulant à l'air libre. Ce pays cependant regorgeait d'humidité à une époque qu'on ne peut indiquer et encore aujourd'hui, il n'en manque pas, mais seulement du mois d'août à celui d'octobre.

Une plaine large de plus de 1 kilomètre s'étend sous les murs de l'ancien poste militaire, elle représente le cours desséché d'un fleuve mort, tributaire de la Gambie. L'eau y coule bien encore aujourd'hui, mais elle est couverte de 2 ou 3 mètres de terre et passe sous le lit herbeux de ce bayou transformé en prairie.

Aussi songe-t-on non sans regret à ce que devait être ce pays d'aspect désolé en ce moment par la sécheresse lorsque des fleuves géants le traversaient en tous sens. C'est que nous sommes encore ici dans la vaste zone intermédiaire qui sépare le Sahara de l'Afrique tropicale. Cette zone, large de 300 à 400 kilomètres, couvre toute la colonie du Sénégal. On peut dire qu'elle possède le soleil, mais qu'il lui manque l'eau nécessaire à la puissante végétation des bords du Congo ou de l'Amazone. Elle s'étend jusqu'aux rives toutes proches maintenant de la Gambie. Je vais traverser les quelques kilomètres qui me restent à parcourir pour toucher ce beau fleuve malheureusement anglais et dont l'importance économique déjà grande pourrait devenir prépondérante si quelque ministre bien renseigné s'avisait au Quai d'Orsay de nous en assurer la possession.

Je vois durant ces derniers kilomètres toujours le même paysage constamment couvert d'arbres peu denses et peu élevés dont, à cette époque de l'année, les feuilles sont tombées sous les coups d'un soleil trop chaud. On descend ou l'on monte, sans s'en apercevoir, de quelques mètres à travers cette végétation toujours identique à elle-même et la brousse paraît vide d'hommes, vide aussi d'animaux. Je me dirige vers un long marigot de la Gambie, le Miniminium qui étend jusque sur notre territoire ses innombrables méandres dessinés en vert sur le sol fauve, grâce à ses berges couvertes et à son lit presque encombré de palétuviers.

Ce marigot forme fourche, une de ses branches va vers l'ouest, l'autre vers l'est. La première s'étend ainsi longuement dans une région maintenant dépeuplée où plusieurs villages existaient naguère.

Le terrible Nélavan, la maladie du sommeil, décima la plupart de ces villages dont les habitants avaient été attirés sans doute par les facilités de transports que leur offrait le marigot. On trouve encore quelques populations sur la seconde branche du Miniminium. La plus considérable agglomération du pays se nomme N'Diayen, ses cases misérables touchent presque le ruisseau peu profond, vaseux et couvert de palétuviers lui aussi, derrière lequel se dressent à 2 kilomètres de distance les poteaux de la frontière gambienne.

L'administration française créa voici quelques années, sur toute cette frontière, une série de postes de douane qui avaient pour mission d'arrêter la contrebande assez active existant entre nos territoires et le fleuve anglais. Ces postes, indispensables j'en conviens, nous coûtent relativement fort cher. Dans ces pays d'Afrique, la répression de la fraude est souvent aussi coûteuse, semble-t-il, que le serait la fraude elle-même. Comment en effet multiplier suffisamment les points de surveillance dans une contrée quasi déserte, presque entièrement couverte d'une brousse dense parsemée de marais?

Je sais bien que chaque poste commandé par un Européen envoie tous les jours à sa droite et à sa gauche jusqu'aux postes voisins des gardes indigènes pour surveiller les sentiers, mais ces gardes n'ont pas, que je sache, le don d'ubiquité; ils surveillent quelques instants par jour telle portion donnée de la frontière, les fraudeurs eux peuvent choisir leur moment, soit de jour, soit de nuit.

Aussi une ligne de douanes autour de la Gambie anglaise ne peut-elle vraiment rendre de services qu'à un certain point de vue purement politique. Le jour où nous voudrons acquérir à tout prix la Gambie à laquelle les Anglais ne tiennent pas absolument, nous aurons alors intérêt sinon à tarir, ce qui ne nous est guère possible, du moins à diminuer ses ressources budgétaires. C'est à ce moment et dans ces circonstances que nos postes de douane pourront nous servir puissamment. D'ici là, peut-être aurions-nous avantage à diminuer si possible les frais que nous coûte la douane sur cette partie terrestre des immenses frontières de notre Afrique Occidentale.

Le poste de N'Diayen où j'arrivais au trot fatigué d'un coursier peu fringant coûte par exemple infiniment plus qu'il ne rapporte, or il n'est pas seul dans ce cas. Mon opinion sur cette matière m'est très personnelle, je n'y tiens cependant pas outre mesure. Je puis affirmer néanmoins qu'elle était partagée, sinon amplifiée, par le jeune douanier qui commandait N'Diayen, lors de mon passage dans ce hameau. Ce brave fonctionnaire, pour dire toute la vérité, ne se plaçait qu'à un point de vue strictement personnel.

N'Diayen l'horripilait, m'assurait-il avec un formidable accent méridional. Rien au surplus ne l'intéressait dans ce pays, son métier peut-être moins que le reste. Il n'aimait pas le cheval et devait en faire pour surveiller son secteur, il n'aimait pas la chasse, seul plaisir licite qu'offre la brousse, il ne détestait pas ses aises et n'en avait guère. Sa case de pisé présentait un désordre pittoresque peut-être, mais significatif, la compagnie de ses noirs n'avait non plus pas de charmes pour lui.

Une seule joie lui était départie par le destin jaloux, il n'en pouvait malheureusement abuser. C'était de traverser la frontière et d'aller jusqu'à l'escale anglaise voisine qu'il était chargé de surveiller. Cette escale anglaise, presque uniquement peuplée de Français

employés de commerce, représentait pour ce malheureux exilé le summum des bonheurs possibles.

Il y trouvait le vivre et le couvert dans des conditions infiniment plus confortables que celles dont il
pouvait s'entourer chez lui et surtout il y trouvait, me
disait-il, des « gensse à qui causerr » !

Et le pauvre, comme je le comprenais !

CHAPITRE VI

Le Fleuve Gambie

Un petit poste de traite. — Le commerce, les commerçants et notre prépondérance économique. — Quelques mots d'histoire, de géographie et de politique. — Une chasse qui n'a rien d'exotique. — La descente du fleuve. — Fort-James et Albréda. — Le mal de mer et la navigation fluviale.

On aborde généralement la Gambie, minuscule colonie anglaise presque perdue sur les cartes dans l'immensité de nos territoires, par son chef-lieu, Bathurst, qui est également son unique port de sortie. J'y suis entré, contrairement aux habitudes, par une petite porte dérobée qu'on nomme Diawara.

Venant de Kaolak et Nioro, j'avais un beau matin quitté le poste douanier de N'Diayen, justement fondé pour surveiller l'escale anglaise voisine. Monté sur un placide coursier, j'avais au bout de quelques minutes découvert dans la plaine, couverte d'herbes et de taillis, un tas carré de terre retenue par une barrière de pieux serrés les uns contre les autres.

Je voyais là une borne frontière du territoire britannique où j'entrais résolument sous l'œil investigateur de toute une armée de petits oiseaux peu farouches. Un village noir disséminait ses cases, un peu plus loin, sous les ombrages d'arbres d'essences diverses. Pour être anglais, ce village, inutile de le dire, n'en ressemblait pas moins tout à fait à ceux que j'avais précédemment traversés. Encore quelques minutes de marche à une très sage allure et je découvrais les toits de Diawara. Je devais trouver dans cette escale une pétrolette qui me promènerait rapidement, sinon confortablement, en divers points de la rivière, mais à part cela je n'y connaissais personne. Je me présentais toutefois sous la conduite du douanier de N'Diayen chez l'unique blanc qui se trouvait alors dans le village : c'était un compatriote, agent de la Compagnie française Maurel Frères. Il ne savait rien de la pétrolette qu'on aurait dû m'envoyer. J'appris de lui que tous les Européens de Diawara s'étaient déjà embarqués pour Bathurst, ce qu'il ferait lui aussi dans huit ou dix jours. Jusque-là, comme il était convenable, puisqu'aucun autre blanc ne pouvait me recevoir, et quoique je sois recommandé à d'autres maisons que la sienne, je vivrais chez lui. Et si par hasard on ne venait pas me chercher, n'avait-il pas entendu raconter que cette pétrolette devait subir d'assez sérieuses réparations, j'aurais toujours, ajouta-t-il, la ressource de prendre passage sur le côtre ou le vapeur qu'on lui enverrait.

Je n'avais à répondre qu'un seul mot : merci ! Il fut à peine écouté, les propositions si aimables qui m'étaient faites n'ayant, paraît-il, rien que de très naturel. Mon hôte donna des ordres au cuisinier afin qu'on nous prépare un déjeuner convenable, puis, nous prévenant qu'il était occupé, il nous pria de chercher à nous distraire par nos propres moyens jusqu'au moment du repas. Il serait libre toute l'après-midi parce que la traite était terminée et que ce jour-là était un dimanche.

J'eus tôt fait de visiter Diawara qui ressemble à tous les nombreux points de traite de la côte. Si le commerce prospère quelque part, les compagnies ou les particuliers y font des sacrifices, parfois considérables, en constructions diverses. Si le commerce au contraire languit ou si le poste ne date encore que d'un trop petit nombre d'années, les habitations sont rares et modestes. L'histoire et la description de Diawara peuvent donc être celles de n'importe quelle localité où se sont installés des blancs. Quatre grosses compagnies sont fixées ici. Trois d'entre elles sont françaises et comme chaque dimanche, selon la coutume d'Afrique, elles déploient leur pavillon national, je pourrais croire que je n'ai pas quitté le Sénégal. Rien n'est changé d'un côté à l'autre de la frontière, ni les noirs ni les blancs. Là comme ici, même mélange de races indigènes. Chaque village se peuple de Ouoloffs, de Mandingues, de Peuls, de Toucouleurs, en Gambie comme dans le Rip, le Saloum ou le Baol; seules les proportions varient. Mais une chose cependant n'est plus absolument semblable, c'est la végétation. Souffreteuse d'ordinaire, sauf en de rares coins où l'eau plus abondante satisfaisait à ses besoins, elle va sortir à partir de maintenant de l'état de misère où elle se trouvait. Elle prend des forces, elle se permet des audaces insoupçonnées. Les arbres sont nombreux, élevés et feuillus, même à cette époque de l'année. Ils forment de véritables futaies où se mêlent les magnifiques bois de fer, les nétés aux frondaisons claires, d'autres essences encore, sans parler des palmiers eleïs qui remontent bien plus au nord à la vérité, mais ne commencent cependant qu'ici à former des peuplements nombreux. De même que tous les marigots de la Gambie, celui qui baigne l'escale dessine dans un terrain très plat de sinueux méandres, et ses eaux salées coulent dans un lit de vase brune entre deux rideaux de palétuviers.

Une des grandes compagnies françaises de la côte installée à Bathurst, comme elle l'est à Rufisque et à Dakar, envoya en 1903 un de ses meilleurs agents étudier les abords de ce marigot dont les environs produisaient du riz et des arachides. L'agent était justement celui dont l'hospitalité m'a été si largement offerte, il choisit un point où pouvaient remonter les grands vapeurs et dont le sol, suffisamment élevé, n'avait pas à craindre les inondations de l'hivernage. Ce point était inhabité, mais il n'en avait pas toujours été ainsi. Un village existait naguère là où s'élèvent les factoreries ; presque noyé dans la forêt, il fut décimé par les mouches tsé-tsé. Un petit seuil rocheux coupait en amont le lit du marigot marquant ainsi, là limite de la navigation. Le terrain nécessaire à l'installation nouvelle fut délimité par l'intéressé qui en envoya le plan aux autorités anglaises, celles-ci donnèrent sans retards et sans formalités leur entière approbation. Une construction s'édifia promptement ensuite, un warf fut construit sur la berge vaseuse, une courte voie Decauville le réunit à l'habitation. L'agent n'avait plus qu'à s'installer dans sa création dont les progrès ont été rapides. Aussi une seconde maison française s'installa-t-elle à son tour, puis une troisième et enfin la seule firme anglaise qui existe dans toute la colonie. Chacun choisit son lot, s'installa à sa guise. Les noirs employés comme manœuvres, fixèrent leurs cases à proximité dans un désordre qu'on corrigea ensuite timidement, des puits furent forés. Anes et chameaux, ces derniers animaux ne dépassent jamais vers le sud la Gambie auprès de laquelle ils séjournent le moins possible, apportèrent par caravanes, chaque année plus nombreuses, les graines des environs. Aussi Diawara traita-t-il l'an passé près de

3.500 tonnes d'arachides, ce qui représente un commerce total de près de deux millions de francs, car l'indigène transforme sans tarder, en achats divers, le produit de sa récolte.

On peut donc dire que Diawara est une création purement française, ce qui tendrait à démontrer combien fausse est cette opinion trop répandue chez nous que nos nationaux ne valent leurs concurrents étrangers ni par l'intelligence des affaires ni par l'esprit d'initiative. Si l'on veut aller plus au fond des choses, on verra mieux encore combien calomnieuse est cette réputation d'infériorité qui nous est trop souvent faite. Que trouve-t-on en effet à Diawara comme constructions européennes ?

Une belle habitation élevée d'un étage, entourée d'une large véranda dont les vastes baies sont pourvues de grillages métalliques pour arrêter les mouches, les moustiques et tous les autres fléaux ailés de la brousse. C'est la propriété Maurel Frères. Deux autres habitations plus modestes mais suffisantes l'une l'autre, sont également françaises. L'unique maison anglaise de l'escale occupe au contraire une case dont le toit et les murs sont constitués par des plaques de tôle sous lesquelles la chaleur se fait intolérable. Encore une fois nos compatriotes n'ont-ils pas donné les meilleures preuves d'intelligente initiative ? Or, je tiens à le répéter, la Gambie doit, tout entière, la magnifique progression de ses affaires à leurs efforts et à leur succès.

Les maisons de commerce françaises n'ont pas témoigné de leur sens pratique uniquement par la façon dont elles risquaient leurs capitaux dans des coins de brousse encore déserts. Elles l'ont également démontré en traitant leurs agents d'une façon très libérale grâce à laquelle ces employés s'intéressent réellement aux affaires de leurs patrons.

Les chefs des factoreries de la rivière y demeurent presque tous seulement depuis octobre jusqu'au début de mai, c'est-à-dire pendant la traite qui correspond à la saison sèche. Ils partent alors et vont passer l'hivernage ou du moins un hivernage sur deux, à Bathurst, Rufisque ou Dakar. Quelques-uns même rentrent en France. Ils sont remplacés dans leur poste par des noirs akous ou goréens, relativement civilisés et instruits.

L'existence dans les stations, si écourtée qu'elle soit, n'en présente pas moins de lourdes fatigues, voire même des dangers causés par l'insalubrité de la région, aussi les patrons font-ils leur possible pour réduire au minimum difficultés ou dangers que la nature ou la force des choses imposent à leurs agents. Si, durant la traite, le travail laisse à peine le temps de manger et de dormir, les mois d'hivernage permettent des loisirs plus nombreux. Les chefs de maison offrent parfois alors des parties de plaisir en côtre ou en vapeur à leurs employés, ils veillent toujours en tous cas, à ce que leur nourriture, même dans la brousse, soit abondante et choisie.

Or tout le monde apprécie les satisfactions de bouche surtout dans les pays où elles sont parfois difficiles à obtenir et où l'on n'a guère d'autre distraction que celles de la table. Ce souci de bien nourrir les employés est poussé fort loin. En voici quelques exemples, ils m'ont été donnés par des agents eux-mêmes: Le capitaine d'un vapeur appartenant à une maison de la côte nourrissait mal les employés qui prenaient place à son bord pour aller en congé ou en revenir. Ceux-ci se plaignirent et le capitaine fut remercié.

Le chef de la maison qui procéda à cette exécution

sommaire avait une fois embarqué sur un cargot anglais des agents dont le retour en Gambie pressait un peu. Il donna devant eux des ordres spéciaux afin qu'on satisfasse à toutes leurs demandes, la maison réglerait la dépense. Il prévoyait que la cuisine du bord serait peu appréciée et il conviait lui-même ses employés à prendre leurs précautions pour parer aux insuffisances gastronomiques qu'elle leur réservait.

La principale question pour un employé reste celle des émoluments. Les agents en Gambie sont convenablement payés. Un jeune employé pour ses débuts touche 1.500 à 1.800 francs par an et il est défrayé de tout ; il touche encore, s'il donne satisfaction, une gratification qui peut atteindre 500 francs. Sa solde montera dès l'année suivante, elle pourra peut-être dépasser à la longue 8.000 francs en comptant les gratifications, sorte de participation aux bénéfices. Cela représente, avec l'entretien tout entier payé par la maison, 10.000 ou 12.000 francs pour le moins.

La question des vacances présente bien aussi son importance pour ceux qui vivent dans des régions fort malsaines en somme. L'agent peut prendre jusqu'à six mois de congé après dix-huit mois de présence. Ainsi traités, les employés prennent mieux à cœur, cela s'explique sans peine, les intérêts de leurs patrons. La réelle solidarité qui existe le plus souvent entre eux se révèle dans certains cas par des détails très frappants. Un chef de factorerie à qui je demandais des renseignements sur l'existence de ses collègues, me vantait en termes dithyrambiques le libéralisme de sa propre maison et, ma foi, si d'aucuns souriront de cet enthousiasme, j'avoue au contraire ne l'avoir pas trouvé ridicule.

Il n'est pas jusqu'aux employés noirs des maisons

gambiennes qui ne soient fort bien traités. Je ne parle pas des manœuvres, ils touchent leur ration de riz et leur paye, mais des indigènes qui frottés de civilisation dirigent pendant l'hivernage, parfois durant toute l'année, des factoreries de la brousse. Ces gens touchent jusqu'à 300, 400 francs et plus par mois, il est vrai qu'ils ont alors la responsabilité d' « opérations » dont le chiffre d'affaires dépasse 100.000 francs.

Les prix d'achat et de vente leur étant fixés, ils rendent d'ordinaire assez scrupuleusement au patron le montant des recettes indiquées par leurs livres. On doit cependant craindre avec eux qu'ils n'aient réalisé des bénéfices illicites en vendant plus cher ou en achetant meilleur marché que les cours, pratiques qui tendent bientôt à écarter la clientèle.

Il ne faudrait bien entendu pas penser que les noirs sont seuls capables de semblables indélicatesses, je crois pouvoir dire cependant qu'on s'accorde, et à juste titre, pour leur préférer les blancs malgré le prix d'ordinaire infiniment plus élevé que coûte l'entretien de ces derniers.

Il était intéressant d'étudier ces particularités du commerce gambien presque tout entier monopolisé par des Français, mais je dois, avant d'aller plus loin, tracer à grands traits, la situation géographique de la Gambie. J'aurais même dû commencer par là.

La rivière Gambie, naguère nommée Gambra par les Portugais qui la découvrirent, s'étend à vol d'oiseau sur plus de 700 kilomètres, il faudrait presque doubler ce chiffre si l'on voulait tenir compte des détours qu'elle fait. La superficie de son bassin peut être évaluée à 50.000 kilomètres carrés environ, dont la presque totalité se développe autour de la première moitié de son cours. Le bas fleuve en effet n'est guère qu'un

couloir resserré entre deux autres fleuves, le Sine-
Saloum au nord et au sud la Casamance.

La Gambie prend sa source dans les montagnes du
Fouta-Djallon, à plus de 1.000 mètres d'altitude ; elle
coule d'abord vers le nord, de cascade en cascade,
à travers une région sauvage. Bientôt cependant elle
fait un coude vers l'ouest et conserve cette direction
jusqu'à l'Océan. Mais longtemps encore des rapides
et de nombreux barrages rendent la navigation sur
ses eaux, sinon impossible, du moins assez difficile,
même pour les petites embarcations, comme l'ont
démontré de belles expériences des administrateurs
Brocard et Jacques.

La Gambie parvient ainsi à 400 kilomètres environ
de son embouchure au point où commence le territoire
britannique qu'elle ne quittera plus. Son altitude est
déjà peu élevée, son lit toujours sinueux entouré d'ondulations rocheuses couvertes d'une brousse épaisse
n'est dorénavant traversé par aucun seuil infranchissable. Quelques petits villages se mirent dans ses eaux
ainsi que des factoreries dont les warfs de rôniers
semblent constituer l'enseigne, et l'on voit parfois du
pont du bateau qui passe, des scènes de la vie noire
se déroulant sur les berges ombragées. Ce sont des
femmes qui lavent, oh ! très sommairement, le linge
d'un blanc, voire même celui de leur seigneur et
maître. Ou bien à l'ombre d'un arbre, des noirs dépè-
cent un bœuf... Tantôt les groupes sont mandingues,
rarement toucouleurs ou peuls.

Voici l'île et l'escale de Mac Carthy où vivent dix à
douze blancs et qui est le point extrême jusqu'où la
marée se fait sentir. Les grands navires calant moins
de cinq mètres peuvent y remonter en tout temps,
une distance de 280 kilomètres sépare cependant ce

point de la côte. En aval de cette île, les berges du fleuve s'éloignent de plus en plus l'une de l'autre, délimitant d'autres îles parfois assez étendues ; la brousse devient très dense, les bambous, dont le bassin du fleuve marque à peu près ici la limite septentrionale, lui donnent une physionomie spéciale.

On trouve en un point peu éloigné de l'escale de Kuntaour située un peu plus bas que Mac Carthy, c'est la seule curiosité qu'on puisse signaler dans la colonie entière, des monuments d'un caractère particulier dont l'âge ni les auteurs ne sont connus.

Auprès du village de Wassu qu'on pourrait appeler le Karnak africain on rencontre en effet trente ou quarante cercles formés de pierres dressées hautes de quelques centimètres à 3 mètres environ. De beaux arbres ombragent ces singuliers et mystérieux monuments que les noirs respectent beaucoup. Sans doute ont-ils été érigés en l'honneur de leurs morts par des peuplades émigrées depuis ou bien oublieuses à la longue d'un passé trop lointain. Comme on ne trouve nulle part dans la région de monuments semblables, il est probable que le problème de leur origine ne sera jamais résolu.

Le fleuve s'étale toujours de plus en plus, surtout au confluent des marigots secondaires qui cependant ne lui apportent aucun tribu liquide. Sa largeur dépasse même 10 kilomètres des deux côtés de la pointe du Chien qu'une distance de 10 milles sépare encore de l'embouchure.

Que ces chiffres considérables ne donnent cependant pas d'illusions trop grandes au lecteur. Un fleuve qui aurait ces proportions serait un des plus puissants cours d'eau du monde, mais la Gambie n'est vraiment un fleuve que durant les mois d'hivernage. Son cours supérieur connaît alors des crues, souvent subites, dont la hauteur dépasse 15 mètres. Il devient donc un torrent furieux sous la masse grondante duquel disparaissent rapides et barrages. Le bas fleuve ne voit guère, par contre, s'accroître l'épaisseur de sa couche d'eau, mais au lieu de demeurer un bras de mer comme il est en réalité durant la plus longue durée de l'année, il se remplit d'eaux limoneuses et douces qui s'étalent largement jusqu'en pleine mer. On a calculé en effet que le débit de la Gambie en période de crue est très supérieur à celui du Sénégal, ce dernier atteint cependant 3.000 mètres cubes à la seconde ; or ce chiffre représente déjà beaucoup d'eau !

Comme tous les fleuves ses voisins, la Gambie possède un véritable réseau de marigots secondaires dont quelques-uns s'anastomosent, directement ou par l'intermédiaire de marécages, à des affluents de la Casamance ou du Sine-Saloum.

Ce qui fait surtout l'importance de la Gambie c'est, d'une part, l'absence pratiquement totale de la barre à son embouchure et de l'autre la profondeur de son lit sur un très long parcours. La barre arrête par exemple à l'entrée du Sénégal les bateaux calant plus de 3 mètres durant plus des trois quarts de l'année, or elle se trouve ici toujours couverte d'environ 9 mètres d'eau. Non seulement les grands vapeurs maritimes ont la voie libre toute l'année jusqu'à Mac Carthy, mais ceux qui ne calent pas plus d'un mètre remontent sans peine jusqu'à Yarboutenda. Ce sont là des conditions favorables dont le commerce tire un très bon parti.

La colonie anglaise s'étend sur toute la partie inférieure du cours de ce fleuve magnifique et c'est de lui qu'elle tire sa grande importance. Il est facile de la décrire et de la délimiter.

Depuis l'Océan jusqu'à une distance d'environ 100 kilomètres dans l'intérieur, elle présente sur chaque rive une largeur qui atteint parfois 30 kilomètres ; puis, au delà de cette distance, la frontière suit dorénavant tous les méandres du fleuve jusqu'à Yarboutenda en se maintenant à 10 kilomètres de ses rives.

L'arrangement du 10 août 1889 qui en avait ainsi décidé, fut surtout dans ces dernières années, très critiqué de ce côté-ci de la Manche. Nombre de coloniaux ont reproché au Dr Bayol, le haut fonctionnaire choisi pour nous représenter au cours de ces négociations, d'avoir mal soutenu nos intérêts. Notre plénipotentiaire se trompa lourdement, cela n'est pas niable, mais il semble bien qu'il ne fût pas seul à le faire. On préférait alors, semble-t-il, la terre exploitable à la voie naturelle, grâce à laquelle peuvent être exportés les produits de cette terre. Nous pensions que la Grande-Bretagne faisait un mauvais marché parce qu'elle n'avait que des marais autour de son fleuve. Un Anglais, Mitchinson, ne disait-il pas quelques années auparavant, que la Gambie enclavée dans nos territoires ressemblait à la souris prise dans la gueule du chat. L'image est jolie mais inexacte, et c'est nous qui jouons, malgré les apparences, le rôle de la souris. Notre situation vis-à-vis des Anglais rappelle en somme celle de ce brave conscrit de la légende : « — Général, j'ai fait un prisonnier. — Eh bien ! amène-le ! — Je ne puis pas, il ne veut pas me lâcher ! »

Les populations du territoire anglais, cela découle de la façon dont sont tracées ses limites, n'offrent rien de particulier. Les Mandingues prédominent vers l'est et le nord, dans le sud ce sont les Diolas, au sud-est les Peuls du Fouladou s'étendent jusqu'au fleuve en amont de Mac Carthy surtout depuis qu'en 1903 leur chef Moussa Molo se réfugia chez nos voisins. Mais sur cette trame plus ou moins régulière, que d'arabesques imprévues dessinées par des émigrations fantaisistes ! Toute cette partie de l'Afrique ressemble à une cuve d'eau en ébullition. Chaque goutte du liquide répète un périple sans fin autour des parois de métal. Il semble dans ces régions qu'un grand nombre de noirs soient atteints de cette maladie bizarre classée par les spécialistes et qui contraint ses malheureuses victimes au mouvement perpétuel. Un échange permanent de populations se fait donc d'un côté à l'autre de la frontière. Il en est du reste ainsi pour les diverses colonies entre lesquelles se partage cette vaste région de l'ouest. Rien de tout cela n'a d'importance. Ce ne sont ni les hommes ni la terre qui sont intéressants en Gambie, c'est le fleuve ! Il fait de la colonie un grand couloir maritime, trait d'union entre l'Océan, c'est-à-dire entre le reste du monde, et de vastes régions productrices d'arachides. Aussi la meilleure définition qu'on puisse donner de la Gambie anglaise tient-elle en un seul mot : Cette colonie est un canal navigable de plusieurs centaines de kilomètres de développement. Car il ne faudrait pas supposer que le fleuve seul puisse être accessible aux grands vapeurs. Je parlais tout à l'heure de nombreux marigots secondaires, affluents de son cours principal. Ces marigots qui constituent de véritables canaux de drainage pour la plaine où ils coulent et sans lesquels toute la région ne formerait durant l'hivernage qu'un gigantesque et inhabitable marais, sont presque tous, malgré leurs méandres, praticables pour les gros navires. C'est sur l'un d'eux qu'on a bâti Diawara ; diverses factoreries existent sur quelques autres.

Or, fait vraiment déplorable, la frontière anglaise passe toujours en deçà des points de ces marigots ou peuvent remonter les navires. Seuls des chalands ou des pirogues ont un tirant d'eau assez minime pour pouvoir pénétrer sur nos territoires. Et du reste, ils ne se privent pas d'y aller jusqu'à la limite des « lougans » chercher le produit des récoltes qu'on chargera ensuite dans les escales anglaises sur les vapeurs maritimes.

La rive droite, sous ce rapport, est mieux partagée que l'autre; mais l'on peut citer des deux côtés un certain nombre de marigots secondaires plus ou moins enfoncés au delà des limites de nos territoires dont ils drainent les récoltes le plus facilement du monde.

L'administrateur de Kaolak voulait établir sur notre propre terrain des escales fluviales d'où seraient expédiées nos productions.

Les résultats économiques et politiques qui résulteraient de ce simple fait seraient considérables si l'on pouvait réaliser un tel projet. Étant donné que les traités imposent la liberté de la navigation sur le fleuve, nos noirs et nos commerçants éviteraient ainsi l'impôt de sortie des arachides que les Anglais font payer à Bathurst. Par conséquent, le budget de la Gambie, privé de ses énormes ressources, s'anémierait promptement au point de diminuer des deux tiers et du même coup la valeur intrinsèque de la colonie fondrait pour ainsi dire, sous les yeux de ses possesseurs actuels.

Mais ce n'est là qu'un rêve ! Les bateaux ne peuvent remonter jusque chez nous, les Anglais possèdent toute la partie navigable pour de gros vapeurs, du fleuve comme de ses marigots.

Nos noirs doivent cependant mettre leurs terres en valeur, ils sont bien forcés ensuite d'écouler leurs récoltes, nul doute par conséquent que les factoreries, presque toutes françaises de la Gambie anglaise, ne continuent en même temps que leur fortune celle du trésor de la colonie.

C'est la raison pour laquelle la Grande-Bretagne tient à cette petite possession comme on tient à la propriété d'une ferme bien louée. La Gambie n'est guère en effet qu'une ferme de bon rapport.

Cette ferme se trouve depuis longtemps déjà entre les mains de la famille qui la possède, mais celle-ci n'y habite pas. Elle n'y conserve pas même de ces souvenirs qui lient les maîtres à leurs propriétés, les font s'intéresser à son passé et plus encore à son avenir.

Voilà ce dont je pus me rendre compte très vite, après en avoir causé avec les uns et les autres un peu partout et certes pas seulement à Diawara. Cette escale ne possédait en effet que des ressources très limitées en ce qui concernait la conversation. Mon hôte n'avait guère le loisir de me parler qu'à table et il n'y perdait pas son temps. Il me documenta toutefois sur mains sujets intéressants, mais avant d'aborder toute question je veux esquisser l'histoire de la Gambie, pour prouver la vérité de ma précédente affirmation, d'après laquelle l'Angleterre n'a rien qui l'attache spécialement à sa propriété.

Les débuts dans les annales européennes de la côte occidentale tout entière se ressemblent parfaitement. Portugais et Dieppois y naviguèrent, comme on sait, de très bonne heure ; mais seuls, les premiers ont su conserver des traces écrites de leurs plus anciennes découvertes. Les premiers noms qu'on puisse citer à propos de la rivière Gambra sont donc portugais. Ce peuple, alors si glorieux et si énergique, ne se contentait pas seulement d'envoyer des explorateurs sur toutes les côtes, ses aventuriers osèrent remonter tous les fleuves et s'installer partout. Ils ne faillirent pas à pénétrer également dans la Gambie où les Anglais ne les ont suivis qu'en 1553. Un peu plus tard encore, juste au moment où Français et Hollandais formaient des établissements dans des îles, à Gorée et à Saint-Louis, quelques marchands de Londres munis d'une charte de leur roi James I⁰ʳ se fixaient dans un îlot rocheux de la Gambie, situé à 35 milles dans l'intérieur du fleuve et auquel ils donnèrent le nom de leur prince. Alors commence une suite, ininterrompue pendant deux siècles, de violences contre les noirs et contre les concurrents européens. Si les Anglais nous prennent parfois nos postes, nous leur enlevons à plusieurs reprises Fort-James qui possédait cependant de solides murailles et une garnison importante. Les escadres et les pirates étrangers n'étaient pas seuls redoutables à cette époque; aussi Fort-James fut-il plus d'une fois emporté et même démantelé par des flibustiers sujets de Sa gracieuse Majesté.

On a conservé les noms de quelques-uns de ces pirates plus intéressés que patriotes, G. Lowter et le major Massey. Tous deux terminèrent mal, au bout d'une corde de justice, leur carrière que pour le repos de leurs mânes, il faut souhaiter avoir été fructueuse. Si tel était probablement le sort de nombreux pirates, car le métier n'était pas sans aléas, il en venait d'autres et l'Océan n'offrait jamais une grande sécurité.

Le commerce de la Gambie se bornait alors presque absolument à la traite des esclaves, plus productive que celle de l'or et de l'ivoire; on y ajouta plus tard le commerce de la gomme et des cuirs. Nous nous étions nous-mêmes installés vers le début du xviiⁱ siècle, en face de Fort-James, sur un point de la rive droite nommé Albreda. Notre factorerie ne fit hélas que végéter. Le chevalier de Boufflers qui la visita en

1787 la décrit en ces termes peu engageants: « C'est une mauvaise hutte de paille où sont trois ou quatre pauvres diables qui ont la mort entre les dents. » Le chevalier voulait même tout abandonner dès cette époque car « l'établissement était en pure perte pour le roi ».

Les Anglais délaissèrent la Gambie quand, à la suite des guerres de la Révolution et de l'Empire, ils eurent évincé de la côte leurs rivaux séculaires. Ils avaient à cette époque placé cette colonie sous l'autorité administrative du Sierra-Leone. Mais le traité de Paris nous ayant rendu le Sénégal, ils songèrent de suite à remplacer Fort-James tombé en ruines durant son abandon. C'est alors qu'ils acquirent l'île marécageuse où ils ont fondé Bathurst. Ils s'étendaient dans le même temps sur la côte opposée, en achetant aux indigènes une bande étroite de terre tout le long du fleuve, le « Ceded Mile ». L'histoire de la colonie se continue dans les années qui suivirent sans présenter rien de bien saillant. Petites révoltes de tribus, guerres minuscules contre des villages et surtout épidémies terribles, détruisant parfois la moitié des effectifs civils ou militaires qui ne furent jamais considérables. Tels sont les événements dont on lit la longue énumération dans l'histoire de la Gambie. Aussi bien les statistiques du commerce local sont-elles tout ce qu'on peut trouver de plus intéressant dans ces chroniques. Et n'est-ce pas naturel puisque la Gambie n'est à proprement parler qu'une très vaste boutique !

Jamais en effet les Anglais ne firent autre chose qu'œuvre de marchands dans la Rivière. Aussi lorsqu'on voulut procéder à la délimitation entre nos territoires et ceux de leur colonie, les difficultés qui entravèrent la marche des délégués furent-elles considérables.

L'ancien chef de l'escorte militaire française devenu depuis le général Pineau qui opérait alors de conserve avec les Anglais, me racontait naguère ses souvenirs sur ce sujet. Deux escortes de 12 tirailleurs ou miliciens, commandées chacune par un officier, protégeaient la commission de délimitation. Ces escortes étaient indispensables car le pays n'offrait aucune sécurité et, dans ces régions dont les Anglais se prétendaient suzerains, les noirs ignoraient tout à fait leur présence ou dédaignaient leur drapeau. Il se trouva même des villages qui voulurent s'opposer aux travaux de la mission malgré l'appui que celle-ci recherchait auprès de certains chefs indigènes plus ou moins négriers. Les résistances s'affirmaient parfois insurmontables, devant le village de Sangadioe notamment on dut attendre des secours demandés d'urgence à Bathurst. Ils vinrent sous les espèces de 125 matelots débarqués de l'escadre de l'amiral Nicholson. Ces hommes étaient coiffés d'un petit chapeau fort insuffisant pour les préserver des ardeurs du soleil, mais du moins ils ne manquaient pas de chefs car l'effectif comprenait 15 officiers. Le village n'osa pas résister à une telle armée, il fallut même le protéger contre les auxiliaires qui voulaient réduire ses habitants en captivité. Mais l'organisation de la petite colonne anglaise fut loin de provoquer l'admiration des nôtres.

Nos voisins n'avaient pas su jusque-là, heureusement pour nous, tirer le meilleur parti de la magnifique base d'opération que leur donnait la nature. Et même alors, malgré toutes leurs ressources, ils eurent parfois besoin du concours de notre minuscule escorte.

Pareil fait s'était déjà produit dans l'histoire de la colonie. C'était en juillet 1855, le gouverneur anglais n'avait pu repousser des bandes musulmanes qui menaçaient Bathurst, l'amiral Ducrot de Villeneuve commandant *l'Entreprenant* « dut par esprit de solidarité européenne débarquer au cap Sainte-Marie quatre-vingts marins pour prêter main-forte aux Anglais: *In the most disinterested and friendly manner.* »

S'ils commettent parfois des fautes, les Anglais, ici comme ailleurs, savent du moins toujours se faire respecter. Mon hôte de Diawara me montra une fois du doigt l'autre berge du marigot, complètement cachée à nos yeux par un épais rideau d'arbres, et il m'apprit qu'assez longtemps auparavant le meurtre de deux Anglais fut durement vengé par une colonne dont le souvenir n'est pas encore éteint dans la mémoire des indigènes. La cause de la tranquillité publique ne perd pas à l'application de ce système, celui de la manière forte, un des meilleurs qui soient vis-à-vis de collectivités barbares.

Une des choses qui doivent nous étonner le plus en Gambie, c'est l'absence presque totale des fonctionnaires. La colonie entière, son chef-lieu mis à part, n'est qu'un protectorat ; elle est parcourue sans cesse par trois ou quatre « Travelling Commissioners » équivalents de nos administrateurs, qui représentent toute l'administration. L'existence coloniale de ces commissioners paraît assez pénible par suite de ces déplacements perpétuels. Il faut ajouter qu'elle ne se prolonge pas au delà de la bonne saison. Ces fonctionnaires rentrent en Europe quand reviennent les pluies. Les administrés durant ce temps s'administrent eux-mêmes.

On doit convenir que le paiement de l'impôt est à peu près la seule chose à laquelle soit obligé le noir de la Gambie. Il a construit auprès de son village une confortable hutte en un point désigné d'avance. Le commissioner arrive, s'installe, recense, perçoit, tranche les différends, puis s'en va. Si quelque blanc vit à proximité, ce blanc serait-il commerçant, voire même français, le commissioner pousse parfois le sans-gêne administratif jusqu'à le désigner aux noirs comme arbitre possible en cas de besoin. Mon amphitryon de Diawara me racontait que le cas s'était présenté pour lui et, qu'à ce titre purement officieux, il avait ainsi rempli les hautes fonctions de représentant de Sa Majesté dans son escale. Il n'avait eu du reste à prononcer aucune décision capable de faire oublier le jugement de Salomon. Cet excès d'honneur au surplus ne l'avait nullement grisé car il en reportait la cause à la seule couleur de sa peau.

Ce fait que j'enregistre sans le juger laisse deviner que l'administration anglaise entretient les meilleures relations avec les commerçants, même étrangers, qui enrichissent sa colonie. Aussi les colons chantent-ils ses louanges avec une touchante unanimité.

On vante le libéralisme anglais, le nôtre lui est cependant bien supérieur au moins sur un point, celui de la chasse. Nos voisins réglementent aussi très sévèrement le commerce des armes de guerre, car ils savent bien qu'on ne doit pas laisser tout le monde et particulièrement les enfants jouer avec le feu.

La chasse à la grosse bête est certes tolérée sur leur territoire: un permis spécial devient cependant nécessaire quand on veut se livrer à ce plaisir. Or le permis s'obtient moyennant une somme relativement élevée, ma foi, en rapport avec l'espèce et le nombre des pièces qu'on est dans l'intention d'occire. Un éléphant, un hippopotame sont tarifés en pays anglais comme de simples petits pâtés, tandis que tout est demeuré libre chez nous, jusqu'ici du moins. La chasse au menu

gibier ne connaît cependant pas ces entraves; aussi mon
amphitryon voulut-il, à nos rares heures de loisirs,
m'en faire connaître les joies. C'était d'autant plus
aimable de sa part que nous avions un seul fusil pour
deux et qu'il était enragé chasseur, sans doute à cause
de son origine méridionale. Chacun sait que le gibier
constitue une rareté presque miraculeuse dans la plupart de nos départements du Sud.

Une assez vaste plaine, transformée en rizière durant
l'hivernage, s'étend auprès de Diawara, le long de son
marigot. C'était, à cette époque de l'année, une prairie couverte d'herbes peu élevées dans lesquelles on
pouvait marcher sans peine. Plusieurs compagnies de
perdreaux s'y donnaient rendez-vous et, peu chassées,
elles ne nous témoignèrent qu'une méfiance relative.
Je crois me souvenir, je le dis en rougissant, que cette
confiance ne fut pas trompée. La brousse, beaucoup
plus touffue que celle du Sénégal, étalait, en bordure
des rizières, ses verdures très compactes. J'y entrevis
une fois un lièvre rapidement disparu dans les taillis
impénétrables et voilà les seuls souvenirs cynégétiques
que me laisse Diawara. Cela ne fera pâlir d'envie
aucun disciple de Nemrod, mais au moins je suis assuré
que personne ne mettra en doute mon amour de la
vérité.

Les quelques heures que je pensais, lorsque j'y
arrivais, devoir passer dans l'escale se prolongeaient
fâcheusement. Je méritais en effet depuis huit jours
déjà le titre peu prodigué de citoyen de Diawara et
je pouvais craindre d'y rester longtemps encore, la
pétrolette, sur laquelle je comptais pour continuer
mon voyage, étant en réparations comme on me l'avait
fait craindre dès les premières heures de mon séjour.
Il ne me restait plus qu'à souhaiter la prochaine arri-

vée du côtre dont m'avait parlé mon hôte et sur lequel il me promettait passage.

Lui-même désirait partir, ses écritures mises à jour, l'inventaire de ses marchandises achevé, plus rien ne le retenait ici. Son remplaçant noir trônait, non pas derrière le comptoir de la boutique, mais sur le dit comptoir, allongé mollement, avec un pain de sucre ou quelque autre marchandise placé sous la tête en guise d'oreiller. Pour un noir en effet la position couchée semble offrir le maximum de charmes par rapport à toutes les autres.

Enfin le côtre tant attendu signala sa présence et notre joie ne connut plus de bornes. Il fallut encore le soir charger quelques ballots, je ne parle pas de nos malles bouclées depuis longtemps, ces derniers préparatifs demandèrent quelques heures. J'allais souvent durant ce temps, je l'avoue avec humilité, jusqu'au bout du petit warf auquel s'amarrait notre bateau. Semblable à la mouche du coche, je regardais les noirs portant des sacs très lourds qu'ils arrimaient dans la cale peu profonde. L'air était presque frais, la nuit épaississait encore les ombres épaisses, même en plein jour, des palétuviers voisins, la lune à son premier quartier projetait un mince filet de lumière sur la surface toute noire du marigot, de simples étoiles s'y reflétaient aussi. Le reflux entraînait avec un léger bruit des eaux frôlant les pieux en rôniers, les débris divers que le flux avait fait monter jusqu'ici. Des grenouilles coassaient dans les fossés voisins et des moustiques affamés venaient de temps en temps chanter leur chanson aiguë à mes oreilles !

Enfin le grand jour se leva, ou plutôt nous nous levâmes avant lui, la lune et les étoiles brillaient toujours au ciel dont le bleu sombre paraissait à peine s'éclaircir. Une fraîcheur plus grande, faite sans doute de plus d'humidité, nous prenait aux épaules sur le petit warf où nous nous tenions encore. Il nous fallait attendre le moment où la marée se renverserait, car pagayer contre le courant fatigue plus qu'il n'est nécessaire et l'on perd vite ici le désir de faire un travail inutile !

Tout est paré ! les derniers colis sont à leur place, les dernières recommandations sont faites au nouveau chef de poste, les eaux commencent à descendre, faisons comme elles.

Notre côtre s'est écarté du bord, il tourne, dressant comme dirait le poète, son mât, tel un *i* sous le point de la lune ! puis il s'éloigne avec lenteur.

Les navigations à voile fluviales ou maritimes semblent ne devoir offrir qu'un intérêt très limité. Les journées se ressemblent tant, elles sont si lentes à passer et s'accompagnent, du moins le long des marigots d'Afrique, de tant d'inconvénients et de si peu de joies qu'on doit beaucoup désirer s'éviter semblable corvée. Oui sans doute, quand la nécessité d'atteindre promptement un but donné s'impose à vous, mais non lorsque rien ne presse ou quand on ne peut faire autrement ! Alors on accepte très philosophiquement son sort, mon compagnon était même heureux de faire le voyage dans ces conditions, et moi je suivais sans trop de peine l'exemple qu'il me donnait d'une parfaite égalité d'âme.

Notre lente descente commença. Nous devions couvrir une distance d'environ trente kilomètres avant d'atteindre le fleuve lui-même, il nous fallut bien pour cela six heures durant lesquelles nous avons assisté presque sans interruption au défilé d'innombrables palétuviers.

Des caïmans, parfois, se glissaient dans l'eau au moment où nous allions les saluer d'un coup de carabine et ces rencontres constituaient même les seuls intermèdes de la traversée! Bien entendu, les « koss », c'est le nom local des tsé-tsé, ne s'étaient pas fait faute de nous assaillir dès le lever du soleil, mais c'est là une formalité obligatoire! Quand même, nous préférions demeurer sur le pont plutôt que d'utiliser l'abri surchauffé du rouff lorsque le soleil devenu puissant nous inonda de sa lumière aveuglante.

Enfin, de détours en détours, derrière une dernière pointe couverte des éternels palétuviers, nos regards qui semblaient prisonniers eurent soudain licence de s'écarter au loin, nous venions d'atteindre le fleuve. Et comme sa vaste percée produit un constant appel d'air, nous allions pouvoir utiliser la voile qui jusqu'ici nous avait rendu fort peu de services.

Je me souviens du premier coup d'œil que je jetais sur la Gambie. Le spectacle était imposant, la berge opposée nous apparaissait à travers une légère brume, toute petite, menue comme un fond de tableau, peut-être en effet quatre kilomètres nous en séparaient-ils.

Quant à la plus proche, nous la voyions aussi filer à perte de vue, s'amincissant peu à peu jusqu'à se perdre tout à fait.

Le marigot que nous venions de quitter semblait reculer lui-même lentement et s'enfoncer dans les palétuviers.

Près de nous, sur une vaste plage de vase découverte, trois pélicans rêvaient tranquilles, plus près encore flottait une pirogue dont les deux extrémités s'effilaient de façon régulière. Deux hommes s'y tenaient assis, l'un jetait de temps à autre, d'un mouvement sec du bras, une longue corde munie d'un hameçon, l'autre selon les cas, donnait à droite ou à gauche un léger coup de pagaie. Les pêcheurs nous vendirent leur pêche, les pélicans essuyèrent un coup de carabine qui les fit s'envoler d'un vol très lourd. Nous parvenions dans la bonne ligne du vent et notre vaste toile triangulaire s'arrondit tout d'un coup, gonflée par la brise. Sur la berge la plus proche à près d'un kilomètre de distance, toute une assemblée d'individus vêtus de blancs semblaient nous considérer avec soin. Ils étaient nombreux, trente ou quarante au moin-, et presque tous d'une immobilité de statue. Mon compagnon regarde avec sa jumelle marine et demande son Winchester. J'étais fixé, ces personnages énigmatiques étaient de gros flamands qui digéraient à l'aise. Une balle puis deux et trois sifflèrent avant qu'ils n'aient daigné lever la séance, mais la distance était si grande qu'on peut les soupçonner d'avoir voulu seulement ne pas nous froisser en restant plus longtemps.

Nous faisons un « brin de conversation » au lieu de sieste après le déjeuner composé surtout de conserves. J'enfourche un de mes dadas favoris et demande à mon aimable amphitryon son opinion sur les projets de cession de la Gambie à la France. Il sait qu'on en a parlé, répond-il, la chose demeure d'une réalisation hypothétique, elle est inutile au surplus. « — Les commerçants ne pourraient rien y gagner! — Mais l'intérêt de la France? » Il n'envisage point la question à ce point de vue, malgré son patriotisme très sincère, cela ne le regarde pas.

Je n'ai pas parlé qu'à lui de cette captivante question. Les Anglais de Gambie considèrent la cession comme probable, un jour ou l'autre, les Français de Bathurst, contrairement à ce qu'on pourrait croire, ne semblent pas la désirer. L'Angleterre ne leur accorde-t-elle pas une liberté telle qu'ils n'en obtiendront sans doute pas une semblable sous le drapeau tricolore ! Notre tarif de douanes leur serait même moins favorable que celui auquel ils sont soumis ! Pourquoi désirer changer ! Et philosophes, ils s'en tiennent au *statu quo* ! Cela me rappela cette phrase profonde qu'Isaac de Razilly écrivait en 1626 et que M. de la Roncière reproduisait récemment : « Les marchands sont impropres à dresser des colonies, parce qu'ils sont uniquement préoccupés du profit présent sans souci de l'avenir. »

Cette causerie coupée de longs silences nous prit un certain temps, puis je trouvais ensuite un sujet plus vaste et plus commode. Tandis que le côtre continuait à descendre le fleuve en tirant de fortes bordées, nous autres le remontions en imagination, mon compagnon dévidant pour moi l'amas un peu confus de ses nombreux souvenirs.

Peu s'en était fallu au surplus, qu'au lieu de descendre de suite, nous ne soyons remontés au moins jusqu'à Mac Carthy. Je désirais beaucoup visiter cette station créée en même temps que Bathurst au début du siècle dernier et puisque l'occasion m'avait été refusée d'y aller de suite, je disais mon désir d'en faire naître une autre, dès mon arrivée à Bathurst. Je souhaitais même remonter le fleuve tout entier jusqu'à la frontière française. Un petit vapeur fait le service des escales de la Compagnie française à laquelle il appartient lui-même ; je pourrais facilement, s'il effectuait encore un voyage, y retenir une place, mais mon compagnon me déconseillait cette excursion. Cela me prendrait du temps, je ne verrais rien de nouveau. Toutes les factoreries se ressemblent. Mac Carthy seule, avec ses quelques maisons de la première moitié du xix° siècle offre peut-être un intérêt très relatif et c'est bien tout ! Mieux valait pour moi visiter à l'embouchure du fleuve le sanatorium de la colonie, le cap Sainte-Marie dont le « docteur » jouit d'une réputation méritée sur le fleuve tout entier. Le docteur c'est le vent de la mer qui rafraîchit et assainit l'atmosphère et qui « retape » les malades.

J'écoutais parler mon compagnon et sans douter le moins du monde de sa mémoire et de sa conviction, je me promettais à part moi de ne tenir aucun compte de son conseil, mais la nécessité m'y contraignit cependant. J'aurais surtout voulu voir Niani Maru, posté sur la rive droite à 200 kilomètres de l'Océan, ou Mac Carthy. Nous aurions pu demander l'un de ces deux points pour y placer le port que l'article 5 du traité d'avril 1904 nous reconnaît le droit d'exiger en Gambie. Mais jamais nous n'avons rien demandé et cela est d'autant plus fâcheux qu'alors nous aurions eu la possibilité de faire aboutir dans ce port le grand chemin de fer déjà commencé qui doit relier Kayes à l'Océan. J'aurais même poussé sans peine jusqu'au village d'Yarboutenda que le traité dont je parlais tout à l'heure nous attribua nommément, sous la réserve qu'il fût accessible aux navires de haut bord. On a reconnu depuis, que les petits vapeurs peuvent seuls remonter aussi haut dans le fleuve. Les conseils de mon compagnon de navigation ne furent cependant pas tout entiers perdus pour moi et j'eus plus tard le temps de faire ample connaissance avec mon confrère le vent du sanatorium anglais. L'aimable consul de France, M. Orcel, directeur de la Maison Maurel et Prom, m'offrit en effet dans son cottage du cap Sainte-Marie une hospitalité charmante dont je garde le meilleur souvenir.

Il était quatre heures du soir environ lorsque nous rangeâmes, comme on dit dans la marine, une toute petite île boisée que nous avions aperçu depuis long-temps déjà, émergeant des eaux. Je la regardais avec soin, car, dans son petit espace, se pressait tout le passé de la Gambie. L'île se nomme en effet Fort-James. Le bateau s'en approcha de très près, pour m'être agréable. Je voyais distinctement les murs encore cré-nelés de l'enceinte bastionnée du fort. Ils sont cons-truits en pierre solide et ont assez bien résisté jus-qu'ici, malgré le siècle d'abandon qui pèse sur eux.

Le fort n'est pas bien grand, il couvre cependant une assez notable partie de l'île et ses ruines sont ombragées d'arbres magnifiques. Une petite plage à pentes douces s'apercevait sur un de ses côtés, elle ne nous tenta pas.

Déjà nous avions dépassé Fort-James qui fuyait der-rière nous et nous apercevions à droite, sur la berge couverte d'arbres touffus, des toits de tôle et des murs blancs enchâssés dans la verdure. C'est Albreda que fonda Brüe en 1696 et que nous avons rétrocédé à l'Angleterre en 1857. Comme ce poste est frais et riant... de loin : deux warfs dont on n'aperçoit pas la vétusté s'avancent vers les fonds, les maisons ont des airs de cottage, les arbres qui les avoisinent font un effet superbe. Mais, pour Dieu, ne descendez pas ! Une des maisons est abandonnée, les deux autres, livrées à des agents noirs, sont fort malpropres ; les arbres sont beaux à la vérité, l'un d'eux même enlace dans son tronc vigoureux un vieux canon naguère oublié là où plus tard germa cette graine ! Mais ce qui du bateau paraissait être un beau parc n'est plus de près qu'un coin de brousse semblable à tous les autres ! Quelques-uns de nos compatriotes y reposent depuis déjà deux siècles, il nous faut pour ce motif saluer cette terre avant qu'elle ne disparaisse à son tour...

L'estuaire offre déjà une largeur très grande, peut-être plus de dix kilomètres, et le vent que rien n'arrête augmente de force à chaque instant. Nous dansons sans trêve, la bise nous gèle presque, le temps est couvert, le capitaine noir conserve cependant toute sa voilure, aussi donnons-nous de la bande à plaisir. Le pont du bateau prend des inclinaisons très fâcheuses pour mon équilibre. Le roulis terrorise mon estomac déjà très fatigué et je ne dîne pas. J'en arrive même bientôt à concevoir des inquiétudes pour nos précieuses personnes et je demande sur ce sujet son avis à mon hôte. Il me donne raison. Un récent accident survint dans des conditions analogues qui amena le naufrage d'un côtre trop chargé de voile. Mais il ajoute que le capitaine, seul responsable, doit connaître son métier et qu'il ne convient donc pas de lui adresser une observation de ce genre.

Cela me regarde certainement moins que mon hôte puisque je suis un simple passager. Puis mon estomac tout à fait ennemi de ces violentes secousses menace de protester à sa façon. Ma foi tant pis, je n'ai qu'une chose à faire, m'aller coucher dans le rouff et tâcher de m'endormir. Je verrai bien où je me réveillerai et j'exécute ce sage programme à la lettre, trop heureux, par ce moyen, d'échapper à une catastrophe encore plus imminente certes que le naufrage....

CHAPITRE VII

Sainte-Marie-de-Bathurst et ses maîtres les Anglais

Une ville construite dans un parc, peuplée de noirs anglicisés. —
Les Français maîtres du commerce. — L'administration anglaise
presque invisible, mais présente.

Je suis arrivé au milieu de la nuit à Sainte-Marie-de-Bathurst. Aussitôt réveillé, je constatais avec joie que le côtre sur lequel je naviguais depuis la veille se balançait à peine, doucement poussé sur une eau calme par un vent paisible.

Dans le grand silence nocturne, il glissait avec son fanal accroché au haut de son unique mât, comme un feu follet parmi d'autres, au milieu d'une flottille de côtres en tout semblables à lui mais qui avaient replié leurs ailes pour dormir. Il jeta l'ancre enfin et cela fit à peine un léger bruit sourd, bientôt évanoui.

Une buée légère estompait le ciel étoilé, l'air était tiède, l'eau sombre clapotait à peine comme si elle eût craint d'être indiscrète en troublant seule le calme de la nature.

La chaloupe du bord nous amena sans hâte vers un warf dont d'énormes troncs de rôniers supportaient la vaste charpente. Durant le court trajet qu'il nous fallut faire pour aller du côtre jusqu'au débarcadère, mes regards avaient un moment erré sur la rive toute proche ; quelques rares lumières y brillaient sous les frondaisons d'arbres géants et derrière elles blanchissaient des façades spectrales de maisons crépies à la chaux, très élevées d'apparence.

L'avant de la chaloupe heurte les pilotis, nous nous agrippons au rebord du plancher du warf. Un rétablissement sur les poignets nous hisse, et voilà terminée notre lente et peu agréable navigation sur le fleuve Gambie.

Nos premiers pas sur le warf, puis sur la berge encombrée de marchandises furent pénibles, car notre long séjour sur le côtre incommode nous avait courbaturés. Ce n'était pas l'heure de réveiller les gens pour se présenter à eux ; aussi l'agent de factorerie qui m'avait offert le passage sur son bateau me fit-il tout simplement entrer dans l'immeuble de sa compagnie qui se dressait juste devant notre mouillage. Il en avait la clé car on ne savait au juste ni quel jour ni à quelle heure il devait arriver. Nous commencions en tâtonnant à dresser nos lits portatifs dans une chambre vide. Nos préparatifs, plus bruyants que nous n'aurions voulu, réveillèrent quelques-uns des collègues de mon compagnon de route. Ces messieurs se mirent de suite à notre disposition, les uns voulant nous faire souper, les autres s'ingéniant à rendre plus confortable notre campement. Et ce n'était pas un accueil simplement cordial qu'ils nous faisaient, mais une chaude réception comme celle que des jeunes gens réservent à des hôtes longtemps attendus.

Voilà comment je fus reçus tout à fait impromptu à Bathurst, vers deux heures du matin par les employés de la Maison Maurel Frères qui, cinq minutes avant mon arrivée, ignoraient même mon existence. Il est vrai que nous étions en Afrique, en territoire anglais et que tous mes hôtes étaient Français. Il faut également reconnaître qu'on ne nous fit pas souper, mais parce que nous nous en sommes défendus avec énergie, assurant, ce qui était fort exact, que nous avions surtout besoin de repos.

Quelques heures plus tard seulement, quand le moment devint plus convenable pour ces sortes de visites, j'allai me présenter au directeur de la maison, le remercier de son hospitalité et m'excuser presque de n'en pas abuser plus longtemps. J'étais en effet attendu depuis des semaines dans une autre maison toute voisine dont le directeur, M. Orcel, remplit avec compétence et amabilité les utiles fonctions de consul de France.

On comprend qu'il n'y ait pas d'hôtel à Bathurst, quand on sait comment les particuliers y reçoivent les voyageurs. Et cependant le premier coup d'œil que puisse jeter un étranger sur cette ville, du moins quand il débarque entre le lever et le coucher du soleil, lui présage une belle et confortable cité où doit se trouver réuni tout ce qu'on peut raisonnablement souhaiter en Afrique. Cette apparence n'est guère confirmée dans la suite, car de toute évidence, Sainte-Marie-de-Bathurst n'est pas une ville pour touristes. N'attendant rien d'eux, pratiquement, à l'anglaise, elle ne leur offre rien...

Il était encore de très bonne heure quand je m'étais levé, le soleil aussi matinal que moi, lançait seulement un maigre rayon oblique sur le grandiose panorama que je découvrais de ma fenêtre. Je discernais à travers le feuillage des superbes fromagers qui, même dans l'obscurité de la nuit, m'avaient la veille si fort étonné, l'immense étendue du fleuve borné tout à l'extrémité de l'horizon par une ligne mince et grise qui était l'autre rive.

Mon côtre se balançait quelque part entre plusieurs autres, parmi lesquels trônaient deux ou trois cargots. J'embrassais du même regard que le fleuve les amas de matériaux au milieu desquels j'avais dû louvoyer la nuit pour atteindre mon hospitalière maison et, dans la rue vide et sonore que je dominais, passaient à de longs intervalles quelques indigènes silencieux. L'air était pur, calme et frais ; je jouissais de ce moment de repos délicieux après les fatigues de la nuit, avant celles du jour qui se levait et dont les heures sans doute paraîtraient courtes à ma curiosité.

Le lyrisme ne serait cependant pas plus de mise à Bathurst que partout ailleurs sur la côte. Mieux vaut donc que je descende sans plus tarder de mon observatoire d'où je ne pourrais guère admirer que la largeur du fleuve dans lequel se reflétait le clair et fin rayon du soleil levant. Si je tardais trop au surplus, le soleil incendiant tout, et le port et la ville, ne me permettrait guère de très longues courses. On ne trouve de gens oisifs ni à Bathurst, ni dans n'importe quelle autre escale d'Afrique. Chacun s'absorbe ici dans son travail quotidien, de sorte que l'étranger est un peu laissé à lui-même. Mais il n'a pas lieu de regretter cette liberté, pour peu qu'il ait des yeux pour voir.

L'aspect de la ville ne rappelle en rien celui d'aucune de nos cités sénégalaises, si différentes les unes des autres, mais qui toutes, et même Dakar dont nous avons droit d'être fiers, paraissent étriquées à côté de leur voisine anglaise. Tout à Bathurst est grand ; les maisons y sont vastes, les avenues qu'elles bordent sont larges, et la ville, peu importante en somme, puisqu'elle ne compte pas dix mille âmes, s'étale cependant avec majesté dans son île toute verte.

Comme la nouvelle maison où j'habitais donnait aussi sur Wellington Street, la grande rue commerçante dont les immeubles confortables tournent à la fois leur façade vers le port et vers le Nord-Est, la première chose que je fis fut tout naturellement de parcourir cette belle artère. Elle longe les berges du fleuve Gambie transformé devant la ville en un immense estuaire large de près de 20 kilomètres. Une rangée de monstrueux fromagers, dont les troncs sont divisés uniformément par des travées qui ont l'aspect d'une série de box établis autour d'un axe commun, borde la rue du côté opposé aux maisons et verse son ombre, épaisse à cette époque de l'année, jusque sur le trottoir le plus éloigné. De la berge sablonneuse s'élancent des warfs aux lignes rigides. Ces warfs, chaque grande firme commerciale en possède un, vont à trente ou quarante mètres de distance, chercher les grands fonds marins ; des Decauville les sillonnent pour aller ensuite se brancher sur une ligne construite tout le long de la rue.

Peu après que le soleil s'est levé, un flot d'abord rare et bientôt épaissi d'indigènes se dirige vers les maisons de commerce de Wellington Street qui ouvrent à la fois boutiques et magasins. Chacune des Compagnies commerciales de Bathurst possède en ville comme dans chaque escale de la côte, non-seulement son warf particulier et sa flottille, mais encore toute une armée de manœuvres. Ces hommes sont boys, calfats, menuisiers, ou bien ils transportent les arachides, les cuirs ou les marchandises du fleuve dans les magasins, et de ceux-ci dans les cargots de haute mer ou dans les goélettes fluviales. Ce sont les mêmes maisons commerciales qu'on trouve partout sur le fleuve Gambie comme dans nos propres escales des régions voisines;

c'est dire que le commerce est français, même dans cette capitale de colonie anglaise.

Nous pouvons nous appesantir sur cette constatation ; elle est peut-être la seule, susceptible de flatter notre amour-propre national, que nous aurons à faire ici ; on doit reconnaître qu'elle a bien son importance.

Après les énormes immeubles occupés par les Maisons Maurel Prom et Maurel Frères, de Bordeaux, et la Compagnie Française de Marseille, voici, en allant vers l'ouest, c'est-à-dire vers la mer, une autre construction occupée par la seule grande Compagnie commerciale anglaise de la Gambie, dont le chiffre d'affaires toutefois, est nettement inférieur à celui de ses concurrentes.

Il convient cependant d'indiquer qu'un certain internationalisme, celui-là de bon aloi, règne à Bathurst dans le monde des affaires. Les Anglais ne s'offusquent pas de voir nos grandes firmes accaparer le commerce sur leur propre territoire ; ils tolèrent qu'aux jours de fête notre drapeau national flotte sur toutes nos maisons. Nous, de même, savons intelligemment recruter nos agents partout où nous en trouvons de bons. Deux maisons françaises de Bathurst sont actuellement dirigées par des Suisses, et, dans le personnel des diverses escales de la côte, on peut compter un certain nombre de Suisses, de Belges, voire d'Allemands.

L'Office des Postes et Télégraphes, le Palais de Justice et les bureaux de la Compagnie de navigation anglaise se succèdent encore le long de la rue Wellington ; la chose a son importance car la ville est vaste, et la proximité de ces divers organismes offre de véritables avantages pour les commerçants. On peut donc considérer que dans ce quartier, nommé Old Melville, bat vraiment le cœur de la ville. Cette expression est d'autant plus exacte que Bathurst joue uniquement le rôle d'un entrepôt où se concentrent toutes les marchandises importées ou exportées du fleuve.

Comme dans notre cœur se succèdent sans interruption les flots du sang que ce viscère envoie dans toutes les parties du corps, de même dans cette rue Wellington se succèdent sans cesse, après la grande ruée matinale des manœuvres allant à leur travail, des théories d'indigènes venus des autres quartiers. Ce sont des Akous vêtus de costumes européens, parfois un peu bizarres, qui vont d'un pas compassé, singeant leurs professeurs britanniques plutôt qu'ils ne les imitent. Parfois, en effet, ils se laissent aller à un déhanchement expressif, ou bien leurs lèvres lippues profèrent de grands éclats de voix inattendus. Ce sont aussi les dignes moitiés de ces noirs européanisés. L'assimilation chez elles semble moins complète que chez leurs époux : elle s'arrête en effet, presque toujours aux extrémités, car leur tête couverte de petits poils frisés ne s'abrite sous aucun chapeau, et nulle chaussure ne comprime leurs larges pieds. D'amples jupons et de vastes camisoles aux blancheurs suspectes revêtent leurs charmes bientôt épaissis d'ordinaire. Auprès de ces Akous, originaires de Sierra-Leone mais fixés ici, se rencontrent toutes les races noires voisines : Ouoloffs aux boubous flottants d'où émergent des jambes et des bras maigres, Bambaras, ou sauvages Diolas dont les femmes aux poitrines nues et sculpturales, du moins quand elles sont jeunes, viennent chaque matin vendre au marché du lait et des volailles.

Comme un îlot rocheux dressé dans le lit d'un fleuve, au milieu de cette foule peu considérable par le nombre mais exubérante et riche en couleurs, se carre parfois un policeman vêtu d'un kaki rehaussé de buf-

fletteries noires frappées de couronnes et de mono-
grammes royaux, en cuivre bien astiqué. Ce défenseur
de l'ordre porte sur le crâne la petite calotte de polo
nationale, et aux pieds une paire de gigantesques
godillots en solide cuir, tout comme nos agents de
police sénégalais. Si pour une fois les Anglais nous
imitent malencontreusement en chaussant de façon si
confortable leurs policemen, ils évitent du moins le
ridicule de les coiffer de casques, comme des blancs.
La fâcheuse insolation n'est certes pas à craindre pour
ces braves gens, la nature les ayant pourvus à l'avance
d'un crâne assez dur pour qu'ils n'aient rien à redou-
ter des ardeurs du soleil.

On rencontre également ici, comme partout sur la
côte, des Marocains graves ou de souffreteux petits
Syriens aux regards inquiets; mais qu'un blanc passe,
et toute cette foule bigarrée s'ouvre plus empressée et
respectueuse certes, que ne font nos Sénégalais dans
leur pays qui est nôtre. Tout ce monde rit, cause,
crie, mange, flâne, et... sent fort, du moins pour nos
narines trop sensibles, comme fait naturellement toute
assemblée nègre, de quelque région qu'elle soit.

Russel Street qui prolonge Wellington Street perd
bientôt toutes les apparences d'une rue de nos vieilles
cités coloniales; elle débouche sur une vaste esplanade
ombragée de magnifiques fromagers hauts de 30 mètres,
gazonnée et entourée d'une grille. Cette place se nomme
Mac Carthy Square, et il faut que le lecteur s'y
arrête un instant comme je l'ai fait moi-même, non
certes à cause de son aspect particulier, mais pour
d'autres motifs plus importants.

Mac Carthy Square représente en quelque sorte une
frontière; il sépare, que cette image un peu risquée ne
soit pas imputée à crime à un médecin, il sépare, peut-

on dire, le cœur et le cerveau de Bathurst. Ensuite, il joue un véritable rôle dans l'existence de la petite cité. Ce square n'est donc pas qu'un lieu de promenade bien ombragé. Les Anglais, chacun le sait, sont grands amateurs de sports, et la satisfaction de ce goût national constitue un besoin, il ne faut pas l'oublier, tout aussi bien sous ces climats qu'en Europe. Or c'est sur la pelouse de Mac Carthy que se jouent des parties de foot ball entre marins des vaisseaux de guerre qui font escale dans le port ou même entre sociétés indigènes qui s'adonnent, avec une ardeur tempérée par celle du climat, aux divers jeux importés de la métropole. Une estrade légère s'y élève à perpétuité pour les autorités, une stèle de style gothique dresse à côté d'elle ses marbres dentelés en souvenir d'officiers et de sous-officiers morts en 1859 au cours d'une épidémie de fièvre jaune.

Il était encore très tôt, neuf heures au plus, quand j'avais débouché sur le square, déjà le soleil, pour reprendre l'expression de Leconte de Lisle « enveloppait tout d'une robe de feu ». Lorsque l'ombre des grands fromagers d'où tombaient des flocons de soie d'un blanc neigeux ne me protégeait plus, je souffrais vraiment de la chaleur torride ; aussi attribuais-je plutôt aux ardeurs de l'astre qu'à celles des combattants du match qui s'y livrait l'état vraiment souffreteux du gazon de Mac Carthy.

Mais si ces gazons n'offraient pas la reposante verdure des nôtres, si le ciel trop bleu, le soleil trop chaud, voire les arbres trop énormes, sans parler de la couleur des hommes qui luttaient devant moi, si tout cela ne m'avait pas rappelé la latitude sous laquelle je me trouvais, je me serai cru bien loin sur le cours de quelque vieille cité provinciale calme et tranquille, car c'était vraiment l'atmosphère morale de la province que je respirais ici.

De vastes bâtisses fraîchement récrépies fermaient la place devant moi. Un grand portique surmonté d'une belle horloge rompait la monotonie de leurs façades uniformes, la pointe d'un clocher dépassait à gauche les cimes feuillues des arbres. Je me dirigeais lentement vers l'horloge et du même coup vers l'église dont tout à l'heure les cloches avaient chanté par-dessus la ville une chanson familière, évocatrice de souvenirs. Et voici que de l'intérieur des bâtiments une musique se fit entendre au moment où je découvrais, assis sous le porche des bâtiments que je savais être une caserne, deux maigres gentlemen vêtus d'un kaki sobrement orné d'emblèmes militaires, des sous-officiers sans doute. C'était sautillant et enfantin, une sorte d'air de cirque forain ou de bal champêtre que cuivres, flageolets et triangle aiguisaient prestement. Cet air prêtait à danser, cela me sembla d'abord paradoxal sous le soleil trop chaud, puis comme une goutte de vinaigre dans beaucoup d'eau quand on a très soif, je ne le trouvais pas désagréable. Un temps de repos, quelques brèves observations aux exécutants qui avaient écorché des notes, et le même sautillement reprit, tandis qu'autour de moi l'air plus vibrant semblait vouloir lui aussi se livrer à quelque gigue...

Je continuais ma promenade, poursuivi par les notes alertes que l'éloignement étouffait peu à peu, et je me souvenais des piteuses auditions que donnent certaines sociétés musicales de Saint-Louis où des noirs sont fraternellement mêlés avec quelques blancs. Ces sociétés fondées toutes dans des buts spéciaux qui n'ont rien à voir avec la musique, ont des programmes peut-être modestes pour des orphéons de chez nous, mais encore trop ambitieux pour elles.

Tout en déambulant sur l'avenue inondée de lumière, le parallèle que j'établissais entre ces sociétés sénégalaises et la musique anglaise aboutit dans mon esprit, la folle du logis aidant, à me faire tirer des conclusions que j'ose à peine avouer. Je pensais qu'en matière coloniale, les Anglais touchent plus souvent le but que nous, pour le savoir choisir moins lointain. On me répondra par le vieux proverbe :

De minimis non curat praetor.

Qui sait cependant, car le même état d'esprit se manifeste chez nous dans les petites comme dans les grandes choses ?

Durant ce soliloque de mon esprit, mes jambes livrées à elles-mêmes m'avaient amené jusqu'à l'église anglicane dont bien des petites villes de France seraient honorées. Elle dresse sa nef gothique et son clocher très sobre au milieu d'un vaste enclos ombragé. Si elle ne possède ni fines dentelles de pierre, ni tableaux précieux, ses murs sont du moins soigneusement entretenus, ses larges fenêtres ogivales ont de clairs vitraux, et l'air circule presque frais sous sa nef, tandis qu'à son extrémité, l'autel resplendit avec ses dorures et ses cierges. L'église était vide quand je la visitai ; mais je savais qu'à l'heure des offices, elle déborde de fidèles tout comme les autres temples de la ville.

Je disais tout à l'heure que Mac Carthy Square forme frontière entre deux quartiers très distincts. En effet, l'on se trouve après l'avoir traversé, dans la ville administrative, partie la plus ancienne de la Cité qui se nomme officiellement « Portuguese Town ». Il serait erroné, à cause de cette appellation, de rapporter aux Portugais le mérite d'avoir fondé Bathurst.

Les premiers colonisateurs de l'Afrique ne peuvent revendiquer ce titre de gloire. Bathurst est tout récent puisque le Gouvernement anglais la créa virtuellement au cours de l'année 1816, et en réalité un peu plus tard. Gorée venait d'être rendu à la France par l'Angleterre qui prêtait pour ce motif à la Gambie une nouvelle attention. Or, l'ancienne forteresse britannique dans la rivière, Fort-James, était complètement ruinée. Les minimes dimensions de son îlot l'auraient empêchée de s'étendre ; il fallait donc chercher un autre point plus favorable où l'espace fût moins mesuré. Le colonel Brereton choisit en mai 1816 l'île déserte de Banjole, éloignée de Fort-James d'environ 20 milles et placée juste à l'entrée du fleuve.

Cette île n'était guère qu'un banc de sable d'à peu près six kilomètres de longueur sur deux de large. Un marigot à palétuviers l'isolait d'autres îles analogues et du continent; elle devait de toute évidence présenter de fort mauvaises conditions sanitaires, mais en échange, le mouillage était parfait devant ses rives plates, et l'éloignement des indigènes causé par l'insalubrité de la région garantissait d'avance la sécurité des futurs colons.

Le nom de « Portuguese Town » rappelle donc tout au plus le souvenir des antiques prouesses lusitaniennes sur la côte. On ne rencontre en tous cas aucune ruine, aucun vestige d'un passé si rapproché qu'il soit, dans ce quartier paisible couvert de bâtiments confortables et desservi comme le reste de la ville par de vastes avenues pleines d'ombre et pavées de fin gazon. Les jardins et les cours, dont sont entourées chacune de ses constructions, mêlent les frondaisons de leurs arbres à celles qui ombrent les avenues, l'ensemble forme ainsi un vaste et magnifique square.

Nulle part dans notre Sénégal on ne peut voir un spectacle semblable. Dakar seul offre quelques avenues ombragées, grâce aux plantations naguère effectuées du temps de Faidherbe. Notre actuelle administration des Travaux Publics, malgré les diplômes de ses nombreux ingénieurs, a trop rarement pu comprendre que dans les pays chauds surtout, de grands espaces libres doivent être réservés, non seulement pour la circulation, mais aussi pour l'aération des populations urbaines. On dira que le terrain coûte cher, même dans certaines villes tracées hier seulement dans la brousse déserte. L'argument serait valable, sinon sans réplique, si l'administration n'était pas, dans la plupart des cas, le seul propriétaire du sol où elle-même crée, à son heure, des escales transformées peu d'années ensuite, en villes véritables. Elle mesure presque toujours coupablement, peut-on dire, et dès les premiers jours, les espaces libres de la cité future, la largeur de ses artères qui sont ses rues, celle aussi de ses poumons qui sont ses squares.

Le soleil est un grand hygiéniste ; il purifie tout, mais il devient souvent aussi le pire ennemi du blanc sous ces climats ; il convient donc de songer à s'en préserver le mieux possible, c'est pourquoi des arbres sont fort utiles, même dans une ville. Certains médecins proscrivent cependant ces derniers dans nos colonies, sous prétexte que leur feuillage attire les moustiques, cause de tant de maux. Ne savent-ils pas que l'eau seule fixe les dangereux diptères, et qu'on peut conserver les ombrages les plus touffus, si l'on évite soigneusement ou si l'on comble les marais et les flaques où ces bestioles peuvent pondre leurs œufs ?

Que de choses décidément se peuvent apercevoir sur une pelouse vaste et un peu pelée par places, comme sont Mac Carthy Square et les avenues voisines !

Un proverbe ancien affirme qu'errer est humain, mais qu'il est diabolique de persévérer dans sa faute, quand par hasard on l'a su découvrir. Je ne dois donc pas persévérer dans mon erreur initiale de guider les touristes par les rues de Bathurst sans avoir tracé un plan général de la ville, grâce auquel ils courront moins de chances de s'égarer à ma suite par les voies ombreuses.

La forme de l'île sur laquelle est construite Sainte-Marie-de-Bathurst rappelle vaguement une sorte de rectangle fort irrégulier. Cette île constitue par sa face tournée vers l'est une partie de la berge gauche du fleuve. La face opposée à celle-ci longe un marigot vaseux encombré de palétuviers dont l'armée envahissante pénétrait, naguère encore, jusqu'au milieu de Sainte-Marie fort marécageuse du fait de son origine alluvionnaire récente. La ville commence à l'extrémité méridionale de l'île elle se prolonge sur une étendue de plus de deux kilomètres. Les deux quartiers précédemment décrits s'étendent le long du fleuve. Derrière le quartier du Commerce et jusqu'à l'extrême pointe sud de l'île se pressent avec quelques rares maisons les nombreuses cases indigènes du quartier expressivement appelé Half Die. Trois autres sections urbaines, situées à l'ouest de Mac Carthy Square et des constructions officielles, longent le marigot des Huîtres qui borne l'île du côté du continent.

Quand on suit encore le fleuve en allant vers le nord, on ne trouve guère plus après l'hôpital que la brousse triste et nue, semée de rares palmiers et traversée par la route du Cap. Le cimetière s'étend entre cette route et la mer ; il présente cette particularité que la séparation selon les races et les religions s'y poursuit pour les morts comme elle existe en ville pour les vivants.

Mais revenons à la ville. On y retrouve parallèlement à la vivante Wellington Street, en allant de l'est à l'ouest, quatre ou cinq belles avenues coupées à angle droit par de nombreuses rues larges de dix à quinze mètres, creusées en leur milieu d'un canal cimenté qu'enjambent de nombreux ponceaux. Ces canaux ont été creusés voici six ou huit ans pour faciliter l'écoulement des eaux et permettre ainsi de lutter contre la pullulation des moustiques dont une espèce, le Stegomya, communique par sa piqûre, dans certaines conditions, la fièvre jaune. On doit reconnaître qu'à ce point de vue spécial de la salubrité publique, l'effort des Anglais s'est borné là. Si nous donnons souvent le mauvais exemple en édictant sur ces matières des arrêtés parfois mal appliqués, nos voisins savent donc, aussi bien que nous, jeter de la poudre aux yeux du public ! L'épidémie qui fit en ville, l'an passé, un nombre relativement important de victimes démontrerait au besoin la légitimité de cette critique.

Cette observation faite en passant, continuons à arpenter les rues tranquilles de Bathurst. Les accidents n'y sont guère à craindre puisque la ville ne compte pas même en tout dix voitures, et qu'il est rare, sauf dans des occasions exceptionnelles, d'y rencontrer un grand afflux de piétons.

Ce qui frappe le plus, c'est le nombre véritablement considérable des belles habitations qu'on y rencontre un peu partout.

Plusieurs de ces habitations sont construites en matériaux durs, un plus grand nombre en bois de la côte; ces dernières surtout rappellent, grâce à leur joliesse, les petits chalets de nos plages d'Europe. La plupart sont entourées de jardins ombreux dont la porte donnant sur la rue demeure close. Le mobilier de ces maisons est d'ordinaire assez bien tenu d'apparence ; des rideaux égaient les fenêtres généralement à guillotine selon la mode anglaise. Grandes ou petites, au surplus, ces maisons sont bâties sur un modèle anglais ; leur mobilier rappelle aussi le goût anglais fortement aggravé d'ordinaire par plusieurs couches d'exotisme.

On s'attend, quand on en visite une, à rencontrer un Européen ou du moins un créole au teint mat, et l'hôte qui s'avance vers vous porte des cheveux laineux sur un visage tout noir. L'impression qu'on reçoit alors est vraiment profonde ; car après s'être étonné, on admire. Certes ce noir dont le cou graisseux s'entoure d'un faux col glacé et sur le ventre duquel s'étale une grosse chaîne de montre, ce noir dis-je, ne reproduit pas tout à fait son modèle ; il l'imite trop bien par certains côtés secondaires et pas assez en d'autres plus importants. On sent encore s'accroître l'impression ressentie, quand on s'est promené dans les rues, même les plus solitaires de Mocam Town, dont les gazons drus avoisinent les souches sombres des mangliers mal extirpés de la boue d'Oyster-Crick, lorsque surtout on a fait le tour entier de la ville. Après qu'on a longé ces berges hier encore encombrées de palétuviers et dont la vase, au moment du reflux, reste vierge de toute ordure, on reste surpris qu'une population nègre puisse être si bien tenue en mains par une Administration et une police pour ainsi dire invisibles. On s'en étonne d'autant plus qu'on compare les chiffres des diverses races en présence : d'un côté neuf mille noirs environ et de l'autre soixante-quinze Européens. Or, sur ce nombre infime, on compte près de quarante-cinq Français s'occupant de commerce ; l'Etat-Major administratif de la ville et, peut-on ajouter, de la colonie tout entière, s'élève donc à moins de vingt fonctionnaires anglais.

Voilà certainement le plus beau spectacle que puisse offrir Barthurst à ses rares visiteurs. C'est celui de sa nombreuse population noire mise à l'école de quelques blancs et qui, grâce à une discipline sévère, tire profit des enseignements qu'elle reçoit, prend figure de peuple civilisé, britannique.

Il n'existe pas de ruines en ville : on n'y rencontre pas non plus de monuments. L'hôtel du gouverneur très confortable, ne peut être cependant comparé à celui que nous avons construit pour notre gouvernement général de Dakar. Quelques églises sont disséminées dans les divers quartiers ; avec l'église anglicane de Mac Carthy Square, on compte notamment le temple Wesleyen, le plus ancien de tous, car il fut fondé en 1820. Aussi petit qu'une chapelle, il présente cette particularité que ses murs sont tapissés de plaques de marbre parfois touchantes. On voit aussi dans cette colonie, protestante comme sa métropole, une église catholique fort convenable.

Rien au point de vue de l'art pur ne se dégage, je dois en convenir, des murailles plus ou moins épaisses de ces divers temples. Leur vue, comme celle des bâtiments civils, des squares et des avenues de la ville, n'inspire que des réflexions d'ordre politique et social. La présence de ces églises prouve en effet que les Anglais savent se servir de tout et de tous pour mieux conquérir leurs sujets.

Tout ce qui touche à l'éducation et à la direction des indigènes avait, dès le début de mon séjour ici, attiré mon attention et bientôt elle l'accapara.

J'étais entré à la poste rue Wellington, dans une salle claire, presque jolie, où derrière un grillage à jour travaillaient sans fébrilité aucune, il faut le reconnaître, une douzaine de noirs bien cravatés, pourvus même d'une esquisse de raie dans leurs cheveux crépus. Je voulais obtenir certains renseignements que ma connaissance très sommaire de l'anglais faillit m'empêcher de recueillir. L'employé auquel je m'étais adressé se retourna vers ses collègues, puis, ne trouvant parmi eux aucun linguiste suffisant, il me pria d'attendre, et, à chaque personne qui entrait dans le bureau, il demandait de vouloir bien me servir d'interprète. Cela dura quelque temps; lui ou ses collègues se dérangèrent plusieurs fois bénévolement pour me donner satisfaction. Leur unique motif était d'être agréable à l'étranger blanc que j'étais. Ils respectaient en moi la couleur, cette couleur qui, à Saint-Louis ou à Dakar m'aurait peut-être, à défaut d'autre chose, procuré quelques minutes de retard supplémentaire et le désagrément de quelque passe-droit en faveur d'un noir ou d'un mulâtre ami des employés. J'éviterai bien entendu le ridicule de conclure, d'après ce seul exemple ou d'autres analogues, à la supériorité des noirs gambiens sur ceux du Sénégal, puis, découlant de cela, à la supériorité des procédés anglais de colonisation sur les nôtres.

Je crois cependant que les noirs de nos villes sénégalaises sont fort inférieurs à leurs congénères de Bathurst. L'assimilation de ces derniers semble en meilleure voie que celle des gens de Saint-Louis par exemple; toutes proportions gardées, l'anglais paraît plus répandu dans cette petite cité britannique englobée dans nos territoires que n'est le français chez nous; les habitudes anglaises semblent, elles aussi, mieux implantées parmi ces noirs que nos propres habitudes le sont chez nos sujets à nous.

On peut expliquer cela d'une manière satisfaisante. Tout d'abord les Akous anglicisés de Bathurst, comme presque tous les noirs de cette ville, sont des déracinés, venus ceux-ci de Sierra-Leone, ceux-là des points les plus divers de la côte, or les effets d'une direction étrangère se font toujours mieux sentir sur des individus épars et sans cohésion entre eux que sur une collectivité quelconque. Mais le secret du succès anglais se doit chercher surtout, malgré ces circonstances favorables, dans la discipline que les maîtres de Bathurst ne laissent jamais relâcher. Ils sont cependant peu sûrs de l'avenir, puisque la Gambie n'est plus guère aux yeux du Foreing Office qu'un simple objet d'échange susceptible d'être troqué du jour au lendemain contre une autre terre ou bien contre tel avantage souhaité par la Métropole.

Tout dans le système anglais tend vers ce but : inspirer le respect de l'Européen et de la lói. Il se pourrait que nous autres nous suivions inconsciemment une voie différente, et que certains d'entre nous tout au moins, entretiennent avec une préférence marquée nos sujets de nos devoirs et de leurs droits.

Une hirondelle certes ne fait pas le printemps, toutefois, l'instituteur qui expliquait à ses élèves de Saint-Louis l'art et la manière de faire révoquer un gouverneur, ce magister dis-je, ne semble pas, à première vue, devoir donner une haute idée de nos aptitudes administratives colonisatrices. On pourrait au surplus citer d'assez nombreux exemples de semblable aberration mentale ailleurs que chez nos instituteurs.

Eh bien, l'on peut affirmer qu'en territoire anglais ni cet instituteur, ni ceux qui seraient tentés de su vre son exemple, ne dureraient longtemps ; on peut même ajouter que des mentalités semblables à celle que révèlent des faits de ce genre n'existent pas chez nos voisins. Cela tient d'abord à ce que le principe d'autorité est plus vivace en terre britannique, cela tient également à une des différences les plus caractéristiques qui existent entre les procédés anglais d'administration coloniale et les nôtres. Nous avons tendance à encombrer nos colonies de fonctionnaires. Nous nous en défendons beaucoup par fausse honte ou aveuglement, et pourtant telle est la vérité. Non seulement nous y entretenons à la tête des administrations de nombreux états-majors, mais encore nous plaçons sous les ordres de ces états-majors une véritable armée d'agents secondaires venus de la métropole. Cela ne nous empêche nullement d'employer aussi des agents tirés du pays même. Ces employés indigènes se trouvent mêlés à des Européens qui n'exercent aucune autorité sur eux et parfois même leur sont subordonnés. Les Services des Douanes, des Postes ou de l'Instruction publique notamment, offrent chez nous des exemples assez fréquents de cas semblables.

Un tel système présente les inconvénients suivants : Nous ne pouvons d'abord nous montrer très difficiles dans le choix des agents inférieurs européens de nos cadres coloniaux. Ceux-ci présentent donc parfois des tares très visibles ; l'alcoolisme, notamment, n'est pas aussi rare parmi eux qu'il serait à désirer.

Ces agents de mauvaise qualité avancent quand même en grade à la longue et donnent ainsi le plus mauvais exemple. Mais de plus, il n'y a pas toujours très loin, pour des noirs peu intelligents, du mépris vis-à-vis de pareils déchets à l'irrespect et à la désaffection pour la race entière, surtout quand les excitations de politiciens sans vergogne ou les déclamations d'esprits faux viennent renforcer ces mauvais sentiments.

Le système anglais qui consiste à n'entretenir aux colonies qu'un état-major national grassement payé, ce qui permet de le mieux choisir, semble donc meilleur du moins pour l'Afrique. Une infranchissable barrière morale se dresse ainsi entre le petit employé natif et l'Européen haut placé dans la hiérarchie, entouré de luxe et toujours correct. Il n'y a pas de grands hommes pour leurs valets de chambre, dit-on; on peut affirmer par analogie que, pour conserver le respect d'une race conquise dont l'assimilation est impossible, un peuple conquérant ne doit pas se mêler à elle et qu'il lui faut choisir des hommes d'élite pour le représenter auprès de ses sujets.

Je disais tout à l'heure que la préoccupation la plus constante de l'Administration anglaise semble être, même dans les plus infimes détails, d'imposer le respect de son autorité. On pourrait qualifier cette appréciation de calinotade s'il était vraiment impossible de citer une autre Administration qui ne s'efforçât pas, avec le même soin, d'obtenir des résultats semblables.

Comme toutes celles qui sont promulguées à Bathurst, la loi sur le repos hebdomadaire est rigoureusement appliquée en ville, personne ne peut s'y soustraire. Aussi toutes les maisons de commerce ferment-elles le samedi soir pour ne pas rouvrir avant le lundi matin. Le travail presse cependant; tel vapeur vient d'arriver sur rade, ne pourrait-on pas par dérogation, grâce aux relations du chef de maison avec le gouverneur, obtenir une autorisation temporaire? Que non pas, et personne ne s'y risque.

Pourquoi la ville est-elle si propre qu'elle fait ou

doit faire l'admiration et l'envie de ses visiteurs? C'est
tout simplement parce que le jet d'une ordure quelconque, sur la voie publique, y est puni d'une amende
de trois guinées payées, sans recours possible, par tous
les délinquants. Trois guinées équivalent à 76 francs
et des centimes ; une amende de cette importance
représente pour un blanc une punition réelle ; elle
est encore plus sensible pour un noir, car elle le frappe
durement là où il faut, dans sa bourse et non dans
son honneur qu'il a peu délicat, comme ferait par
exemple une condamnation à la prison.

Il n'y a, je le répète, aucun recours ; on ne peut
s'adresser au maire élu et appointé, ou aux conseillers
généraux pas plus qu'au député, comme cela se fait
dans notre Sénégal. Il n'existe ici au surplus aucun
corps élu pour représenter les populations ; les noirs
ne s'en portent pas plus mal ; ils s'en portent même
infiniment mieux et la colonie également.

Un autre fait sur lequel je veux insister, car il a
bien son importance : On a beau chercher par les rues
de Bathurst, on n'y découvre aucun mulâtre ou peu
s'en faut. Si par hasard quelque hybride se rencontre,
il vient du Sénégal ou bien son père est un Français.
Cela n'a rien à voir, pensera-t-on, avec les hautes questions de politique qui nous occupaient tout à l'heure ?
Pardon, bien au contraire. La situation matérielle qu'on
fait aux fonctionnaires anglais est toujours belle ; aussi
sont-ils sélectionnés, et l'immense majorité d'entre
eux possède une qualité qui nous fait trop souvent
défaut. L'Anglais se respecte, du moins en public, de
même qu'il respecte la loi, il ne se mêle pas, pour
ce motif, assez intimement à la population indigène
pour que des mulâtres naissent de ces rapprochements.
Cela aussi est une loi qui, toutes les lois en sont là,

souffre parfois des exceptions, mais ces exceptions demeurent exceptionnelles.

Un Anglais quel qu'il soit, surtout un fonctionnaire, perdrait beaucoup de la considération de ses proches, voire de ses chefs, s'il affichait une liaison avec une « colored woman ». Ce fait n'existe pas seulement à Bathurst, mais dans la généralité des colonies anglaises.

Or le mulâtre, trop fréquent produit de ces liaisons, constitue le plus souvent un élément de désorganisation sociale dans les colonies européennes où il prend de l'importance. L'histoire de nos vieilles colonies, perdues ou conservées, Haïti ou les Antilles, celle même du Sénégal tout proche, démontre suffisamment cette triste vérité.

On peut conclure de ce qui précède que l'Administration anglaise de Bathurst semble s'être inspirée des grands principes directeurs suivants: Tout d'abord le strict respect de toute la loi ; en second lieu l'emploi de l'élément métropolitain pour les hautes fonctions seulement, mais à titre exclusif, ce qui permet entre autres avantages, d'obtenir un personnel peu nombreux trié sur le volet. Ce procédé n'est, tout compte fait, pas plus coûteux qu'un autre, comme l'explique fort bien cette fable où notre bon La Fontaine met en scène un berger qui troque son gros chien de garde contre un certain nombre de petits roquets.

Le côté pratique des Anglais se décèle encore de bien d'autres façons, de même que leur libéralisme foncier. Si la loi ne doit céder devant personne, elle est faite et appliquée pour le seul bien public. Elle demeure stricte sans jamais devenir abusive ou tyrannique.

Auprès de l'église anglicane, temple de la religion d'Etat, s'élèvent plusieurs églises appartenant à d'autres confessions ainsi qu'une mosquée. Eglises dissidentes ou mosquée, chacun de ces bâtiments fut construit par ceux qui voulaient les utiliser. L'Etat les aida peut-être, à coup sûr il ne les gêna pas.

Nous aussi nous possédons dans nos villes de la côte des églises et des mosquées. Mais les Anglais font plus et mieux que nous. Ils permettent aux religieux de toutes confessions de collaborer avec le Gouvernement britannique dans l'œuvre de civilisation entreprise sur la Rivière. Chaque église entretient des écoles à elle pour les filles et les garçons. Tous les missionnaires peuvent chercher à faire du prosélytisme, même par ce moyen si puissant, l'instruction qu'ils donnent aux enfants. L'Administration leur laisse toute liberté dans cet ordre d'idées, à deux conditions fort raisonnables : la première, c'est qu'ils n'apportent aucun trouble dans l'ordre public ; la seconde, qu'ils se conforment dans leurs écoles privées aux grands principes d'éducation, voulus et déclarés par la colonie. Ces deux conditions observées, non seulement l'Administration les tolère, mais encore elle les encourage au prorata des résultats obtenus, par le meilleur et le plus trébuchant des moyens : par des subventions.

Une mission catholique existe à Bathurst qui possède tout comme ses concurrentes protestantes, une église à laquelle sont joints deux couvents doublés chacun d'une école. La plupart des religieux sont Français, mais ils enseignent uniquement l'anglais à leurs élèves, et ils ont, du reste, intérêt à le bien faire. Les mêmes pères reçoivent également une subvention officielle pour la ferme-modèle créée par eux, voici près de deux ans, sur le marigot de Lamin dans la banlieue de Bathurst.

Chez nous aussi les Pères du Saint-Esprit possèdent encore quelques écoles, notamment sur la Petite-Côte et en Basse-Casamance, dans des régions où ne sont fixés aucuns instituteurs officiels ; l'administration les ignore eux et leurs écoles. Ce système produit le résultat suivant: les petits Sérères et les jeunes Diolas instruits dans ces écoles n'y apprennent que le catéchisme... en ouoloff, et personne n'a rien à dire. Car si ces religieux, français en même temps que catholiques, paraissent négliger l'intérêt de leur patrie pour ne penser qu'à celui de l'Eglise, le gouvernement de la colonie n'a-t-il pas sa part de responsabilité dans tout cela?

Pour continuer le parallèle, nous aussi avons donné aux Pères du Saint-Esprit des subventions pour une ferme-modèle qu'ils avaient créée à Thiès afin d'utiliser les enfants abandonnés qu'on leur confiait. Cette ferme était admirable peut-être, cependant n'y instruisait-on guère les pupilles dans la pratique de la culture. Nous ne nous sommes jamais inquiétés du fonctionnement de cette œuvre que pour la détruire en supprimant sa subvention et en lui retirant les pupilles.

Il n'y aurait trop rien à dire à cela si l'œuvre laïque créée depuis quatre ans pour remplacer la mission de Thiès avait obtenu des résultats supérieurs ou du moins égaux ; mais il n'en est rien à aucun point de vue.

Revenons aux Anglais. Ils ont également laissé la surveillance des hôpitaux de la ville à des religieuses. Cette surveillance s'exerce, bien entendu, sous le contrôle et la direction des médecins. Les sœurs ne sont considérées, administrativement parlant, que comme des salariées, conservées tant qu'elles donnent satisfaction aux meilleurs prix. Leur qualité d'Européennes, de femmes et aussi de religieuses, leur donne, cela est sous-entendu, toute la considération à laquelle elles ont droit. Nos fonctionnaires coloniaux savent, à l'occasion, remplir tous leurs devoirs d'hommes vis-à-vis de femmes quelles qu'elles soient, mais combien parmi eux oseraient, dans le cas où l'intérêt public le demanderait, préconiser l'emploi officiel de ces religieuses ?

Tout n'est pas parfait certes dans l'œuvre entreprise à Bathurst et en Gambie par les Anglais. On peut même ajouter qu'elle présente bien des côtés faibles ; nous aurions cependant beaucoup à apprendre de ses créateurs. Nous réussissons mieux qu'eux la conquête, voire l'administration dans la brousse des véritables sauvages, car nos hommes sont plus « débrouillards » que les leurs ; nos voisins cependant excellent dans la direction des sujets déjà dégrossis, car ils sont plus imbus que nous de leurs droits supérieurs : cela revient à dire qu'ils nous surpassent alors, grâce à leur sens pratique et à leur persévérance.

Très exactement comme faisait ce chef d'orphéon de Mac Carthy Square dont les marches enfantines me rappelaient les airs de chevaux de bois de ma jeunesse, le Gouvernement de Sa Majesté se donne toujours dans ses colonies une besogne appropriée aux besoins matériels et moraux qui doivent être satisfaits. Il songe au jour même ; nous, nous rêvons aux années futures. Car nous avons tracé dès l'année 1791, grâce à la Déclaration des Droits de l'Homme, un plan idéal et uniforme de construction où loger tous les peuples. L'expérience acquise, il faut cependant le reconnaître, car cela est vrai, nous pousse chaque jour à faire quelques retouches de détail aux plans primitifs dont certains des graves défauts subsistent encore.

Il nous faut revenir à l'administration de la Gambie. Un peu de statistique fera très bien ici. Sans

chiffres pour les appuyer, que valent les mots? Moins
que rien, n'est-ce pas? Les chiffres, à la vérité, men-
tent aussi bien que des phrases, lorsqu'on sait s'y prendre avec eux ; tout de même ils savent moins cacher
la vérité, d'ordinaire.

Voici donc la liste fort courte, on en conviendra,
des fonctionnaires anglais de Bathurst, petit pays
d'administration directe en même temps que chef-lieu
de toute la colonie et des protectorats de la Gambie.

Sous les ordres du Gouverneur se trouve depuis peu
de temps un secrétaire général qui doit le remplacer
en cas d'absence. Un trésorier-payeur, un ingénieur
chef des Travaux publics, un chef de justice et un
autre pour les douanes, constituent l'état-major administratif. Puis viennent deux médecins européens,
deux officiers de milice avec quelques sous-officiers.

Tous les autres fonctionnaires sont des noirs portant chapeau et bottines, chemises empesées, montres
et breloques d'or, parlant anglais, même dans leur
propre maison, touchant des soldes parfois élevées puisqu'elles peuvent dépasser 600 livres par an, mais
n'ayant jamais la possibilité de diriger les destinées
de la colonie, pas plus que celle d'entrer en lutte avec
le gouverneur.

Ce haut fonctionnaire, comme dans toute colonie
de la Couronne, jouit d'une grande autorité presque
sans limites. Il ressemble en cela très étrangement à
ceux de ses collègues français qui veulent vraiment
gouverner leur colonie, malgré les conseils généraux
ou municipaux avec lesquels ils doivent parfois compter.

Deux conseils l'assistent : le premier nommé exécu-
tif se compose des chefs de service européens et, bien
entendu, il donne seulement son avis sur les diverses
questions d'ordre politique.

Le second conseil qui a voix consultative à propos de toutes affaires financières ou économiques soumises à son examen, se compose d'une majorité de fonctionnaires, d'une minorité de notables blancs et indigènes. Ce second conseil remplit un rôle précieux, puisqu'il indique par son vote l'opportunité ou le danger de telle mesure intéressant le commerce de la colonie, ou la situation financière. Les avis qu'il donne ne sont que facultatifs, ses membres possèdent cependant le droit de porter leurs doléances jusqu'au ministre à Londres.

Lorsque le gouverneur proposa en 1910, devant ce conseil, l'ouverture d'un crédit de 200 livres pour la souscription en faveur des inondés de Paris, l'opposition des deux membres indigènes n'influa nullement, par exemple, ni sur la résolution du conseil, ni non plus sur celle du gouverneur.

Les situations pécuniaires faites aux représentants de l'Administration anglaise sont fort enviables, car le gouverneur touche un peu plus de 2.800 livres, et ses principaux chefs de services près d'un tiers de cette somme. Les émoluments de nos fonctionnaires coloniaux ne sont pas, toutes proportions gardées, aussi considérables. Les congés des uns et des autres présentent des différences analogues à celles qui existent entre les traitements. La générosité de l'Administration anglaise envers ses employés, grands et petits, se révèle d'ailleurs dans les moindres détails. Le gouverneur possède par exemple, pour ses tournées, un superbe vapeur dont l'entretien revient à près de 2.000 livres ; et de même il possède pour ses villégiatures, au cap Sainte-Marie, un cottage qui se dresse dans l'enceinte d'un ancien fortin aujourd'hui inutile.

Par contre, l'emploi généralisé d'agents noirs et la quasi-suppression de services, publics chez nous autant que dispendieux, et privés ici, permet de ne pas dépasser les ressources d'un budget que le commerce, et par son intermédiaire nos propres territoires, alimentent sans parcimonie.

Ce budget oscilla en recettes entre 20.258 livres pour l'année 1885, 40.058 livres pour 1898 et, 103.038 livres pour 1903. Les dépenses varièrent dans des proportions plus infimes; elles ont été au plus bas de 20.251 livres en 1880, de 29.081 livres en 1898 et, en 1903, leur total se montait à 101.000 livres. Une notable partie de ces dépenses sert à payer des soldes de fonctionnaires, ce qui ne serait pas de bonne administration dans toute autre colonie dont la situation serait différente.

Les recettes sont, pour la presque totalité du chiffre auquel elles atteignent, fournies par les douanes, et ceci, comme la nature des dépenses, s'explique par la situation particulière de la colonie enclavée dans nos possessions, simple et énorme comptoir commercial de 400 kilomètres de longueur.

C'est donc à sa situation géographique presque unique qu'il faut toujours songer, lorsqu'on veut porter un jugement sur l'œuvre anglaise en Gambie. Pourquoi les maîtres des deux rives du fleuve Gambie ouvriraient-ils de belles routes ou construiraient-ils des ponts et d'autres travaux d'art, dans un territoire aussi admirablement desservi que le'leur par un fleuve partout navigable à des bateaux de mer, dont les marigots eux-mêmes permettent d'atteindre sans rompre charge jusqu'aux extrémités de ses frontières?

Pourquoi engager, par exemple, de grosses dépenses, même à Bathurst, pour fournir d'eau potable la ville ou pour la doter d'un port? Le port existe de par le don de la nature; la nappe d'eau souterraine fournit à peu près aux besoins de la population sans la moindre difficulté.

Peut-être au surplus nos voisins jugèrent-ils que de gros travaux publics ou d'hygiène ne seraient pas « payants », à cause du nombre infime de leurs nationaux fixés dans la ville? Cet argument, qu'on n'avouerait pas, aurait bien des chances d'avoir pesé sur leurs déterminations...

D'autre part, quelles dépenses supplémentaires seraient justifiées, soient dans le domaine de l'instruction publique, soit dans celui de l'assistance à laquelle on consacre plus de 3.000 livres? L'instruction se donne à bon compte, pour un peu plus de 1.200 livres, dans les missions, de quelque ordre et de quelque confession qu'elles soient. L'État anglais ne songe au surplus qu'à répandre la langue anglaise pour les besoins réels, pratiques, de la région, besoins qui sont ceux du commerce. Il ne prétend pas façonner, de façon particulière, les jeunes intelligences des petits noirs de la Gambie. De tels problèmes qui dépassent de beaucoup la simple pédagogie, qui deviennent de la très haute philosophie, ces problèmes, il se déclare à juste titre incapable de les résoudre. La colonie est riche; loin de connaître les déficits, ses budgets enregistrent constamment des excédents de recettes plus importants encore que ceux des budgets de nos possessions voisines. Elle puise ses ressources, non pas dans de lourds impôts frappant une population malheureuse, mais dans des charges légères imposées à des produits commerciaux fournis par des étrangers. Nous sommes ces étrangers, ou plutôt ce sont nos noirs sénégalais.

Cela permet à la colonie anglaise de soutenir un train de maison peut-être trop somptueusement organisé pour ses besoins réels. Si peu importants qu'ils soient relativement, les services de l'Administration gambienne suffiraient en effet à de plus vastes territoires. Mais si de nombreuses années de crises desséchaient en partie les ressources financières qui, de tous les marigots de la frontière ruissellent vers les caisses de l'Administration, on verrait sans nul doute l'Angleterre diminuer le nombre de ses employés noirs, remplacer ses fonctionnaires européens par d'autres plus jeunes dans la carrière et moins bien payés. Mais encore une fois Bathurst et la Gambie sont riches; leur richesse est solide. Pourquoi se refuseraient-ils un luxe que les Français payent, eux qui pourraient, s'ils le voulaient, acquérir à bon compte ce territoire si utile, si nécessaire pour eux? Or les Français n'ont jamais su, du moins dans ce petit coin du globe, discerner leurs intérêts, pousser leurs avantages, ni même réclamer leurs droits!

CHAPITRE VIII

Le bourg de Ziguinchor

Son histoire est courte, sa situation sur le fleuve est parfaite. Description de l'escale. Débardeurs spéciaux aux costumes économiques. Une forêt tout entière enveloppe la ville d'une immense ceinture verte. Les peuplades voisines.

La plus belle région du Sénégal, la plus curieuse à visiter pour le touriste, la plus intéressante pour l'homme d'études, la plus susceptible d'avenir aussi, c'est sans contredit le cercle de la Casamance. Il est difficile d'y parvenir autrement que par mer, car deux colonies étrangères, la Gambie anglaise au nord et la Guinée portugaise au sud, l'étouffent presque entre leurs frontières trop rapprochées. Et seul le rattache au reste du Sénégal son arrière-pays, vide de colons, presque également de fonctionnaires. Mais traverser cet hinterland, comme on disait naguère dans ce jargon géographique qui fut à la mode lors du grand partage de l'Afrique, équivaut presque à une exploration.

Comme la plupart des fleuves de la côte, la Casamance présente à son embouchure le phénomène curieux mais connu de la barre, produit par le choc des vagues sur un bourrelet sous-marin de sables. Cette barre est heureusement facile à franchir ici, car une épaisseur d'eau minima d'environ 2 m. 80 la couvre à marée basse. Aussi les gros vapeurs du commerce peuvent-ils monter en toutes saisons à 70 kilomètres dans l'intérieur, jusqu'au chef-lieu du cercle, Ziguinchor. La rivière, au delà de ce point, n'est accessible qu'à de petites embarcations dont l'aire de navigabilité s'étend jusqu'au pied d'un seuil rocheux nommé Kolda, situé assez au delà de Sedhiou, à plus de 120 kilomètres de la mer. Je ne parle pas des nombreux marigots qui, débouchant dans la Casamance, constituent eux aussi, vers le nord et le sud, de fort belles voies naturelles de communication. Ces grandes facilités de navigation permettent donc au commerce d'aller recueillir à bon compte, non seulement le caoutchouc récolté dans le bas pays chaud, humide et le plus souvent couvert de forêts, mais aussi les palmistes venus des mêmes cantons et surtout les arachides dont on récolte jusqu'à 10.000 tonnes principalement dans le haut de la rivière. Demain peut-être, le riz sera lui aussi transporté en grandes quantités jusqu'aux magasins de Ziguinchor d'où les vapeurs le répandront sur toute la côte. Peut-être également, pourquoi se gêner quand on rêve d'avenir ? le coton, d'autres produits encore, encombreront-ils les cales de ces vapeurs ? Qui sait même si les fruits coloniaux récoltés sur les bords de la belle et indolente Casamance ne paraîtront pas un jour jusque sur nos tables d'Europe ?

Je borne là mes vaticinations, afin de ne parler que du temps présent !...

Il faut presque une demi-journée aux vapeurs pour monter de la mer jusqu'à Ziguinchor, la rivière est en effet très sinueuse et son chenal, dont le balisage n'est qu'esquissé, fort encombré de bancs de vase.

Ziguinchor est encore si petit que je pourrai sans quitter le pas colonial, c'est-à-dire tout à mon aise, promener le lecteur à travers ses rues, voire même jusque dans ses faubourgs. Si les maisons de la ville naissante n'offrent aucun intérêt, il me semble que le temps passé à étudier les choses et les gens ne sera pas tout à fait perdu, car l'œuvre réalisée par nos nationaux dans ce coin de brousse, hier presque désert, représente un gros effort dont les heureux résultats apparaissent dès aujourd'hui.

Ziguinchor, naguère portugais, hérita de ses deux aïeules françaises, Carabane et Sedhiou, situées l'une en aval, l'autre en amont de lui sur la Casamance. Il faut convenir qu'il est bien mieux placé que nos premiers postes. Son escale se trouve en effet construite, juste au point le plus élevé de la rivière que puissent atteindre les vapeurs de gros tonnages. Ziguinchor s'étend seulement sur la rive gauche du fleuve, saine et assez élevée au-dessus du niveau de l'eau tandis que l'autre berge au contraire, s'empâte de palétuviers et de gros bancs de vase gluante et puante, dangereux pour la navigation. Le chenal navigable longe la première de ces berges, il est, devant le bourg, suffisamment large pour permettre toutes les évolutions possibles aux navires, car les dimensions du fleuve, plus resserrées qu'en amont ou qu'en aval, atteignent encore en ce point 500 à 600 mètres de largeur.

Les environs de Ziguinchor sont plats et couverts de magnifiques forêts, sauf dans le pourtour immédiat de l'escale dont les dernières constructions s'élèvent sur d'anciennes rizières qui, naguère encore, entouraient le poste portugais d'une étroite ceinture vert tendre.

Le sol, en tous cas, est susceptible de cultures sur une assez vaste étendue, peut-être même la région voisine de Ziguinchor peut-elle compter comme une des plus fertiles de tout le cercle.

L'histoire de ce petit bourg n'est pas plus longue que sa superficie n'est considérable, je puis donc aussi me risquer à l'esquisser en quelques phrases.

Nous avions fondé en 1836 Carabane, notre premier poste casamançais, sur une île marécageuse qui dresse les frondaisons de ses superbes fromagers et les palmes de quelques cocotiers à l'embouchure de la rivière, presque immédiatement derrière l'abri de la barre.

Quelques hommes nous y représentaient qui habitaient un poste peu confortable. Un commerçant construisit un peu plus tard, avec moins de parcimonie que l'État n'avait fait pour les siens, une belle maison pour ses agents et des magasins pour ses marchandises. Des noirs venus de Gorée ou de Saint-Louis s'y fixèrent à l'ombre de notre drapeau en même temps que des indigènes émigrés des environs. Mais Carabane, fort malsain au surplus, n'offrait guère d'espaces libres sur son île, ni de débouchés dans ses environs pour le commerce, le fleuve lui-même ne lui assurait qu'un mouillage médiocre. Aussi la vie se retira-t-elle bien vite de ce point que rien ne désignait pour une fortune durable.

Ses créateurs avaient cependant, quand ils le choisissaient, obéi à une loi presque toujours respectée sur la côte, durant de longues années; seulement les circonstances ne voulurent pas ratifier ce choix. On peut s'en rendre facilement compte, les Européens, pour des motifs qu'il est inutile d'expliquer, ont toujours abrité leurs premiers établissements africains dans des îles placées comme des navires ancrés, à l'entrée des fleuves ou bien à proximité du continent.

Gorée des Hollandais, Saint-Louis des Français, Fort-James puis Bathurst des Anglais, confirment tous cette règle. Carabane ne connut pas les heureuses destinées de quelques-unes de ses rivales, sans doute, à cause de l'heure tardive de sa fondation.

Dès que commença la pacification du continent, fonctionnaires et commerçants quittèrent à l'envi les sables insalubres ou trop étroits des îles, chaque fois du moins que des installations, trop coûteuses pour être abandonnées, ne les y retinrent pas.

Carabane à peine née, avait du reste vu naître Sedhiou dans le haut de la rivière ce second poste n'étant accessible qu'aux chalands fluviaux, jouait surtout un rôle administratif.

Nos deux établissements étaient alors séparés par Ziguinchor, possession portugaise depuis la fin du xvi⁰ siècle, où vivaient quelques nègres baragouinant un sabir créole. Ces gens continuaient plus ou moins ouvertement l'œuvre des négriers anciens; nous n'en respections pas moins la fiction diplomatique grâce à laquelle une caricature d'administration européenne sévissait dans cette ombre de colonie portugaise.

Les intrigues des noirs de Ziguinchor faillirent nous empêcher de nous étendre même sur la rive droite du fleuve qui, peuplée de Diolas fétichistes, n'avait jamais été sans doute soumise à ces rivaux ridicules, malgré les assurances formelles qu'ils nous en donnaient. Dès que la jonction entre nos deux postes fut effectuée par la rive droite, nous devions être fatalement amenés à réclamer des Portugais la possession complète de l'autre côté du fleuve. Ils ne tiraient eux-mêmes aucun parti de cette fraction minime de leur domaine, enfoncée comme un coin au milieu de nos territoires ; cependant leur seule présence nous empêchait de mettre chez nous l'ordre indispensable au commerce comme à la bonne administration de la contrée.

La convention du 12 mai 1886 par laquelle la France

et le Portugal délimitèrent celles de leurs possessions africaines qui étaient limitrophes, notamment notre Sénégal et les rivières du Sud d'avec la Guinée Portugaise, nous permit d'obtenir le bassin de la Casamance tout entier et par conséquent d'englober Ziguinchor dans notre domaine. L'article 1er de cette convention établissait entre autres choses, qu'au nord, une ligne partant du cap Roxo et se tenant à égale distance des rivières Casamance et San-Dimingo de Cacheu, séparerait les deux territoires.

Il était vraiment temps qu'une solution intervienne. Les pourparlers avaient été entamés dès l'année 1883 entre les deux Puissances, à la suite de difficultés nées de la prétention des Portugais de frapper de droits les arachides recueillies dans le haut fleuve et qui, de Sedhiou, descendaient par chalands jusqu'à Carabane. Peu de temps après, une échauffourée provoquée par des noirs portugais avait éclaté à Sindone, village peu éloigné de Ziguinchor. Les incidents se multipliaient du reste, justement pour ce motif que notre mainmise, se faisant plus complète dans la région, le commerce de nos nationaux exigeait chaque jour plus de sécurité et attirait dans le même temps davantage la cupidité de tous les éléments de désordre. Le rapport présenté à la Chambre par le gouvernement, en vue de faire ratifier la convention franco-portugaise, disait donc vrai en affirmant que « du fait de cet enchevêtrement de leurs possessions, il y avait pour les deux pays une source d'incessantes difficultés très préjudiciables au bon accord des deux nations et au commerce de la France qui est considérable dans la Casamance ».

Le même rapport contenait encore la phrase suivante : « Bien souvent, il a fallu châtier (les indigènes) mais nous avons été fréquemment gênés dans la répression par la nécessité de nous arrêter à la limite de l'enclave de Ziguinchor. » Cette phrase, il est vrai, pourrait encore être écrite aujourd'hui, car les coupables, fuyant la justice française, peuvent en effet se réfugier bientôt derrière la frontière. Nous nous arrêtons toujours devant cette barrière morale, à partir de laquelle les noirs ne nous craignent plus et derrière laquelle ils craignent moins encore les Portugais qui sont loin d'être les maîtres chez eux.

Ziguinchor, comme on le voit, n'a pas été fondé par nous; nous pouvons cependant assurer qu'il nous doit la vie.

Les Portugais s'y seraient installés dans les dernières années du xvie siècle; ils n'y avaient dû dresser qu'un fortin de boue et de madriers dans les solides magasins duquel on entassait le bois d'ébène pris chez les Bagnounks des environs et plus tard chez les Diolas d'en face. Rien n'existait plus de ce premier établissement quand ses créateurs nous le cédèrent.

Ziguinchor que d'aucuns prononcent « Séquinchor » signifierait dans un des dialectes locaux, le « lieu où l'on pleure » ; ce mot résume tragiquement en effet le passé le plus lointain de cette escale dont l'adolescence actuelle présage une belle et longue existence. Oui certes, on devait pleurer souvent sur cette terre d'argile, sous ce ciel d'où chaque jour s'épandait une chaleur lourde. On y devait pleurer fréquemment dans les réduits obscurs où des êtres humains, entraînés de force hors de leurs villages mis à sac, attendaient des semaines ou des mois, l'arrivée d'une frégate.

L'embarquement sous les coups de garcette devait être d'un désespoir morne. A quoi songeait le troupeau désemparé, lorsqu'on l'entassait dans les cales d'où il ne sortirait plus sinon pour aborder des terres inconnues qu'il lui faudrait fertiliser de ses sueurs d'abord, ensuite de ses os !

Ziguinchor vraiment, méritait bien son nom, mais ce nom n'aurait pas dû désigner qu'un seul point minuscule de l'immense côte d'Afrique.

L'abolition de la traite maritime dans ses colonies décidée par le Portugal en 1836 fut certes un bienfait pour cette région, toutefois l'esclavage n'en subsista pas moins longtemps encore. Les nations européennes n'ont jamais eu le triste monopole d'être seules à posséder des captifs ; aussi les musulmans qui commençaient alors à envahir le bassin de la Casamance devaient-ils continuer, sinon aggraver, durant de longues années, les horreurs des deux siècles précédents. Les noirs très vaguement lusitanisés qui s'étaient à la longue collectés à Ziguinchor et prétendaient y représenter l'élément portugais, continuaient au surplus à tirer leur subsistance du travail des captifs. Ils les occupaient à la culture de leurs rizières conquises petit à petit sur la forêt.

Ziguinchor lui-même, à cette époque et jusqu'au moment de l'annexion à la France, présentait un aspect bien éloigné, non pas seulement de ce qu'il est devenu, mais aussi de ce que nous nous figurons devoir être une escale européenne.

On n'y faisait qu'un commerce du riz récolté dans les villages environnants. Le village se composait d'une quarantaine de grandes habitations en pisé dont les murs, formant un vaste rectangle couvert d'un toit de chaume, délimitaient un espace divisé en plusieurs pièces toutes reliées par un couloir étroit. De rares et minuscules ouvertures laissaient, comme à regret, parvenir un peu de lumière aux habitants de ces maisons toutes plus sales les unes que les autres.

Les hôtes de ces taudis sordides se paraien de noms glorieux à croire qu'ils accaparaient tout l'armorial de Lisbonne. Leur peau, leurs traits étaient de nègres, quelques-uns portaient cependant à la lèvre supérieure quelques poils hérissés, dernier signe d'un mélange lointain de race, mais leur mentalité n'avait plus rien d'européen. Ils se disaient catholiques et parlaient entre eux un patois où se devine la langue de Camoëns. Les vêtements disparates et crasseux, dont ils couvraient leur anatomie souvent déplaisante, avaient moins de trous que leur âme enfantine ne contenait d'orgueil. Des mulâtres très foncés, en petit nombre, venus de Cachéo, de Bissao ou de Boulam, représentaient seuls la métropole lointaine et ignorée. Comme aujour-d'hui dans les républiques nègres d'Amérique, les habi-tants de Ziguinchor, livrés à eux-mêmes, passaient le plus clair de leur vie à se piller et à se battre. Deux partis se partageaient d'ordinaire la population, cependant peu nombreuse, l'un d'eux auquel appartenait le « gouverneur » tua ou blessa, c'était en 1861, quarante de ses adversaires. Les survivants terrorisés, s'enfui-rent dans la brousse.

Le commerce extérieur était arrêté grâce à des droits prohibitifs dépassant parfois le quart de la valeur des marchandises. Non contents de ces luttes intestines, les gens de Ziguinchor nous suscitaient, comme on l'a vu, les pires difficultés ; ils allaient même jusqu'à interdire l'entrée de leur escale à nos bateaux. Leurs moyens d'action n'étaient heureusement pas en rap-port avec leur désir de nous nuire !

L'exploitation des lianes à caoutchouc des forêts voisines dont, pour la première fois, une tonne environ fut exportée en 1883, commença juste en même temps que nos négociations avec le Portugal pour la cession de la Casamance tout entière. Nos peu désirables voisins allaient donc, par bonheur, être évincés de la rivière juste au moment où s'affirmait sa grande valeur économique. Un seul Européen vivait alors dans l'escale, il était d'origine savoyarde et devait souvent faire preuve d'autant de patience que d'énergie pour maintenir ces noirs dans le respect qui lui était dû.

Notre occupation de Ziguinchor ne devint effective qu'après la fièvre jaune de 1900. Cette épidémie tua tous les blancs de Carabane. C'est alors qu'on installa notre administrateur dans l'ancien bourg portugais où déjà les grandes firmes sénégalaises s'étaient fixées et accaparaient les terrains en bordure du fleuve. Une fois de plus en effet, l'administration ne fit ici que suivre le commerce. Le lieutenant Lambin, nommé un peu plus tard administrateur de Ziguinchor, y commença une œuvre de voirie qui vient d'être presque achevée l'an passé. Aussi le Zinguinchor d'aujourd'hui ressemble-t-il fort peu à la station portugaise d'antan.

On aborde généralement l'escale par le fleuve, c'est à vrai dire son côté sinon le plus beau, du moins le plus avantageux, comme dirait un commerçant. Les grandes compagnies sénégalaises étalent jusqu'au bord de l'eau la succession des vastes bâtisses couvertes de tuiles de leurs succursales. Un certain mouvement de batellerie anime la rivière, surtout lorsqu'un grand vapeur s'apprête à faire escale. Ce sont de rares « faya » natives, creusées dans un tronc d'arbre, étroites, instables et lentes ; ce sont surtout des embarcations européennes d'une belle variété, depuis le côtre à voile si commun sur toute cette côte et dans les fleuves sénégalais, jusqu'à la pétrolette dont le moteur à explosion introduisit, voici cinq ou six ans, le facteur « vitesse » ignoré jusque-là, dans les prévisions des voyageurs.

Un warf prolonge pour chacune de ces maisons la cour centrale autour de laquelle s'alignent les divers bâtiments nécessaires au commerce. C'est donc le tableau ordinaire de toutes les escales sénégalaises qu'on retrouve encore ici. Mais si d'aventure on a pris passage sur un vapeur qui vient effectuer quelque opération dans le port, on peut assister à un spectacle peu banal. Je n'ai vu cette scène qu'une fois ; s'il était besoin de rafraîchir mes souvenirs trop flous, je pourrais me remettre sous les yeux une photographie que je pris trois ou quatre fois de suite, malgré la pénurie de plaques où je me trouvais à l'état chronique, afin d'être certain de ne pas l'avoir manquée.

Dès que mes yeux purent distinguer la vaste cour de l'immeuble au warf duquel nous devions accoster, ils remarquèrent deux énormes masses noires et mouvantes, répandues à l'ombre de grands fromagers. Je me demandais d'abord ce que cela pouvait être. Un peu de temps après, je reconnus des indigènes debout, serrés, tassés les uns contre les autres, au nombre de cent ou deux cents pour le moins. Quelques tours d'hélice encore, et je m'aperçus que ces indigènes étaient tous des femmes. Il y en avait de vieilles, décharnées, aux longs seins pendants, il y en avait d'autres dont les poitrines abondantes cascadaient jusque sur un ventre passablement bedonnant, d'autres enfin, ce n'étaient pas les moins nombreuses, étalaient à tous les regards une plastique irréprochable, ou bien, sur des hanches maigres, un thorax étroit au milieu duquel commençaient à pousser deux seins menus tout en boutons. Si les corps n'avaient d'ordinaire rien de déplaisant, et l'on en pouvait fort bien juger car peu d'étoffes recouvraient les plus secrets des charmes de ces femmes, les têtes soutenues par leurs épaules n'étaient pas dignes de ces bustes. C'étaient uniformément des faces simiesques où s'ouvraient des bouches énormes, garnies de superbes dents, enchâssés dans des lèvres lippues au-dessus desquelles s'écrasaient des nez camus aux narines largement ouvertes.

Mon navire accosta, les femelles, n'est-ce pas le nom qui convient le mieux ? auxquelles l'équipage, les marins sont toujours galants, faisaient quelques gestes de bienvenue, répondaient en ouvrant leurs bras, en ouvrant davantage si c'est possible leurs bouches formidables ; les jeunes, plus exubérantes, gigotaient même sur place en notre honneur. Un blanc donna un ordre bref, les amazones du travail s'avancèrent sans bruit pour commencer le déchargement des cales. Ce troupeau n'était pas là en effet pour figurer un ballet monstre en notre honneur. Ces femmes venaient plus simplement remplir leur office habituel de débardeurs, à cette époque de l'année où la culture des rizières de leurs époux ne les réclame pas. Elles appartiennent, presque toutes, à la race diola ; or, dans la plupart des tribus de cette origine, la femme constitue la seule bête de somme du ménage ou du moins la première sous le rapport de l'utilité qu'elle présente. C'est elle qui surveille la cuisson du riz, équivalent de notre soupe et de notre pain, mais d'abord elle contribue largement à préparer la rizière. Elle seule, enfoncée dans la boue gluante, bien au-dessus de la cheville, repiqua notamment les jeunes tiges de la précieuse graminée, de même qu'elle recueillit plus tard toute seule les lourds épis mûrs. C'est donc la femme qui fait tout ou peu s'en faut, laissant aux hommes le soin de recueillir au sommet des arbres le vin de palme, ceux fort doux de le boire et de palabrer à perte de vue.

Comme nous réclamons maintenant l'impôt, sinon partout, du moins en beaucoup d'endroits, la femme diola doit encore chercher en dehors de la case ou de la rizière la source de quelques profits monnayés. Le déchargement des bateaux ou leur chargement ainsi que d'autres travaux de force, généralement dévolus ailleurs aux mâles, lui reviennent donc ici de droit.

Les lois sur le travail promulguées dans la métropole n'ont, bien entendu, pas cours sur les bords de la Casamance ; mais, comme l'esprit simpliste des indigènes ne s'accommoderait pas de prix différents payés selon l'importance des services rendus, les employeurs se contentent d'éliminer du troupeau féminin qui s'offre, toutes les bêtes, que dis-je, toutes les unités à bout de souffle ou toutes celles qu'un excès de jeunesse rend trop faibles pour supporter un travail pénible.

Je semblais prendre tout à l'heure les femmes diolas pour des animaux. Qu'on ne m'impute pas à crime cette erreur bien excusable !

Les pauvres femmes rappellent en effet par leur passivité, par leur ignorance, par toute leur cérébralité rudimentaire les animaux de nos fermes. Elles sont cependant, je le sais bien, nos sœurs inférieures hélas, combien inférieures et pour combien de temps !

On débarque toujours à Ziguinchor par le moyen d'un warf composé, selon la mode sénégalaise, de troncs de rôniers enfoncés dans la vase du fleuve. L'un de ces warfs appartient à la colonie qui, non sans peine, trouva auprès de l'église un petit coin de berge n'appartenant encore à personne. L'escale tout entière était alors isolée du fleuve par les bâtisses des grandes maisons de commerce. Cet accaparement de la rive datait des premières années de notre prise de possession, alors que l'administration, sans doute inconsciente de l'avenir de la région, n'avait encore su former aucun projet. Cette faute initiale fut réparée plus tard, dans la mesure qui restait possible, grâce aux progrès réalisés par le bourg naissant.

Si on laisse à sa gauche l'église catholique aux allures de vaste grange, on peut suivre une étroite rue mal tracée, parallèle au fleuve qui, dans ses quelque cent mètres de longueur, traverse tout ce qui subsiste encore du vieux Ziguinchor portugais. Cela se borne à cinq ou six de ces immenses cases rectangulaires que je décrivais précédemment. Lorsque le lieutenant Lambin décida de nettoyer l'escale, il y a quelques années, il offrit aux propriétaires de ces habitations des terrains beaucoup plus vastes, dans un des deux villages indigènes construits à l'orée de la forêt, qu'un demi-kilomètre à peine séparait des rives du fleuve. Certains acceptèrent et l'on put déjà éventrer le quartier portugais de voies régulières.

Ziguinchor demeurait sale, mais il s'aérait et prenait, si j'ose dire, par sa régularité nouvelle, figure de ville européenne tandis que précédemment, il ressemblait plutôt à un village nègre grâce à l'enchevêtrement de ses constructions desservies par un étrange fouillis de passages étroits et sinueux. L'administration avait logé ses représentants derrière ce quartier et un peu loin de lui. Une des deux bâtisses construites par elle constituait même un véritable chef-d'œuvre d'incohérence architecturale. Son auteur ne pouvait invoquer qu'une excuse: Il n'était pas du bâtiment! La forêt commençait à quelques mètres derrière cette prétentieuse et inhabitable bâtisse et elle, du moins, offrait aux yeux un spectacle magnifique. Son riche sol d'argile mêlée de sable dans lequel une nappe d'eau peu profonde assure une constante humidité, entretenait une exubérante végétation. Des essences variées mêlaient à vingt mètres de hauteur la verdure quasi éternelle de leurs cimes tandis qu'à l'abri de cette voûte, vivante et immuable cependant, toute une foule d'arbustes et de lianes emmêlées formaient, dans une température humide de serre chaude, un sous-bois presque impénétrable. Quelques palmiers éléis groupés par bouquets ou bien des phénix broussailleux, parfois encore des bambous, jetaient une note exotique dans cet inextricable fouillis de végétations.

Cette forêt, la plus belle « soutou » de la Casamance, est immense au surplus, car elle s'étend, en arrière, plus loin que le fleuve Cachéo et vers l'est ou l'ouest, sur des lieues d'étendue, couvrant d'une part le Balantacounda et de l'autre le pays bayotte.

Un petit hameau peuplé de clients des Portugais empiétait alors un peu sur la forêt, et tel était l'état de Ziguinchor, voici trois ou quatre ans à peine.

Après qu'un gouverneur se fut décidé à pousser jusque-là, l'évidence qui vraiment crevait les yeux, pour employer une expression populaire, cessa d'échapper à l'attention parfois bien distraite, de l'administration de Saint-Louis, et l'on décida de faire un effort au profit de l'escale. Elle venait en 1907 d'être promue au rang de chef-lieu du cercle, il fallut donc, pour employer le style figuré, desserrer ses langes. L'espace ne manquait pas et l'on pouvait sans peine donner à la nouvelle Ziguinchor autant d'air, autant d'espace qu'il pouvait lui en falloir. On envoya dans ce but un agent technique, commis des travaux publics, qui d'abord traça sur le terrain un plan dont voici les caractéristiques. L'escale se prolongerait le long du fleuve, en amont du warf administratif, puis elle s'avancerait à l'est vers la forêt, couvrant les rizières portugaises dont ses rues droites éventraient les sillons. Enfin le tout devait être entouré d'un boulevard qui formerait avec le fleuve une sorte de quadrilatère. On construisit ensuite, à grand renfort de ciment armé, de nouvelles bâtisses administratives d'un style très rationnel et l'on réserva autour d'elles des espaces plus ou moins vastes pour les futurs jardins. Le terrain, je le disais tout à l'heure, ne manquait pas, les Portugais étaient sans doute maîtres de leurs cases et de leurs rizières qu'il fallait payer avant de les en expulser, mais le prix du mètre carré de terre n'est pas le même, on doit s'en douter, à Ziguinchor et dans les entours de la Madeleine. Et cependant on perça les nouvelles rues, comme on réserva l'emplacement des jardins, avec une parcimonie ridicule. Le commis des travaux publics devait avoir pris comme modèle une de ces petites localités de la banlieue parisienne où les espaces de cinq cents mètres carrés sont déclarés immenses, où un hectare de terre d'un seul tenant se baptise parc et se lotit entre un cent d'épiciers retraités ou de garçons de bureaux encore en exercice. Le commis, s'il fut seul responsable de ce plan, manqua donc d'intelligence, en même temps qu'il fit preuve d'une remarquable ignorance des besoins de la vie coloniale, mais la faute commise ne revient-elle qu'à lui seul et l'administrateur de Ziguinchor ne fit-il pas preuve d'une réelle indifférence vis-à-vis des intérêts généraux de son chef-lieu de cercle ?

Peut-être encore d'autres coupables pourraient-ils être cités à la barre de ce tribunal dont les sentences comptent si rarement et qu'on nomme l'Opinion Publique? Plutôt que de les rechercher, voyons le pourquoi de cette sévère appréciation !

Un simple coup d'œil suffit pour démontrer que les rues percées dans la nouvelle ville sont d'une largeur insuffisante. On voulut en effet les ombrager quelque peu et, pour ce faire, on y planta de jeunes arbres qui, lorsqu'ils auront grandi, mangeront à eux seuls presque toute la chaussée. Qu'importe si deux voitures ne pourraient guère y passer de front, dira-t-on, puisqu'on ne compte jusqu'ici pas plus d'un de ces véhicules dans la station ! Mais ne faut-il pas prévoir quand on veut bien administrer ? L'essence choisie fut cependant le cocotier qui n'est pas trop encombrant. Son tronc lisse conserve une sveltesse élégante. Là ne se bornent pas les avantages qu'il présente, car il plaît à l'œil avec son bouquet de palmes jetées dans tous les sens à huit ou dix mètres de hauteur. Il donne de plus trop peu d'ombre pour transformer la rue en un couloir humide et sombre. Le choix n'était donc pas mauvais. On aurait cependant pu trouver, même sur place, d'autres espèces, de poussée plus rapide, surtout dans le sol un peu lourd de Ziguinchor, et d'aspect tout aussi agréable. N'ergotons cependant pas trop là-dessus. Le choix des arbres importerait peu, si la largeur des rues était suffisante, ou plutôt si elle le demeurait ; car, aujourd'hui, il faut en convenir, jamais la circulation qui se fait par les artères de l'escale n'arrive à les encombrer.

Blancs, dignes sous leur casque, noirs portugais d'aspect crasseux, malgré la teinte foncée qu'ils doivent à la Providence, ou Diolas peu vêtus, ne se rencontrent jamais, ensemble ou séparément, en très grand nombre, à n'importe quelle heure que ce soit, dans les rues de Ziguinchor.

L'animation certes est plus grande à Santiaba où tout le monde vit beaucoup dehors comme on fait dans notre Midi, où les femmes vont bavarder autour des puits tandis que les hommes palabrent au milieu de la chaussée, où parfois même passe, d'une allure coloniale, un troupeau de bœufs rentrant au parc pour la nuit.

Quoi qu'il en soit et les rues existant telles qu'elles sont, il ne s'agit plus que de bâtir des maisons sur les emplacements délimités. Ce mouvement s'esquisse à la vérité sans hâte ni folle précipitation. J'ai vu parmi les quelques constructions commencées ou achevées, le home d'un noir akou, venu de Sierra-Leone jusqu'ici pour exercer son métier de tailleur. Comme celle du sage, sa maison n'est pas grande, elle se compose de deux pièces seulement et possède une toute petite cour que bordent les dépendances, cuisines et magasins. Elle se complète même d'un minuscule jardin où deux pieds de bananier, à l'étroit, ne laissent plus d'espace pour les légumes coutumiers. Tout cela est propre, aussi bien tenu, ma foi, que l'intérieur d'un ouvrier soigneux de chez nous, car nous possédons encore des ouvriers soigneux !

J'avais vu beaucoup d'Akous à Saint-Louis ou à Dakar, ils constituent dans ces villes et sauf exception, une catégorie de la population indigène peu recommandable malgré le vernis européen dont ont su les couvrir leurs éducateurs britanniques. Ces Akous, cordonniers ou tailleurs d'ordinaire, sont tous ivrognes par-dessus le marché ; la plupart sont aussi fort sales, quelques-uns même ont d'autres vilains défauts et pratiquent par exemple, certaines professions peu avouables, qui s'accordent mal avec le puritanisme protestant. J'avais de ce fait une assez triste opinion

de l'œuvre anglaise de civilisation des noirs. Je croyais
seulement leurs élèves un peu plus hypocrites que les
nôtres. Porter notre veston ou notre pantalon me semblait être de leur part un mensonge de plus. J'ai revu
les Akous depuis lors dans leur cadre réel, j'ai dû
reconnaître qu'ils étaient bien supérieurs à nos noirs,
même à nos plus vieux « gourmets » de Gorée ou de
Saint-Louis, qui ont peut-être trois générations derrière eux de christianisme et de civilisation. Cela ne
veux pas dire que les Akous soient voisins de la perfection ! Pour en revenir au tailleur de Ziguinchor, cet
indigène m'avait paru appartenir à une catégorie
sociale noire assez relevée. Que Dieu me pardonne si
je me trompe ! et je me suis surtout ébaubi de ce fait
que sans servilisme ni protestations exubérantes, cet
homme était avec moi comme avec les autres blancs,
d'une politesse parfaite.

Non loin de cette modeste case, se bâtissait en bonne
position, à l'entrée du chemin de Santiaba, une belle
construction en briques soutenue par des poutres de
fer. Plusieurs noirs dirigés par un Européen qui mettait lui-même le plus souvent la main à la pâte, travaillaient sur ce chantier et du train dont on allait la
maison devait certainement s'achever pour les pro-
chaines pluies.

Le chef du chantier était, je l'appris bientôt, propriétaire de la maison. Cet entrepreneur d'occasion avait
exercé naguère en France la profession de cultivateur.
Émigré sur les bords de la Casamance, il y fut commerçant, ce qui ne l'empêchait pas, maître Jacques
idéal, de devenir tout ce qu'il lui fallait être, tantôt
architecte ou tâcheron, tantôt ingénieur ou marin. Ce
compatriote a même su fonder une nombreuse famille,
ce qui chez nous n'est pas à dédaigner par le temps

qui court. Il a obtenu, non pas grâce à ces divers métiers car il n'en exerce qu'un seul d'ordinaire, celui de commerçant, une aisance qui sans être très large, suffit à le contenter. Il était depuis longtemps propriétaire foncier, quelque part, sur les bords de la rivière; voici qu'il possède aujourd'hui pignon sur rue dans Ziguinchor. Ces résultats dont il a la sagesse de se contenter paraîtront modestes à beaucoup à cause de la somme des efforts accomplis. Ils n'en sont pas moins magnifiques si l'on veut bien ne pas perdre de vue le point de départ du bénéficiaire. Voilà un exemple, il s'en trouve beaucoup de ce genre, de ce que font nos compatriotes dans nos colonies. Ils savent souvent y faire merveille, malgré les obstacles accumulés sur leur chemin par la nature ou par les hommes !

L'œuvre administrative ne s'est pas bornée dans Ziguinchor à l'ouverture de rues étroites et à l'édification de quelques cases pour les fonctionnaires, je gardais pour la bonne bouche la description de son chef-d'œuvre ! On va peut-être penser que je parle surtout en médecin, tant pis si j'aggrave mes torts en insistant: c'est à l'hôpital-dispensaire que s'adresse mon qualificatif louangeur.

Je ne crois pas, d'accord avec beaucoup de bons esprits, qu'il existe un meilleur moyen d'apprivoiser des populations primitives que celui de mettre à leur disposition des médecins, des médicaments et des hôpitaux. A tout seigneur tout honneur, c'est à M. Roume, l'ancien gouverneur général qui de longtemps ne sera pas oublié en Afrique Occidentale, que nos colonies de la côte doivent la création d'un service d'assistance médicale réservé aux indigènes. L'établissement hospitalier de Ziguinchor ne date que d'un peu plus de deux ans; aussi sa clientèle n'est-elle pas encore aussi nombreuse qu'elle pourrait être. Elle se recrute seulement aujourd'hui parmi les noirs au service de l'administration ou des particuliers, Ouoloffs, Akous ou Portugais, en somme parmi les éléments « importés » de la population. Les Diolas et les autres noirs autochtones ne viennent pas encore. « Couly, Couly », disaient-ils naguère aux blancs qui leur faisaient signe d'approcher. Ils ont toujours peur de nous, de nos médecins comme de nos collecteurs d'impôts ou de nos soldats, mais patience, l'apprivoisement se fera bien un jour et certes le médecin y saura largement contribuer !

En attendant, l'hôpital-dispensaire de Ziguinchor étale ses constructions neuves, solides et proprement alignées le long du boulevard circulaire de la ville, tout auprès de la forêt qu'on a dû entamer pour lui faire plus large place et qui ne reculera que trop vite et que trop loin, avant qu'il soit longtemps ! Les constructions diverses qui composent l'établissement sont suffisantes sans qu'on puisse le moins du monde taxer leurs auteurs de prodigalité. Elles comprennent seulement de quoi hospitaliser à demeure une dizaine de malades, parmi lesquels deux Européens. Qu'on ne trouve pas ce chiffre insuffisant, car on a surtout voulu créer plutôt qu'un hôpital un dispensaire pour des malades, venus du dehors et demeurant chez eux. Le personnel se compose tout juste des éléments indispensables, c'est-à-dire d'un médecin et d'un infirmier. L'administration a très convenablement logé le médecin, ce qui est fort bien. Les médecins qui exercent dans nos colonies d'Afrique forment depuis plusieurs années deux catégories très distinctes : la première se compose d'officiers du corps de santé des troupes coloniales, l'autre se recrute, par voie d'engagement individuel et après examen, parmi les médecins civils de la métropole. Les premiers et les seconds se valent comme dévouement et comme savoir, mais qu'on me permette, en passant, cette critique à l'adresse des médecins militaires, les premiers arrivés sur la côte. Hiérarchisés et formant bloc, ils n'ont pas toujours témoigné vis-à-vis de leurs nouveaux collègues civils des sentiments confraternels. La froideur, pour parler par euphémisme, avec laquelle ils les ont souvent accueillis, était d'autant plus facile à sentir et dure à supporter qu'aux seuls médecins militaires ont été réservées jusqu'ici les hautes places de direction, voire même les postes les mieux rétribués.

Le Service de la santé s'est cependant attaché à obtenir des pouvoirs administratifs qu'on accorde une habitation convenable aux médecins, presque tous civils, des nouvelles formations sanitaires de la brousse. Il faut l'en louer d'autant plus hautement que, jusqu'ici, l'administration n'avait pas toujours, pour les médecins de quelque origine qu'ils soient, des égards en rapport avec leur valeur sociale et les services qu'ils peuvent rendre.

On peut conclure de toute la longue description qui précède, que Ziguinchor est vraiment un centre favorisé. Il ne lui manque rien, puisqu'il possède hôpital, écoles, église dont les plus fervents fidèles sont toujours les noirs portugais, voire même places, rues et boulevards bien tracés. Vraiment Ziguinchor serait un séjour délectable si son climat ne rappelait pas trop exactement, d'un bout de l'année à l'autre ou peu s'en faut, la température d'un four qui serait humide par-dessus le marché. Comme je le disais précédemment, l'escale ne compte pour ainsi dire plus aujourd'hui d'habitants indigènes vivant auprès des trente ou quarante Européens que leurs fonctions ou leur commerce retiennent dans ce séjour pénible.

La plupart des Portugais notamment, ont émigré dans un village tracé pour eux à une assez grande distance du quartier européen. Aussi Santiaba s'est-il constamment accru dans le cours de ces dernières années. Certains indigènes donneraient, paraît-il, à ce faubourg un surnom bizarre que j'arrange un peu pour ne froisser aucune susceptibilité, quoique les coloniaux bravent héroïquement la civilité puérile et honnête, sans toutefois parler latin le moins du monde !

Donc Santiaba se dirait aussi « F…iche-moi le camp ».

Cela ne proviendrait pas, comme on pourrait croire, d'une étrange altération de mots mais plutôt de ceci : Les indigènes, qui sollicitaient de l'administrateur l'autorisation de demeurer à Ziguinchor pour s'éviter l'ennui de transporter leurs pénates jusqu'à Santiaba, obtenaient d'ordinaire une réponse concise, toujours la même et ne prêtant guère à l'équivoque. Cette expression, d'apparence si peu parlementaire qu'il est désirable de ne jamais la voir figurer sur les cartes du cercle, ne provoquait au surplus aucune récrimination de la part des intéressés, car elle était dite sans méchanceté. Le « commandant » l'employait, si j'ose dire, par réflexe ; or les noirs ne sont pas à cheval sur le protocole. Leur vanité si grande cependant, au point qu'elle caractérise la race autant que peut le faire la couleur, leur vanité accepte sans peine les expressions les plus énergiques, pourvu toutefois qu'elles soient employées à juste titre et autant que possible en tête à tête, sans témoins qui puissent d'abord se moquer, ensuite raconter la scène à tout le monde.

« Fiche-moi le camp » ou plutôt Santiaba commence

à compter, parmi d'autres moins confortables, un certain nombre de belles cases indigènes et, là du moins, la place ne manque pas. Cependant, et c'est un phénomène que ne prévit sans doute pas son créateur, ce faubourg noir tend, dès aujourd'hui, à se rapprocher de l'escale européenne. Rien, avant qu'il soit longtemps, ne séparera les deux agglomérations. Ainsi se confirmera, une fois de plus, cette règle presque générale au Sénégal, d'après laquelle les plans, les plus attaqués et les plus qualifiés de mégalomanie, paraîtront avoir été fort mesquinement tracés, non pas à nos arrière-neveux, mais à nous-mêmes dans un court espace de temps. Santiaba jeté loin dans la brousse, presque à l'autre bout du monde au dire des Portugais noirs qu'on y exilait, sera donc bientôt rentré, cases et habitants, dans l'enceinte de la ville, si toutefois le mouvement actuel continue. Il en sera de même un peu plus tard pour Boukotte. Ce dernier vocable, d'allure fantaisiste, désigne une autre agglomération noire formée en pleine forêt au sud-ouest de la première. Des émigrés venus des diverses régions voisines peuplent ce second faubourg en voie, lui aussi, de rapide extension. Comme les arbres gênaient les nouveaux arrivants pour établir leurs cases, ils devaient d'abord en abattre quelques-uns. Aussi des clairières se sont-elles ouvertes peu à peu au milieu du « soutou » primitif, ces clairières gagnent les unes sur les autres au point que Boukotte deviendra sans doute un village semblable à tous les autres, qu'ombragent seulement de loin en loin des fromagers aux troncs garnis d'épines. A cette époque prochaine hélas, la forêt qui primitivement enserrait les vieilles cases portugaises entre ses limites ombreuses et la berge du fleuve, se sera éloignée à perte de vue. L'hygiène y gagnera certainement, mais la beauté et l'étrangeté du paysage sera détruite sans retour!

D'où peut provenir cet afflux de population vers notre grande escale de la Casamance? De nombreuses causes en vérité. Notre présence assure d'abord à tous une sécurité qui n'existe nulle part ailleurs aussi complète. Et puis les nombreuses maisons de commerce de l'escale ont besoin chaque année d'un plus grand nombre de travailleurs, surtout pour manipuler les arachides venues par chalands de la haute rivière. Ces « pistaches »,dont le cercle fournit environ dix mille tonnes, sont centralisées à Ziguinchor d'où on les embarque pour l'Europe. Les besoins croissants de main-d'œuvre expliquent donc l'affluence des indigènes de la brousse dans nos postes commerciaux de la côte. Un phénomène analogue mais plus complexe pousse les paysans de chez nous à déserter les campagnes pour émigrer dans les villes. Le surpeuplement des grands centres de notre Afrique deviendrait plus déplorable encore que n'est chez nous le phénomène analogue, s'il devait atteindre certaines proportions. Nous sommes encore fort éloignés de ces périls et si, par exemple, les noirs qui viennent à Ziguinchor sont pour la plupart perdus pour l'agriculture, du moins pouvons-nous les considérer comme gagnés, jusqu'à un certain point, pour la civilisation. Cet afflux de populations, venues de cantons parfois mal soumis vers Ziguinchor, est d'autant plus remarquable que si notre administration assure au moins dans l'escale une parfaite sécurité, par contre elle exige le paiement d'impôts réguliers que jusqu'ici personne n'avait osé lever dans la région.

Or les quatre francs que les autorités françaises réclament de tout adulte constituent pour les chefs de famille indigènes une très lourde charge. Il est vrai qu'on peut se demander aujourd'hui quelles contrées bénies sont à l'abri de tout impôt!

Nos voisins, les Portugais eux-mêmes, prétendent collecter chez eux des contributions annuelles. S'ils n'y réussissent pas toujours, du moins ceux qu'ils prennent paient-ils pour les contribuables récalcitrants!

Aussi trouve-t-on, notamment à Boukotte, un certain nombre d'indigènes dont l'habitat primitif se trouvait de l'autre côté de la frontière tracée dans la forêt à trois ou quatre lieues derrière Ziguinchor. Un peu plus loin que Boukotte, derrière quelques rizières et quelques bouquets d'arbres, s'est justement formé de cette façon tout un hameau nommé Mankagne que peuplent des Brahm. Ces gens appartiennent à une tribu très douce, très pacifique et travailleuse, car ses rizières sont généralement fort bien tenues et qui, de plus, aurait atteint un certain degré de civilisation. Le D' Maclaud, l'ancien chef de la mission de délimitation de la Casamance, m'affirmait même que les Brahm possédaient un alphabet rudimentaire. Des fusils, de la poudre et le goût de se servir de l'une et des autres, auraient été plus utiles à ces malheureux noirs qui ont dû fuir sur notre territoire, chassés du leur par les exactions de nos voisins et les pillages de leurs auxiliaires.

L'établissement de cette population chez nous ne date que d'hier, aussi n'est-elle pas encore bien fixée à Mankagne.

Ces Brahm sont très curieux à visiter; il n'est pas jusqu'à leur anatomie, elle se révèle facilement car ils n'abusent pas des vêtements, qui ne frappe les visiteurs de leur village. Ils se couvrent en effet le corps de tatouages rectilignes et les petites incisions nécessitées par ces tatouages occasionnent souvent des séries parallèles de ces bourrelets de chair nommés chéloïdes par les médecins. Aussi leur torse semble-t-il parfois avoir été sculpté à plaisir par quelque féroce et bizarre artiste.

Leurs cases, ou du moins celles qu'ils ont eu le temps d'édifier à Mankagne, offrent par contre assez peu d'intérêt. Le toit en est, bien entendu, de chaume, les parois sont constituées par un grossier treillis de feuilles de palmier et, comme garde-manger ou magasin, ils élèvent des plates-formes montées sur quatre longs pieux. Grains de maïs et de riz s'entassent là-dessus après la moisson jusqu'à l'année suivante.

Voilà, très détaillés, les divers sujets d'études ou de distraction qu'offre une promenade dans l'escale de Ziguinchor et ses annexes, dont l'agglomération doit compter déjà plus de deux mille âmes. L'œuvre des hommes, comme il est de règle sur la côte d'Afrique, ne vaut pas l'œuvre de la nature et certes la forêt représente la plus belle, que dis-je, la seule partie vraiment belle du spectacle. Qu'on ne se laisse pas trop entraîner par l'admiration loin dans l'ombre épaisse des taillis. Ils se ressemblent tous d'abord, puis leur sécurité laisse quelque peu à désirer. La faute n'en revient que pour une très faible part à la panthère, hôte de ces parages, et l'homme constitue encore, ici comme partout ailleurs, l'ennemi le plus redoutable pour l'homme. Cela doit être dit en passant sans rien exagérer, car les crimes contre les blancs sont excessivement rares dans la région. Encore convient-il de ne pas tenter trop le diable qui se nomme ici le Bayotte. Cet indigène fait partie d'un rameau détaché lui aussi du grand tronc diola et notre influence n'est pas encore absolument assise dans son petit territoire, resserré entre les deux fleuves Cachéo et Casamance, que la frontière divise en deux parts égales, absolument identiques l'une à l'autre. On se trouve là en pleine « Soutou », uniformément peuplée d'arbres souvent tassés, emmêlés ensemble. Les rangs serrés de cette armée sylvestre, répandus sur des lieues de terrain, s'ouvrent parfois en de larges clairières aménagées par l'homme pour ses cases et ses cultures. Là seulement le soleil peut darder ses rayons qui ne pénètrent pas ailleurs et sa chaude lumière s'y joue librement jusqu'à l'orée de la forêt, à travers les ultimes branches chargées de feuilles qui dessinent sur le tapis gris sombre du sol des arabesques d'or. Plusieurs marigots sillonnent le pays bayotte ; leurs rives, derrière le rideau des palétuviers, obligatoire accompagnement des eaux saumâtres, se couvrent souvent de palmiers éloïs aux fûts droits et sveltes. Ce sont ces sortes de vignes poussées en hauteur, qui, sous les espèces du vin de palme, procurent au Bayotte la plupart des joies que ce philosophe attend du ciel en ce monde. Car l'hôte de ces bois profonds est ivrogne tout autant que ses cousins germains du Fogny ou du Balantacounda. Ses mœurs, au surplus, se confondent presque avec les leurs. Chacune de ces diverses tribus s'est bien à la longue différenciée quelque peu des autres, toutefois qu'un fonds commun subsiste on le retrouve sans peine. Si le Balante se taille les incisives en pointe, ce qui peut-être lui fit en partie sa réputation de férocité, tandis que le Bayotte conserve sa denture dans l'état naturel, cela n'empêche que les deux peuplades en soient demeurées l'une et l'autre au même stade de civilisation. Aussi est-il assez difficile de dire laquelle des deux tribus est la plus arriérée ou, si l'on préfère, la plus réfractaire à notre pénétration, ce qui dans notre esprit revient au même ?

— —

Si peu affiné que soit le Bayotte, il a su toutefois s'entourer de quelque confort barbare. Comme celle de son cousin le Floup fixé vers l'ouest, de l'autre côté du beau marigot de Djéromaît, sa case représente une des constructions les plus habitables de toute l'Afrique. Elle possède même une autre qualité fort appréciable, puisqu'elle constitue, du moins pour des indigènes, une véritable forteresse grâce aux murs épais qui l'enclosent.

Ces murs, faits de solide pisé, sont uniquement percés de petites ouvertures grillagées et d'une unique porte dont le battant se taille à même dans une des côtes qui donnent une si singulière allure aux vastes troncs des vieux fromagers. Toutes les pièces de l'intérieur communiquent entre elles au moyen d'un couloir central, elles sont assez nombreuses et toujours plongées dans une pénombre profonde par suite de l'étroitesse des ouvertures. Des traces de préoccupations artistiques se révèlent cependant sur les murs, sous la forme inattendue de mosaïques de coquillages serties dans l'argile. La case du chef de famille possède même, assez souvent, sur un de ses côtés, une sorte de véranda soutenue par des colonnes de pisé. Ces efforts architecturaux sont-ils une réminiscence de l'influence portugaise? Rien n'est plus possible assurément. A l'agréable se joint l'utile, voire l'indispensable, car une pièce contient une jarre faisant office de citerne que remplit l'eau des pluies tombée sur la toiture et canalisée jusque-là, par le moyen d'un trou percé dans le chaume.

Des gens qui mettent tant de soins à se créer un gîte doivent y tenir beaucoup, aussi doit-on pouvoir facilement s'assurer de leur soumission pensera-t-on peut-être. Cela paraît en effet vraisemblable, mais rien n'est plus faux cependant, comme je le disais tout à l'heure. La raison d'un tel état de choses doit sans nul doute être cherchée dans ce fait que nos représentants dans le cercle n'ont pas toujours prouvé qu'ils possédaient ces grandes qualités des gouvernants, les plus précieuses de toutes, et qui se nomment l'esprit d'initiative et le courage de prendre une responsabilité.

Comment se fait-il que tel village, voisin de Ziguinchor dont le séparent quelque douze kilomètres, puisse encore se permettre, le fait date d'il y a deux ans, d'envoyer à l'administrateur supérieur une somme ridiculement minime, très exactement vingt francs, pour sa contribution de l'année, alors qu'il aurait dû payer deux mille francs d'impôts ?

Ces noirs ne sont pas des pince-sans-rire désireux de faire une bonne plaisanterie. L'administration au surplus est une vieille dame d'aspect assez sérieux, répugnant fort à ce genre de distractions, surtout lorsque s'y mêle une question d'impôts non recouvrés. Si ce village n'a pas craint d'agir ainsi, c'est parce qu'on l'a peut-être menacé quelquefois, mais qu'on ne lui a jamais prouvé que nous pourrions briser sa mauvaise volonté. Quelle est la cause de notre extrême longanimité ? Je la donnais tout à l'heure. C'est parce que l'administrateur n'ose pas réclamer un envoi de troupes, ni provoquer une répression armée contre les délinquants. C'est aussi parce que le gouverneur nourrit fort exactement sur ce sujet la même pensée que son subordonné. Ainsi toujours la crainte des « histoires », remontant d'échelons en échelons jusqu'aux plus hauts sommets de la hiérarchie administrative, paralyse souvent et arrête quelquefois les progrès de nos colonies.

Un respect très naturel m'empêche ici de parler du ministre lui-même qui, partageant d'après la légende, l'état d'esprit de ses fonctionnaires, se refuserait d'ordinaire jusqu'aux extrêmes limites du possible, à assumer devant le Parlement la responsabilité d'une expédition militaire.

Mais je sors abusivement des étroites limites de la verdoyante Casamance et cela n'est pas bien. Je reviens donc vite à mon sujet. Tout n'y est pas parfait ; je crois avoir en passant signalé certaines imperfections de diverse nature et d'importance variée, mais il faut dire que ce pays fut très négligé jusqu'à ces dernières années et que beaucoup de progrès ont été réalisés depuis qu'on s'occupe un peu de lui. Les limites de la Casamance étaient hier encore instables. On n'a procédé au tracé de sa frontière du côté de la Guinée portugaise que de 1903 à 1905. Or, n'était-il pas sage d'achever la maison avant de la meubler ! Depuis que ses limites sont fixées, la Casamance voit chaque jour augmenter sa sécurité. Tous les roitelets d'antan, almamys qui, sous couleur de religion, faisaient la traite des captifs, ou simples brigands de brousse, ont été soumis ou brisés, le Fogny est conquis de même que le pays Floup et celui des Balantes, pour ne citer que les régions connues naguère comme les plus réfractaires à notre pénétration. Les autres cantons sont presque tous pacifiés eux aussi et sans pertes trop sensibles ni dépenses trop considérables.

Voici donc que la partie politique de notre œuvre est presque mise à point. Reste évidemment à compléter la conquête économique, à terminer l'outillage du cercle. Mais Ziguinchor est déjà nettoyé et transformé, le télégraphe le relie au reste de la colonie, quelques routes sont ouvertes de-ci de-là, quelques médecins installés, voire même aussi quelques maîtres d'école, peut-être superfétatoires ! Tout cela représente bien quelque chose et il convient de le dire d'autant plus que l'œuvre est loin encore d'être achevée. Le balisage du fleuve, le dragage de certains hauts fonds qui gênent la navigation, soit sur la rivière, soit même sur quelques marigots secondaires, l'ouverture de nouvelles routes, la création de bacs et de ponts, sans parler de l'introduction de cultures nouvelles et de la propagation d'autres déjà connues, tant de choses encore à tenter, voilà l'œuvre de demain et l'ouvrage ne manquant pas, les ouvriers administratifs, s'ils sont bons, pourront de longtemps ne pas chômer !

Certains parents aiment beaucoup leurs enfants, mais ne se déclarent jamais satisfaits de leurs progrès ; d'autres parents, au contraire, se contentent à très bon compte, leur progéniture en fait toujours assez, d'après eux. L'administration coloniale ressemble parfois à ces derniers ; mais moi, peut-être m'accusera-t-on de trop rappeler les premiers. Or quel droit ai-je d'être si difficile ?

CHAPITRE IX

Au fil de la Casamance

Des élections dans la brousse ; un peuple de sauvages, les Balantes ; nos colons et l'administration ; le royaume de la boue et des palétuviers ; essai de politique religieuse.

Monté à Sedhiou sur la Casamance grâce à des moyens de locomotion perfectionnés, c'est-à-dire avec une rapide pétrolette qui faisait bien ses six nœuds à l'heure, je n'avais rien vu du fleuve, d'abord parce que nous allions relativement vite, ensuite parce que nous nous tenions loin des berges, enfin parce que je pensais mieux voir en revenant.

Sedhiou, premier témoin avec Carabane de nos efforts sur la Casamance, reste à peu près ce qu'il fut dans sa plus grande mais toute relative splendeur. Les tirailleurs de sa garnison sont partis vers des régions moins pacifiées, sa population blanche demeure stationnaire de même que sa population indigène ; il en sera longtemps ainsi, selon toute vraisemblance.

L'escale était jadis peuplée de Sarakolets dont le synonyme Soninké, voudrait dire « ivrogne », appellation dont les intéressés doivent être fort marris en leur qualité de fidèles musulmans.

Toujours est-il que ces Sarakolets diminuent plutôt en nombre par le fait de l'émigration. Les nombreuses peuplades qui vivent sur les bords de la haute et de la moyenne Casamance se déplacent du reste, même à côté des autres noirs, avec une facilité remarquable. tandis que les Sarakolets de Sedhiou vont vers la Gambie, les Sossés de la Guinée émigrent dans le Fouladou voisin ; les Foulahs de cette dernière province auraient également tendance à passer sur le territoire portugais du sud. Ainsi, tout comme dans l'autre, des courants, plus ou moins étendus et parfois contradictoires, agitent la masse immense de l'océan indigène !

On procédait aux élections législatives à Sedhiou quand j'arrivais dans ce poste. C'était même la première fois que s'accomplissait pareille cérémonie ; elle se déroula sans incidents d'aucune sorte. L'administrateur se tenait avec son adjoint dans la salle d'école ; celle-ci occupe le rez-de-chaussée de l'ancien poste militaire, ce qui me parut confirmer une fois de plus le vieil adage cicéronien :

Cedant arma togœ !

Lorsque les électeurs de sa résidence furent réunis devant lui, ils étaient tout juste treize, l'administrateur constitua péniblement un bureau qui, dans l'espace de quelques secondes, reçut les bulletins, compta le nombre des voix et proclama les résultats acquis. Bureau et électeurs formant bloc, allèrent prendre ensuite un apéritif sous le couvert des grands caïlcédrats, des énormes fromagers et des superbes n'taba qui submergent la vaste place du marché sous leurs épaisses frondaisons. Et ce fut fini.

Il n'est pas inutile d'ajouter que tous les électeurs étaient européens. Aucun indigène, même natif des quatre vieilles communes sénégalaises dont cependant les habitants possèdent le droit de voter, n'est en effet, dans les petites escales de la colonie, admis à l'honneur immérité d'influer, par le dépôt de son bulletin, dans l'urne, sur les destinées nationales de la France.

Une telle façon de procéder paraîtra peut-être illogique en même temps qu'injuste à quelques-uns de nos compatriotes, férus du grand mais parfois bien funeste principe de l'égalité des races. Cela ne fait rien à la chose et surtout cela ne peut rien changer aux prescriptions du décret de 1909 qui règle le mode de votation dans les escales de la colonie.

L'autorité compétente, pour parler le jargon administratif, s'étonna justement un jour de ce fait qu'un certain nombre de nos compatriotes se trouvaient privés des droits de vote pour le seul motif qu'ils n'habitaient pas certaines localités de la colonie. Or la grande majorité des électeurs inscrits dans ces localités sont des indigènes qui ont conservé leur statut personnel et par conséquent n'obéissent à aucune de nos lois. L'autorité fit alors cet acte de justice de permettre à nos compatriotes de la brousse d'exercer leur droit naturel de citoyens, sans avoir à effectuer des déplacements coûteux ; mais elle eut la sagesse de ne pas étendre le bénéfice de cette mesure, qui serait alors devenue une injustifiable faveur, à ceux de nos sujets sénégalais, pourvus au surplus illégalement, du droit de vote dans leurs villes d'origine.

Je croyais avoir une raison personnelle de me réjouir du spectacle de cette consultation électorale et pourquoi ne l'avouerai-je pas? J'avais, si je ne me trompe, contribué pour mon humble part, en en suggérant l'idée dans un livre paru précédemment, à l'adoption de cette mesure. Et, comme on sait, il n'est pas un seul père de famille qui ne soit disposé à regarder d'un œil favorable sa progéniture, même putative !

La façon toute patriarcale dont les élections se sont faites à Sedhiou, quoiqu'il y eut sept candidats en présence, représente l'idéal facile à réaliser, si l'on avait un peu d'énergie, de la politique telle qu'elle devrait se pratiquer dans nos colonies.

Mais que cet idéal est loin, bien loin des réalités ! L'histoire, durant ces dernières années, de nos vieilles colonies, de la Guadeloupe, de la Martinique ou de l'Inde est là pour prouver combien de progrès nous avons à réaliser dans cette voie.

Pour en revenir à Sedhiou, rien de nouveau n'y était à signaler depuis nombre de décades, sauf cette convocation du corps électoral. Chaque année ajoute seulement quelques branches aux géants végétaux du cours Forichon, ainsi nommé en l'honneur d'un fonctionnaire que les indigènes assassinèrent jadis. Chaque hivernage, y ramène également la traite des arachides venues par chalands de la Haute-Casamance et c'est tout.

..

Aussi ne m'attardais-je pas dans ce poste. Je ne trouvais cependant, pour redescendre le fleuve quand je pris le chemin du retour, qu'une très simple balcinière pourvue d'un mât et d'une voile mais n'employant guère pour sa propulsion, à cause du calme de l'atmosphère, que le moteur à vin de palme, suivant la facétieuse expression d'un spirituel administrateur du cru. On devine que sous ce terme d'aspect scientifique se cache modestement le bon Diola qui, n'étant pas marabout, trouve sa délectation à boire et souvent sans mesure, le jus sucré de ses palmiers.

Ce moteur n'ignore pas la fâcheuse panne que connaissent aussi les autres moteurs, il a de plus toujours ignoré la vitesse, mais la perfection n'est pas de ce monde!

L'embarcation que je devais à la munificence de l'administrateur supérieur de la Casamance était pourvue à l'arrière d'un minuscule faux-pont au-dessus duquel on pouvait tendre une toile formant tente. Son équipage se composait de quatre hommes et d'un capitaine, tous également dépenaillés, fraternellement semblables les uns aux autres. Ils appartenaient cependant à des races très différentes. Deux d'entre eux étaient musulmans, Lebous ou Ouoloffs, un autre Portugais de Ziguinchor qu'un scapulaire graisseux pendu par une ficelle graisseuse sur son torse très noir différenciait seul de ses voisins. Les derniers étaient des diolas fétichistes. Ainsi toutes les races et toutes les religions de la rivière se trouvaient confondues à mon bord. L'équipe, au demeurant, présentait une homogénité parfaite, car une même mentalité très primitive rapprochait sectateurs de Mahom, de Jéhovah ou des Békines. Les uns aimaient peut-être trop ouvertement le vin de palme que les autres buvaient sans doute en cachette, mais tous étaient également gourmands ou paresseux avec ivresse, quand l'occasion s'en présentait. Je ne saurais toutefois en dire du mal, car ils ramèrent avec courage et persévérance durant de longues heures, non certes par amour du voyageur toubab, plutôt pour celui du « bounia » que je leur avais promis. Si l'on voulait chercher les raisons des bonnes actions des hommes, même d'autres que ceux-là, ne leur découvrirait-on pas bien souvent des motifs encore moins nobles?

Je quittais donc Sedhiou dans cette embarcation, à l'extrême pointe du jour. Les rives basses et verdoyantes de la rivière étaient noyées dans l'ouate grise d'une brume épaisse, d'où émergeaient parfois la cime grêle d'un palmier ou celle de quelque géant végétal.

Je ne distinguais que durant la première heure des buées plus ou moins épaisses, accrochées aux arbres de la berge, qu'on apercevait au travers de leurs masses comme la peau d'une femme sous un réseau de dentelles. Puis le soleil se leva, les brumes se dissipèrent et je vis se dresser autour de moi les rives fuyantes et toujours vertes de la rivière.

Une navigation en baleinière sur les fleuves de la côte offre cet avantage, il est unique, d'inciter aux fréquents arrêts, elle permet donc de mieux connaître le pays qu'on traverse. Le touriste, disposant d'une rapide pétrolette, n'aurait eu en effet pas trop de toute sa force d'âme pour résister à la griserie de la vitesse et surtout, peut-être, à l'envie d'aller se reposer sous un bon toit et de s'asseoir à une table plus délicate que celle de l'auberge de la brousse.

J'aurais pu visiter près du marigot de Tanafe, sur la rive opposée à celle de Sedhiou, le village qu'y fonda récemment un frère du fameux marabout mauritanien, Cheik Saad Bou. Cet indigène, marabout lui-même, cela va sans dire, s'est attelé à la dure besogne de convertir à Mahomet les farouches Balantes dont la frontière orientale s'étend jusque-là.

Les « talibés » ou disciples du saint personnage préparent, grâce à lui, leur salut dans l'autre monde, tandis que leur patron fait, grâce à eux, véritablement fortune dans celui-ci. N'est-ce pas là chose naturelle ? Plusieurs saints et intelligents personnages réalisent en diverses parties du Sénégal ce que cherche à faire sur ce marigot casamançais le saint frère du très saint Cheik Saad Bou.

L'un de ces marabouts qui exerce son fructueux métier dans le Cayor, à proximité du Baol, sait au mieux de ses intérêts terrestres, faire travailler plusieurs centaines de fidèles à des champs d'arachides et à des plantations variées. Cet indigène, très remarquable en somme, a l'intelligence de tenter des plantations d'arbres fruitiers ainsi que des cultures nouvelles avec des graines qu'il demande au Service de l'Agriculture. Mieux encore, il sait parfaitement faire fructifier les capitaux que lui rapporte le travail de ses talibés en les plaçant sur des immeubles de Saint-Louis et de Dakar.

Homme dangereux? direz-vous. Exploiteur éhonté des superstitions locales! Que non pas! La vérité en deçà des Pyrénées ne peut être qu'une erreur au delà des Océans. Ce remarquable et pratique marabout compte non seulement en effet pour le protéger sur l'amitié des mulâtres de Saint-Louis auxquels il vend la viande de ses troupeaux, mais encore sur la bienveillante indifférence de l'administration. Si mon sentiment m'était demandé à ce propos, j'avoue que la dite bienveillance officielle lui serait indéfiniment accordée. Il est vrai que ce marabout exerce son apostolat en plein pays musulman, tandis que le frère de Cheik Saad Bou travaille en même temps qu'à sa fortune à l'islamisation d'un pays infidèle et que, dans la région où il opère, le heurt de deux fanatismes opposés peut amener bien des complications politiques.

Je passais toutefois sans m'arrêter devant le marigot de Tanafe.

La rivière coulait jusqu'ici du nord au sud, elle forme, en ce point de son cours, un coude très brusque pour se diriger vers l'ouest jusqu'à son embouchure, ses rives demeurent verdoyantes, cachées presque toujours sous un fouillis d'essences diverses qui semblent se livrer à une lutte acharnée pour la conquête du soleil et de la lumière.

Je devais séjourner plusieurs jours un peu plus bas sur la rivière, à Raoulcounda, chez un colon fixé en ce point depuis quelques années. Le nom de cette station est formé par le baroque accouplement d'un prénom français et d'un suffixe sossé, le pays est une plaine boisée, semée de petites savanes, situé en plein Balantacounda, l'établissement est infime mais je ne regrette pas les journées que j'y ai vécues et je ne dis pas seulement cela à cause de l'extrême amabilité de mes amphitryons.

*
* *

Un warf minuscule signale à petite distance cette escale en miniature cachée sous un rideau d'arbres magnifiques qui longe la rivière. Heureusement qu'auprès du warf deux ou trois bateaux à moteurs et quelques chaloupes de modèles variés servent d'enseigne à la maison, faute de quoi l'on pourrait passer sans la voir.

Ses propriétaires ne se livrent pas, en effet, uniquement au commerce, principale occupation des Européens sur la côte. Ils ont aussi fondé un atelier de construction d'où sortent des baleinières et des côtres de toutes dimensions, voire même des goélettes ou de petites embarcations à pétrole. L'entreprise tentée par ces Européens, M. C... et ses neveux qui vivent avec leur famille sur ce point isolé de la brousse, est-elle viable? Je n'en sais trop rien. La vie n'est pas seulement pénible dans la métropole, la concurrence impose partout ses lois inexorables !

Nos compatriotes de Raoulcounda ont, il est vrai, deux cordes à leur arc : ils se livrent au commerce en même temps qu'ils font de la construction navale ; ils entreprennent même, par-dessus le marché, des travaux de menuiserie. J'ai pu voir en effet sous le vaste hangar qui abritait deux beaux côtres en achèvement, plusieurs armoires et des tables qui m'ont semblé fort bien travaillées. Le spectacle de ces ateliers était même réjouissant à l'œil, la brousse environnante, à peine entamée par le déboisement en paraissait toute vivifiée. Des ouvriers noirs travaillaient en chantant, leurs cases se dressaient à proximité et des femmes pilaient le couscous devant leurs portes.

Mais les propriétaires des chantiers ont eux-mêmes, comme on dit vulgairement, jeté quelques seaux d'eau froide sur l'enthousiasme poli dont je faisais montre vis-à-vis de leur œuvre.

Et pour dire le vrai c'était moins la beauté de l'œuvre que j'admirais que le courage des ouvriers ! Ils m'apprirent donc que les travaux en cours seraient bientôt achevés ; le calme régnerait alors, pour combien de temps ? sur les chantiers désertés. Leur carnet de commande, comme on dit dans les grandes usines, n'est en effet pas très copieusement garni. Or, il leur faut quand même posséder un stock de bois considérable, ce qui ne laisse pas que d'immobiliser des capitaux, denrée fort rare en vérité. Ils doivent également s'assurer les services perpétuels d'un personnel exercé auquel ils ne peuvent toujours fournir du travail, d'où nouvelles charges fort lourdes. Comment éviter cela ? Les grandes maisons commerciales de la Casamance ne commandent leurs embarcations au dehors que lorsqu'un concours de circonstances. les empêche de les construire elles-mêmes. Car elles font tout à la

fois, ces grandes firmes, elles entretiennent des char-
pentiers et des mécaniciens comme des comptables et
des garçons de boutique. Les petites maisons ne possèdent pas à la vérité des spécialistes en tout genre,
elles n'ont pas non plus les grands besoins de leurs
puissantes rivales. Et si par hasard elles font construire un ou deux chalands, ce matériel leur suffit
pour quelques années. Quant à l'administration, je
transcris ici les plaintes de mes hôtes sans y ajouter
ni en retrancher. Ah! l'administration s'intéresse bien
peu aux petits colons! A-t-elle besoin d'un moteur,
voire d'une baleinière, elle les commande en France
même quand elle a sous la main un constructeur digne
d'intérêt. Ce constructeur est sans nul doute fort intéressant, reste à savoir si ses prix sont raisonnables,
de cela je ne puis parler.

Quoi qu'il en soit, les ateliers de Raoulcounda travaillent peu et il semble difficile qu'ils puissent travailler beaucoup plus. Le chantier ne sera jamais sans
doute qu'un appoint pour la boutique. Cela est fort à
déplorer, il faudrait, pour qu'il en soit autrement,
un ensemble de circonstances favorables qui ne se
produiront vraisemblablement pas. Il faudrait aussi
chez les intéressés un ensemble de qualités telles que
leur succès serait certain et plus facile partout ailleurs qu'ici.

Cela m'attriste de prononcer ce qui semble être la
condamnation de compatriotes dont les efforts furent
réels et aussi d'un pays auquel je me suis attaché, mais
la logique n'y oblige-t-elle pas? Les faits cependant
viennent de me donner raison: La famille C... ayant
quitté le Sénégal pour le Paraguay où son succès semble devoir être rapide.

Chercher des causes générales à l'échec de mes

hôtes de Raoulcounda en Casamance comme à celui de bien d'autres entreprises coloniales, plus ou moins puissantes, serait peut-être assez facile, j'ai toutefois quelque scrupule à énumérer celles que j'aperçois. On risque fort, si l'on entreprend cette œuvre de Salomon, de mécontenter les parties sans exception, sans courir le risque de les éclairer le moins du monde sur leurs torts respectifs.

Essayons quand même, mais bien par acquit de conscience ! Si de nombreux colons ne réussissent pas dans nos possessions, la raison en est souvent dans ce fait qu'ils ne se sont pas suffisamment préparés à exercer cette profession, nouvelle pour eux et difficile entre toutes. Le commerce est encore le plus facile des métiers coloniaux. Il y faut certes, avec plus ou moins d'argent comme en France, les diverses qualités également nécessaires dans la métropole, cela se trouve sans trop de peine. Et j'ai par exemple, le souvenir d'un jeune colon qui, fixé depuis quelques mois seulement en Casamance, y faisait avec succès du commerce. Appelé par son frère, dont l'installation et par conséquent l'apprentissage remontaient à quelques années déjà, il s'était plié de suite aux exigences de son existence nouvelle et même il trouvait son sort fort agréable, car il était plus indépendant et gagnait plus pour moins de travail, que du temps où il exerçait à Paris je ne sais quelle profession.

Si les commerçants réussissent d'ordinaire sur la côte, sans longue préparation spéciale, sinon à faire fortune, du moins à vivre, il n'en est pas de même des agriculteurs. Un de nos coloniaux les plus notoires et qui mérite le plus la haute réputation attachée à son nom, M. Chailley, publia naguère une brochure que je considérai longtemps comme un des Evangiles de ma foi coloniale. Cela s'intitulait *L'âge de l'Agriculture*, la thèse soutenue par l'éminent auteur pouvait se résumer ainsi : Nos colonies ne nous ont été utiles jusqu'ici que grâce au commerce. Le moment est venu d'en tirer de plus nombreuses richesses grâce à l'agriculture. Eh bien ! hélas ! je dois reconnaître que le maître se trompait. Certes son opinion était juste et l'agriculture coloniale serait susceptible de donner toute satisfaction à ceux de nos compatriotes qui auraient un certain nombre de qualités. Mais d'abord on doit convenir que notre pays se détache de la culture, même sur son propre sol. Par sa propre et lourde faute, une des deux « mamelles » de la France dont parlait Sully risquera peut-être bientôt de se tarir, ou plutôt de ne pas donner suffisamment de lait pour ce seul motif qu'on ne la traira pas. Les fils de notre bourgeoisie répugnent de plus en plus à faire de la culture, même intensive et sur de vastes domaines. Une grande propriété n'est-elle pas cependant une véritable usine dont la conduite exige beaucoup de travail et d'intelligence et donne en échange de réelles satisfactions tout en procurant de beaux bénéfices?

Même dans les classes de notre société les plus ataviquement attachées à la terre, cette désaffection du plus noble métier, de celui qui consiste à faire pousser le blé nourricier, se remarque de plus en plus. Combien de chaumières se vident dans nos villages? Bien plus, proportionnellement que de châteaux!

Si nos paysans n'ont, sauf d'assez rares exceptions, rien à tenter dans la culture de nos domaines tropicaux, il n'en est pas de même de nos bourgeois. Un nombre relativement élevé d'hommes jeunes et pourvus de quelques ressources pécuniaires pourraient réussir dans l'agriculture coloniale. Ils ne devraient plus planter la canne ou le café comme faisaient avec tant de succès les cadets de familles nobles qui colonisèrent au xviii° siècle les Antilles ou les Mascareignes. Mais ils créaient des cultures de thé en Annam ou à Madagascar, ils planteraient du caoutchouc, de la ramie, du coton, du cacao, bien d'autres produits encore, ici, là ou ailleurs.

Comme les propriétaires ou fermiers agronomes en France, ils feraient de la culture, de l'élevage et de l'industrie tout à la fois, et le succès couronnerait souvent et largement leurs efforts si... si vraiment ils possédaient qualités et capitaux nécessaires, si... ah! que j'ai de peine, ô mon maître, M. Chailley, que j'ai de peine à écrire ces lignes, si... l'administration ne les contrecarrait pas trop!

Car hélas! il faut bien le dire, quoique cela ne soit pas tout à fait ignoré, l'administration de nos colonies n'aime généralement pas les colons. Elle ne les aime pas, en bloc et irrémédiablement, je le crains. Si elle se contentait de ne pas aimer ceux d'entre eux, il en existe, qui vraiment ne sont pas désirables, tout serait pour le mieux et déjà elle aurait fort à faire, mais le terrible est qu'elle semble les détester tous et surtout les colons agricoles à cause des soucis de divers genres qu'ils lui donnent.

Voici une petite histoire, datant d'il y a peu d'années, dont les héros appartiennent tous à l'administration, ce qui contraint à taire leurs noms, si instructifs qu'ils puissent être :

Un fonctionnaire qui, par ses études antérieures, était on ne peut mieux préparé à tenter une entreprise agricole, se convainc à la suite de nombreux essais que la culture du tabac peut être très rémunératrice dans une de nos colonies de l'Afrique. Il est tout à fait au courant de la question, il a découvert des terrains parfaitement aptes à cette culture, il sait où recruter la main-d'œuvre nécessaire et, ce qui est plus important encore, il est assuré de trouver dans le pays même des débouchés pour ses produits.

Tous les éléments possibles de succès étant donc réunis, il se décide enfin et, confiant ses projets au gouverneur de sa colonie, il lui demande la concession nécessaire en même temps qu'il lui offre sa démission.

Le gouverneur répond en ces termes :

« Vous savez que je vous estime beaucoup et je suis tout prêt à vous le prouver ; mais, si vous m'en croyez, laissez là vos projets de démission car, si je suis disposé à vous être agréable tant que vous ferez partie de l'administration, je dois vous prévenir qu'il n'en sera plus de même dès que vous l'aurez quittée. » Le fonctionnaire interloqué demande les motifs de cette décision, cherche à prouver combien il est sûr du succès.

Son chef lui coupe la parole : « Je suis persuadé que vous réussirez, mon ami, c'est bien pour cela que je ne veux pas vous voir entrer dans cette voie. Votre succès susciterait des imitateurs qui, moins bien préparés que vous, échoueraient et... m'ennuieraient. C'est ce que je ne veux pas. »

L'intéressé racontait cela, sans aucune acrimonie, à une table amie autour de laquelle n'étaient assis que des fonctionnaires et comme la plupart des convives approuvaient du bonnet la conduite du gouverneur, il faut bien reconnaître que cette théorie nuisible autant qu'inavouée est cependant officielle en quelque sorte. L'administration pourrait invoquer comme circonstances atténuantes que de nombreux colons veulent exploiter, plutôt que le sol de leurs concessions, la bienveillance des autorités ou l'ignorance des indigènes. Cela n'empêche qu'elle a pour devoir d'encourager les initiatives et les bonnes volontés.

Une semblable façon d'agir présenterait à la vérité de nombreux inconvénients; il faudrait d'abord compter sur des déchets, par suite s'attendre à des récriminations passionnées et injustes en même temps qu'à un supplément de travail et de responsabilité!

Je songeais à ces divers aspects de la grave question du recrutement des colons en écoutant à Raoulcounda les doléances de mes hôtes, mais je me gardais de donner ma pensée tout entière car, aux colonies surtout, où les amours-propres et les intérêts sont pointilleux, il convient de n'ouvrir la bouche que pour faire *chorus!*

D'autant que j'avais ici un terrain neutre où toute liberté d'évolution m'était permise, la beauté et le calme du paysage nous fournissaient en effet un sujet de conversation reposant. Chaque soir, quand le soleil tombait, je regardais avec mes hôtes, assis sur leur warf, les derniers rayons de l'astre reflétés par le calme miroir des eaux lentes du fleuve. Des poissons, pour échapper à des dangers que je ne voyais pas, faisaient parfois un saut hors de leur élément, des oiseaux d'eaux volaient lourdement vers des marais voisins, les arbres de la rive se dressaient alanguis dans l'air que ne troublait aucun souffle.

Bercés par les clapotements doux de l'eau sur les piliers de notre piédestal, nous interrompions bientôt nos conversations. L'obscurité enveloppait comme un vaste manteau la nature, et nous autres, tout comme les habitants de l'air et de la forêt voisine, nous préludions par le silence au sommeil qui s'imposerait sans tarder.

Une courte promenade à cheval, sur un cheval bien mal en point, me fit connaître un des jours suivants le poste de Yatacounda, distant de six kilomètres de la résidence de mes hôtes et, s'il est inutile ici de décrire trop abondamment ce village administratif, il n'est peut-être pas sans intérêt de parler des Balantes, peuplade encore peu connue, mal soumise, à cause de laquelle Yatacounda fut fondé en 1899, puis récemment réoccupé après un abandon de plusieurs années.

Un tel fait, l'abandon d'un poste administratif, n'a rien d'extraordinaire, il se renouvelle fréquemment et surtout il n'y faudrait pas voir un manque de suite dans les idées de l'administration. Bien plutôt devrait-on en conclure que celle-ci sait se plier aux circonstances et aux besoins du moment, retirant ses fonctionnaires des points où leur présence n'est plus utile pour les y replacer si le besoin s'en fait de nouveau sentir.

Les Balantes vivent dans la forêt sur la rive gauche de la Casamance sans lois ni chefs, à cheval sur la frontière franco-portugaise. Ils cultivent un peu de maïs, recueillent, bien entendu, le suc de leurs palmiers, mais leur principale industrie est encore d'excursionner chez leurs voisins immédiats afin d'en ramener des bestiaux et tout le butin possible. Ces pillards toutefois font preuve d'une très louable prudence en ne s'attaquant jamais, du moins aujourd'hui, aux blancs dont le meurtre ne serait pas laissé impuni.

La façon de procéder des Balantes est simple, ils ne se risquent plus guère à traverser le fleuve pour piller par surprise les villages sans défense des Bagnounks ou même des Sossés de la rive opposée : nous ne tolérerions plus cela comme il y a dix ou quinze ans ;

ils doivent donc se contenter, à part quelques vols de bestiaux le long de leur frontière, de surprendre les chercheurs de caoutchouc assez imprudents pour ne pas se garder au milieu de la forêt. Ces malheureux reçoivent à l'improviste des coups de feu qui les étendent par terre auprès de leur récolte de caoutchouc et de leurs maigres bagages. Les assassins se partagent les dépouilles des victimes si celles-ci sont tombées ou se sont enfuies. Dans le cas improbable où des poursuites seraient exercées par les Français pour ces menus meurtres, la frontière qui court parallèlement à une distance de la Casamance ne dépassant jamais cinq lieues, n'est pas difficile à franchir. Elle constitue la meilleure des protections contre les justes sévices que nous pourrions exercer, car nous sommes toujours, en Afrique, très pénétrés de nos devoirs internationaux, même lorsque nos intérêts, ceux de nos voisins et ceux aussi de la civilisation nous feraient un devoir d'être plus pratiques et moins respectueux de la lettre des traités.

Les Balantes, dont le lieu d'origine serait, dit-on, les bassins du Rio-Geba et du Cachéo, sont donc de véritables sauvages, paresseux, ivrognes comme tous les fétichistes de la côte et pillards, pour brocher sur le tout. Il leur faudrait en effet, et que l'erreur commise ici par moi, si cette dernière accusation est fausse, ne retombe que sur la légende, il leur faudrait, dis-je, avoir au moins volé trois fois pour pouvoir convoler en justes noces. Les Balantes du moins font preuve d'une qualité précieuse et assez rare en Casamance : ils paient leurs impôts. Ce n'est, assurent les gens bien informés, que pour être laissés en paix. Une semblable précaution pour un tel motif indiquerait alors à mon idée que ces sauvages possèdent un sens politique remarquable, car ils se sont fait ce très juste raisonnement : « Qu'exigent surtout les blancs possesseurs de nombreux fusils à longue portée ? Le paiement de la « tête », de « l'impôt ». Donnons-leur donc cela de bonne grâce et ils nous tiendront quitte du reste. »

Par ces temps bénis, où toute injustice trouve dans les journaux parisiens un pratique don Quichotte, prêt, moyennant juste rémunération d'argent ou de popularité, à tous les sacrifices pour la faire réparer, je vais, suivant la mode mais de façon bien désintéressée, proclamer qu'on a dû calomnier un peu les Balantes.

J'ai vu en effet chez mes hôtes de Raoulcounda des Balantes remplir des fonctions de confiance, être boys à la maison ou rameurs sur les baleinières. Ces sauvages s'acquittaient de leurs devoirs ni plus ni moins bien que leurs compagnons appartenant à d'autres races. Le Balante au fond est un peureux, comme tous les primitifs, il faut donc l'apprivoiser d'abord. S'il travaille, tout comme beaucoup d'autres noirs, c'est-à-dire le moins possible, il n'en est pas moins vrai qu'il travaille quand même. Et, dans l'avenir, il se pliera d'autant mieux à la grande loi du travail que l'impossibilité de s'y dérober lui aura été mieux démontrée. Or, notre action sur le Balantacounda et sur d'autres régions voisines est demeurée jusqu'ici minime, elle n'a de plus pas été assez suivie.

Les Balantes, il faut bien en terminer avec eux, ont des mœurs encore fort intéressantes à étudier ; mais que les observateurs se pressent, le temps travaille, ici comme partout, à tout uniformiser. Ces sauvages délaissent déjà les terribles épreuves du « tali », qui sait si demain ou... un peu plus tard, ils ne deviendront pas de paisibles cultivateurs ou de laborieux chercheurs de caoutchouc ? Peut-être alors, couvriront-ils leur chef crépu d'un chapeau melon du dernier goût et leur anatomie de costumes expédiés par la Belle Jardinière !

Il y a peu d'années de cela, les Balantes que n'enserrait pas, comme aujourd'hui, la domination française, pouvaient être considérés comme tout à fait indépendants. Non seulement ils razziaient leurs voisins à tout propos, voire même les blancs que leur malheureux sort et un échouage fortuit de leurs côtres amenaient sur la berge gauche de la rivière, mais encore ils se décimaient eux-mêmes, à tort et à travers, de la façon suivante :

Lorsqu'une mort survenait dans un village ou quelque autre événement de ce genre, il fallait nécessairement trouver celui qui était responsable de ces faits, toujours surnaturels de par les croyances populaires. Les sorciers entraient alors en jeu et leur unique façon de procéder consistait à donner le « tali ». On appelle tali un arbre magnifique aux belles feuilles vertes et au tronc lisse dont les diverses parties traitées par macération donnent un produit toxique agissant sur le cœur dont il provoque bientôt l'arrêt. Ce poison porte le même nom que l'arbre d'où il est tiré, c'est lui qu'employaient les sorciers dans ces sortes de jugements de Dieu qu'ils faisaient subir à leurs concitoyens.

Mais alors qu'au moyen âge notre jugement de Dieu mettait seulement aux prises deux adversaires, les Balantes, faisant les choses plus grandement, appliquaient le leur à tout un village, hommes, femmes et enfants.

Le poison mélangé par les sorciers au contenu de boutines pleines de vin de palme, les candidats, si l'on peut ainsi parler, se réunissaient autour d'un arbre fétiche, il en existe encore un fort majestueux auprès de Yatacounda, et, sur un signal, chacun buvait la redoutable mixture.

Il ne restait plus ensuite qu'à attendre le dénouement qui ne tardait guère. Quelqu'un ressentant au bout de peu de temps les premières atteintes du mal, commençait à se tordre de douleur sur le sol, puis un autre, un troisième encore. Quelques heures plus tard, de nombreuses victimes déjà froides parsemaient la brousse verdoyante ! Les sorciers se partageaient les dépouilles des morts et tout était dit. L'arbre de Yatacounda aurait abrité en une seule fois deux cents cadavres victimes du tali !

Il était cependant un moyen d'échapper au poison, non pas comme on pourrait croire en refusant de l'absorber. Une telle décision aurait équivalu à un aveu promptement suivi d'une mort inévitable. C'eût été, fait plus grave encore, se mettre en contradiction avec les traditions les plus sacrées et jamais personne n'osa commettre semblable sacrilège.

Le seul moyen d'échapper au tali était sans aucun doute de s'entendre avec les sorciers qui alors vous gorgeaient tellement, dit la légende, de vin de palme et de poison qu'on expulsait bientôt le tout, preuve évidente d'une incontestable innocence !

Yatacounda possédait naguère, au temps de sa création, une véritable petite garnison. Les tirailleurs l'ont quitté depuis longtemps et l'adjoint des affaires indigènes qui commande aujourd'hui le poste ne compte guère en y comprenant ses boys qu'une demi-douzaine d'employés. Il faudrait ajouter, pour être complet, qu'il étend aussi son autorité sur une ou deux ombres de chevaux incapables de faire au trot la plus petite étape et que l'on doit remplacer après chaque hivernage.

Yatacounda se trouve en effet dans le domaine des terribles mouches tsé-tsé et si dans cette région les hommes ne souffrent guère heureusement de leurs piqûres, du moins jusqu'ici, les chevaux comme la plupart des autres animaux domestiques n'y résistent pas longtemps.

Il en est ainsi le long de toutes les rivières de la côte depuis l'embouchure du Sénégal jusqu'en un point vers le sud qu'on ne peut encore indiquer et qui se trouve certainement dans les vastes possessions portugaises de l'Angola.

J'ai quelques remords de me laisser entraîner dans d'aussi nombreuses divagations, la faute en revient à ma lente baleinière sur laquelle je n'ai pas d'autre distraction que de laisser vagabonder mon esprit ?

Douze nouvelles heures de monotone navigation et je me trouve devant une autre station administrative qui se reflète, elle aussi, dans le calme et large miroir des eaux de la rivière. Ce poste porte le nom très euphonique de Mangacounda, il est voué aux travaux agricoles, c'est une station d'essais. Le fonctionnaire de céans n'a pas à remplir comme son voisin de Yatacounda les caisses insatiables de la colonie. Au lieu de travailler pour le présent et... pour le trésorier, il ne songe qu'à l'avenir ; tandis que le premier récolte, lui sème seulement. Il sème ou il est censé semer beaucoup de choses ! Mais, fait étrange, ces deux hommes dont les occupations et les devoirs professionnels semblent devoir être si différents, passent leur vie à d'analogues besognes, tous deux paperassent.

Passons bien vite sans plus d'arrêts devant la case agricole blanchie à la chaux, ombragée comme il sied de superbes palmiers et de magnifiques manguiers !

D'autant que l'étape sera courte aujourd'hui, car

le vent gonfle ma voile et les grands arbres des deux rives fuient devant mes yeux avec une rapidité qui, pour être relative, n'en est pas moins réjouissante.

Les tsé-tsé voraces n'en abandonnent pas pour cela notre poursuite. Ce sont parfois de véritables vols, parfois ce sont des tirailleurs isolés qui, d'un coup d'ailes rapides s'abattent sur mon blanc costume ou sur la peau noire et huilée de sueurs de mes matelots. La victime continue conversation ou rêverie sans porter la moindre attention à son bourreau qui se détache bientôt gorgé de sang tandis que de nouveaux convives, sortis d'un autre taillis, se précipitent à la curée.

Voici qu'un point blanc tout à l'heure apparu dans la verdure grossit à vue d'œil. Le ciel, d'où l'astre descend maintenant plus vite, sème de pourpre son azur d'abord immaculé, la brise mollit, une dernière bordée nous rapprochant permet de distinguer une petite estacade à laquelle s'amorce un chemin bientôt flanqué d'arbres régulièrement espacés. Derrière ce rideau de verdure se dressent des constructions aux murailles récrépies. Un « toubab » habite à coup sûr dans cette station d'aspect confortable ; la question posée aux noirs étant suivie d'une réponse positive, l'ordre est donné de pagayer vers l'estacade.

Je ne connais pas mon hôte, car je pensais pouvoir atteindre Ziguinchor dès le soir même, je sais seulement que la connaissance sera vite faite. S'il est riche de provisions, je n'ai rien à craindre qu'un dîner trop copieux ; s'il ne l'est pas, nous partagerons et je trouverai toujours, à défaut d'un lit tout préparé, la place nécessaire pour dresser mon Picot !

Ce colon se livre au commerce et même, je viens de l'apprendre, il tente à ses moments de loisirs quelques essais agricoles. Il possède en effet une pépinière où se pressent plusieurs centaines de jeunes citronniers. Si les circonstances sont favorables, il tentera plus tard, peut-être des essais de culture de cette essence, en vue de la fabrication de l'acide citrique. Pour le moment et pour longtemps encore sans doute, le maître de céans, qui vit ici en famille avec sa femme et son frère, se contente d'acheter du caoutchouc à ses voisins les Balantes ou les Mandiagos et je crois qu'il n'a pas tort !

Une fois de plus et ceci mérite qu'on s'y arrête, ne serait-ce qu'un instant, voici un nouvel exemple d'un compatriote qui, sans grands capitaux, ne craint pas de s'installer en pleine brousse et d'y demander à son travail, sinon la fortune, du moins le pain quotidien et autre chose avec si possible, suivant l'expression imagée d'un colon de la rivière.

Dire qu'on proclamait, il y a peu d'années encore, le Français un mauvais colonisateur ! Cette qualité étant réservée aux seuls Anglais, nous n'avions pour nous consoler que le champ des arts et celui de la cuisine, largement ouverts à nos initiatives. Tout ce qui touchait à l'industrie ou au commerce revenait aux seules races anglo-saxonnes ou germaniques !

Sans faire preuve d'un amour-propre national exagéré on peut bien admirer, c'est le seul mot qui convienne, le nombre, la ténacité et l'esprit d'initiative de nos nationaux fixés, pour ne parler que de ceux-là, le long de la Casamance.

Voici un fleuve à peine connu en France, à peine visible sur les cartes, sur les bords duquel le climat est détestable puisque la saison des pluies, l'hivernage, y dure près de la moitié de l'année, où la sécurité est à peine établie, puisque nous ne sommes installés dans certains cantons riverains que depuis peu d'années et puisqu'on y tire encore souvent des coups de fusil. Rien ne semble devoir attirer des colons le long de ce fleuve ; on n'y trouve pas de métaux précieux, la terre ne peut y être cultivée par d'autres que les indigènes et le commerce lui-même y est précaire. L'existence doit être, dans ce pays, pénible à tous points de vue et pour nous autres, gens à tête légère, on n'y jouit d'aucune distraction.

Or depuis Sedhiou jusqu'ici, c'est-à-dire sur une distance d'environ 70 kilomètres, voici deux groupes de colons libres installés à demeure et représentant un total de neuf personnes. On trouve encore d'autres colons isolés en amont et en aval non seulement sur le fleuve mais encore sur ses affluents. Je ne compte même pas parmi ces colons les commis de commerce appointés par une compagnie plus ou moins puissante qui, obéissant aux ordres donnés, viennent aujourd'hui ici pour aller ailleurs demain. Non pas que ces agents soient dépourvus de qualités précieuses et ne vaillent guère qu'on s'occupe d'eux. Mais les colons libres venus avec peu ou pas de ressources, souvent agents démissionnaires demeurés « à leur compte » dans le pays, ces colons-là offrent à mon sens un intérêt d'études puissant. Quelles forces en eux ! initiative parfois déréglée, industrie, courage et persévérance aussi ! Ils ont un jour décidé de se fixer sur telle crique de la rivière. Aidés de quelques noirs, ils ont abattu les arbres de la brousse, dressé une case, puis, un peu plus tard, une maison véritable ; un débarcadère, porte ouverte sur le fleuve et sur le monde extérieur, leur a permis de faire accoster commodément baleinières et pirogues qui transportent à l'aller les cotonnades ou les autres marchandises de troc, sans parler des provisions souvent indispensables et, au retour, les boules de caoutchouc ou les graines palmistes. On a creusé un puits, car la rivière est saumâtre ; on a dessiné et planté un jardin ; malgré les boas, grands amateurs de volailles, on entretient un poulailler.

Alors commence la vie, régulière pour ces pionniers, combien pour nous autres, gens de vieux pays civilisés, irrégulière et imprévue. Je disais tout à l'heure qu'ils n'ont pas de distractions, je me trompais, la rivière permet la pêche, la brousse couverte de taillis épais s'offre pour la chasse. Et si parfois une panthère se glisse silencieuse dans le fourré voisin, plus souvent une biche, une pintade ou une perdrix joignent pour le chasseur l'utile à l'agréable.

On a aussi les voyageurs comme distraction imprévue et parfois, oui cela se voit plus fréquemment qu'on ne pourrait croire, parfois une petite bibliothèque fort bien composée dont les volumes ne servent pas qu'à la parade !

Mais bientôt l'ambition vient à ces isolés dont la personnalité s'hypertrophie souvent. Les uns tentent de créer une plantation de citronniers, d'autres rêvent de kolatiers, d'autres encore s'intéressent à la question de l'agave sisal. Ces essais ne semblent pas réussir et pour cause. Les concessions sont assez difficiles à obtenir sur cette terre paradoxale d'Afrique où l'espace du moins ne manque pas. Puis la main-d'œuvre n'est pas non plus facile à recruter et si, par hasard, on y parvient, que de déceptions elle donne !

Non, certes, l'âge de l'agriculture n'est pas encore venu en Afrique Occidentale. Ou bien tous les noirs ne sont pas aptes à fournir de bons ouvriers agricoles. Ou bien, plutôt, reste-t-il à trouver une bonne formule de contrat de location de la main-d'œuvre.

Peut-être encore est-ce autre chose, comme les difficultés de transport de marchandises, à moins que ce ne soit tout cela à la fois !

Voilà donc ce qu'ont fait partout ces gens, nos compatriotes, et non seulement sur ce petit coin ignoré de la terre d'Afrique, mère marâtre s'il en fût cependant !

Que nos rivaux, anglo-saxons ou autres, nous montrent un aussi grand nombre d'aventuriers honnêtes, fixés dans les mêmes conditions que les nôtres et réussissant en somme aussi bien ! Inutile d'insister, le défi ne sera pas relevé !

Nous serions même en droit, sans paradoxe, de regretter cette ardeur de nos compatriotes à jouer ainsi avec la difficulté. D'autres contrées, où ils ne vont pas assez, leur seraient, sans nul doute, plus hospitalières que celles-ci. Car si quelques-uns poussent l'amour de l'étrange et de l'impossible jusqu'à réussir dans leurs entreprises hasardeuses, combien d'autres meurent à la peine sans avoir obtenu les résultats cherchés et si largement mérités !

Ces échecs, parfois lamentables, donneraient presque raison à l'administration qui prodigue des conseils compassés, réfrigérants et souvent, oh ! pas toujours, il faut le reconnaître, mais si souvent inexacts.

Je me souviens qu'un tout jeune missionnaire très laïque fit à Madagascar, il y a six à huit ans, un voyage d'études assez court. Un long rapport fut, bien entendu, le premier résultat de cette promenade. Il y était affirmé, entre autres choses définitives, qu'on ne pouvait tenter d'essais agricoles dans cette colonie qu'avec un capital de 100.000 francs tout juste. Ce chiffre était exact à un centime près, comme un sou, si je ne me trompe, est le prix d'un petit croissant bien chaud. Avec la somme indiquée, pas besoin de capacités agricoles ou de connaissances spéciales du pays et de ses habitants. Sans le pécune obligatoire, rien d'utile n'était possible, rien, absolument rien. On aurait pu citer, pour la particulière édification de ce jeune homme, certains gendarmes retraités, des agents de compagnies en déconfiture ou d'aventureux fils de famille qui réussissaient sans avoir jamais eu à leur disposition pareille fortune, mais sans doute aurait-il péremptoirement décrété que ces exceptions relativement nombreuses confirmaient tout simplement la règle édictée par lui.

Ce jeune homme possédait au moins une grande qualité, je ne parle pas des autres et pour cause, c'était l'aplomb. Or voici plusieurs années déjà qu'on l'a hissé, d'un coup d'épaule, jusqu'aux plus hauts sommets de la hiérarchie administrative.

Nul n'a su fixer encore, pour la Côte d'Afrique, le minimum de capitaux nécessaires à un établissement quelconque. Cela eût cependant évité à quelques-uns de faire fortune ou d'échouer. Et moi qui n'ai pas la science infuse, je n'oserais formuler des règles précises sur ce sujet bien délicat.

Je me contenterai de répéter que nos colons ont réalisé en Casamance, comme sur le reste de cette côte, à peu près tout ce qui pouvait être tenté. Bien des entreprises encore solliciteraient de nouvelles énergies, mais pas tout de suite, dans un nombre d'années qu'on ne peut déterminer, quand, pour ne pas sortir des étroites limites de la Casamance, l'administration aura complètement soumis les populations indigènes, lorsque les noirs, plus nombreux et mieux disciplinés, pourront fournir une main-d'œuvre abondante et sur

laquelle on pourra compter. Mais il ne faut pas anti-
ciper, surtout à ce point !

J'ai d'autant moins le droit de le faire que j'omets
certaines données du problème absolument indispensables, faute desquelles on ne peut se former une idée
exacte de la question agricole aux colonies.

Il me faudrait pour cela sortir du domaine qu'ici du
moins j'ai le droit de fouiller en tous sens, je devrais
faire de la psychologie, celle de nos compatriotes en
général, celle de nos colons en particulier.

Tant pis, je me risque !

Nous autres Français, sommes tous des individualis-
tes acharnés et souvent aveuglés, c'est pourquoi la
solidarité n'est le plus souvent pour nos colons qu'un
mot vide de sens, sauf en cas de catastrophe ou bien
lorsque la nécessité d'un acte de courage s'impose
pour le bien général.

Un député, revenu d'un voyage en Allemagne, disait
à quelques-uns de ses amis, que la discipline ger-
manique était la chose la plus remarquable du
monde.

Elle constituait d'après lui le trait caractéristique
de la race ; il aurait pu ajouter aussi qu'elle représente
son armé la plus sûre, grâce à laquelle les Allemands
peuvent se passer de beaucoup d'autres qualités utiles
qu'ils n'ont pas.

Les Anglo-Saxons sont aussi disciplinés, ils ont le
sens de l'association. On cite souvent cet exemple, qui
n'est pas le seul, des colons de Ceylan ruinés par la
maladie des caféiers. Ils se réunirent, formèrent comme
nous disons aujourd'hui des syndicats. Ils avaient
planté du thé et leurs efforts unis décuplèrent les
résultats obtenus. À grands renforts de publicité, ils
lancèrent le produit nouveau dans le monde et le

répandirent, malgré son goût spécial qui tout d'abord plaisait peu.

Ah si nos colons, ceux de la Casamance comme tous les autres, possédaient en même temps que leurs qualités natives, ce sens de l'association, quel bel ouvrage ils feraient ici ou ailleurs !

La pointe d'Adéane n'a, semble-t-il, rien qui la distingue de toutes les innombrables pointes que l'on doit doubler au cours d'une navigation sur la Casamance. Peut-être tout au plus proémine-t-elle davantage en s'avançant plus audacieusement vers l'autre rive qui, prise d'émulation sans doute, finit loin, très loin, presque hors de portée du regard. La pointe d'Adéane sépare cependant assez nettement deux parties du fleuve d'aspect fort différent l'une de l'autre. La forêt, jusqu'ici, venait plonger les racines de ses arbres jusque dans les eaux de la rivière. Une zone intermédiaire va s'étendre à partir de maintenant entre le sol véritable et le fleuve et cette zone constitue l'empire de la boue ! Ses limites sont très nettes, sa faune et sa flore distinctes également de celles de l'eau et de la terre.

Tout d'abord est apparue une étroite lisière de boue gluante, couverte de palétuviers. Quelques crabes et des poissons-crapauds, les périophtalmus, se prélassent sur son manteau d'argile toujours humide et visqueux. Cette mince lisière s'étalera un peu plus bas et formera une bande de plusieurs centaines de mètres derrière laquelle la forêt ou la brousse se devinent difficilement. Plus loin encore, on entre en plein domaine de la boue. L'éternel rempart vert sombre des palétuviers se dresse partout à l'horizon. Des trouées larges le coupent, ce sont les embouchures de marigots sinueux ou plutôt de bras secondaires du fleuve qui serpentent au milieu de véritables archipels d'îles vaseuses souvent recouvertes tout entières par le flux et toujours ombragées des perpétuels palétuviers.

Dans les profondeurs inviolables de ces forêts insulaires à demi aquatiques se trouvent les repaires des caïmans et peut-être des derniers hippopotames du bas-fleuve. Là viennent également se nicher chaque soir l'immense multitude des blanches aigrettes, des flamants de toutes tailles et de toutes couleurs ainsi que les autres oiseaux d'eaux.

Ces divers hôtes de l'empire des boues sont certains que l'homme ne viendra pas les relancer dans leurs sûres retraites. Même s'il s'élève toujours, au-dessus des eaux du fleuve, le sol de leur asile s'ouvrirait sous les pas des téméraires, une glaise visqueuse les happerait, ils s'épuiseraient en vains efforts pour saisir les racines adventives ou les troncs des palétuviers ; chaque pas en avant leur coûterait d'énormes efforts et les menacerait d'un danger nouveau. L'eau du fleuve, elle aussi, recélerait pour eux des périls insoupçonnables, car si leur embarcation chavirait, qui sait si dans les eaux profondes quelque caïman monstrueux ne surgirait pas à l'improviste et si, par hasard ils pouvaient toucher le fond du pied, qui sait s'il ne céderait pas lui-même sous leur poids? Tout recèle donc un danger pour l'homme dans ce pays fantastique en marge du monde habitable, tout y est péril jusqu'à l'air, embrasé le jour, souvent froid et humide la nuit, où tsé-tsé et moustiques alternent, où d'autres insectes encore voltigent tous acharnés à trouver une proie.

On sait que, dans les profondeurs des Océans, des myriades de petits animalcules créent par leur travail, continu depuis des siècles, des îles et demain peut-être des continents. La lointaine Polynésie, sortie chaque jour un peu plus des flots, doit la vie à ces infiniment petits qui l'accroissent sans cesse. Déjà des groupes humains vivent sur des terres ainsi émergées parfois de la veille. Ici, dans cet estuaire de la Casamance comme dans tous ceux des plus grands fleuves et des plus insignifiantes rivières des régions chaudes, des terres nouvelles sortent également chaque jour de la mer, mais les bâtisseurs de ces continents ne sont plus des animaux infimes par la taille, ce sont des végétaux, les palétuviers. Les savants nomment de plusieurs noms cette famille végétale si curieuse. *Brugnera avicenia, Rhysophora racemosa.*

Une longue et lourde navette grosse à peine comme le poignet d'un petit enfant et toute verte, d'un vert foncé flotte en mer, assez loin du rivage sur un banc vaseux, parfois déco... ert aux très basses eaux. Parvenue en ce point, ... sa course sans but, voici qu'elle plonge tout à fait jusqu'au fond peu éloigné de la surface. Une sorte de tige toute droite, monte de la vase quelque temps après et découvre lorsque vient le reflux.

La tige continue sa croissance : voici qu'elle porte maintenant une courte feuille verte et épaisse. D'autres feuilles poussent encore, la tige grandit toujours, si bien qu'en la voyant maintenant, quelqu'un qui ne saurait pas, s'étonnerait de voir un arbuste vivant si loin du sol nourricier.

L'arbuste est devenu un arbre, élevé de plusieurs mètres ; la frêle tige de naguère s'est solidement étayée au moyen de béquilles arrondies qui sont ses racines adventives. De l'arbre tombent des lianes frêles qui donnent naissance à d'autres racines, puis de longues navettes vertes qui coulent au fond et bientôt d'innombrables et menues tiges percent la surface des eaux. Ces tiges deviennent à leur tour des arbustes, puis des arbres toujours verts dont les racines s'enchevêtrent les unes aux autres. Des huîtres se fixent parfois le long de ces racines dont elles quadruplent l'épaisseur et, dans l'espèce de tamis qu'elles forment, tous les débris poussés par la marée s'arrêtent chaque jour plus nombreux. Vient un moment où le reflux découvre un peu de vase au centre de la forêt marine poussée peu à peu au milieu des eaux.

Cette vase encore immergée grandit chaque décade, émerge définitivement. Des siècles s'écoulent, le point primitivement perdu dans la mer où s'arrêta la graine isolée de manglier se trouve être une île qu'occupe en son centre une plaine couverte de brousse, dont les bords marécageux sont toujours couverts de palétuviers. La terre, naguère éloignée, s'est aussi rapprochée de divers côtés; d'autres îlots aussi fluides sont dispersés un peu plus loin vers la pleine mer et plus loin encore, en extrême avant-garde, deux ou trois palétuviers paraissent perdus dans l'eau salie de déchets variés.

Cette histoire monotone et séculaire se continue ainsi en marge des continents tropicaux partout où les grandes profondeurs marines n'affleurent pas tout de suite la côte. Chaque jour, des molécules impondérables de vase, venues des grands plateaux du centre, traînées le long des fleuves par les courants terribles des pleines eaux d'hivernage, descendent jusqu'à la mer par myriades de myriades et, chaque jour, elles viennent, grâce aux filets vivants des mangliers, s'ajouter à d'autres particules déjà fixées. Les rivages primitifs de l'Afrique Occidentale devaient être situés très loin vers l'est. Chaque embouchure de fleuve, celle de la Casamance par exemple, devait déboucher dans un large golfe aux profondeurs de fjord ; mais les palétuviers sont venus, leur lent travail modela les terres, les fit émerger, les créa, les prolongea. Les fleuves semblèrent s'étendre à travers ces plaines nouvellement nées, grâce à eux-mêmes. Leurs apports créaient des bas-fonds que la poussée des mangliers transformait en îles marécageuses, bientôt unies en plaines étendues. L'immense travail se continuera ainsi jusqu'à ce que la terre atteigne la limite des grandes profondeurs marines. Qui sait dans combien de milliers d'années, les derniers palétuviers ayant achevé leur œuvre obscure d'architectes, verront se dessécher leurs feuilles coriaces sur leurs dernières tiges rabougries par la sécheresse tandis que les fleuves d'aujourd'hui, lents et sinueux dans la traversée des immenses marais de leurs embouchures, iront alors se jeter nets et rapides dans l'Océan entre deux berges saines, délimitant un lit toujours avivé par le courant de leurs eaux. Mais, ce sont là des rêves que verront seulement les arrière-neveux de nos arrière-neveux !

Ma baleinière qui longeait la rive gauche presque toujours bordée d'une frange très mince de mangliers, avait laissé derrière elle la pointe Béfade. Quelques villages bagnounks, deux ou trois factoreries, une mission de Pères du Saint-Esprit perdue dans une verdure intense, avaient été dépassés. Le long de la berge se succédaient inlassablement prairies et forêts alternées tandis qu'en face, à environ un kilomètre de distance, les terres molles et noyées du royaume de la boue, couvertes de leur manteau vert sombre, se distinguaient plus ou moins nettement. Un bon vent du nord se leva sur ces entrefaites et les rameurs fatigués dressèrent la voile. Je songeais que bientôt Ziguinchor m'apparaîtrait et, comme disait ce bon Homère, je me réjouissais dans mon âme.

Au lieu du « han » répété des matelots et du crissement des longues rames frottant sur la bordure de l'embarcation, je n'entendais par intervalles que le gémissement du mât et de la vergue. L'équipage reposait dans des poses invraisemblables qui eussent été de vrais supplices pour nous. Les uns palabraient avec animation, d'autres chantonnaient les insipides chansons noires qui ne disent rien. Et, comme mes hommes, je rêvassais béatement, malgré le soleil dont me préservait mal la tente jetée sur l'arrière de l'embarcation.

Un tel bonheur ne pouvait raisonnablement durer, aussi un bruit sinistre retentit-il tout d'un coup et, suivant la voile trop gonflée, le mât subitement cassé s'affala dans l'eau.

Avec lui s'écroulaient mes rêves et mes projets, hélas! Il fallut que les hommes reprennent les lourdes rames et que je fasse provision nouvelle de patience. Nous étions au moment de l'accident à proximité de la rive droite; nous commençâmes à la longer interminablement. Le soleil se tenait encore très haut dans le ciel, ses rayons me poursuivaient sous la tente: ils semblaient faire bouillir sur leur dos de bronze mouillé, la sueur des matelots.

Les hans profonds sortirent de nouveau de leurs poitrines par réguliers intervalles, tandis que recommençait le grincement des rames frottant sur le plat bord.

Le soleil s'inclina lentement vers l'ouest. Je l'avais tantôt à droite ou à gauche, tantôt derrière moi, tantôt dans les yeux selon que la rivière tournait dans un sens ou dans un autre; mais toujours nous frôlions les ramures sombres des palétuviers qu'animaient en ce moment de rares échassiers craintifs, tôt disparus à travers les racines, ou des aigles pêcheurs dont la livrée gris clair se voyait de loin, juchés sur une branche sèche.

Le soleil se coucha; la toile relevée, j'eus quelques instants exquis à respirer l'air frais, à voir une fois de plus les riches couleurs du couchant se transformer à vue d'œil. Des vols lourds d'oiseaux d'eau regagnant les perchoirs coutumiers se croisaient à tout instant; puis, seuls, quelques retardataires passèrent sur ma tête en poussant des cris stridents et le ciel se vida.

L'air devenait plus froid, l'humidité tomba en même temps que les ténèbres et je discernais bientôt une étoile dans l'azur assombri; puis d'autres, parmi lesquelles trônait la croix du Sud que les méandres du fleuve plaçaient tantôt à ma droite et tantôt à ma gauche. La lune s'était aussi levée très loin dans les arbres de la berge, je crus d'abord, fol 'espoir, qu'elle était le reflet des lumières de Ziguinchor ou bien quelque feu de brousse allumé à proximité de la ville. La nuit était tombée tout à fait, mes provisions dévorées, je ne pouvais même allumer un photophore par crainte des moustiques et parce que sa lueur gênait l'homme de barre.

Enfin je distinguais encore une lueur indécise; ce n'était pas la lune dressée toute ronde dans le ciel, je n'avais le choix qu'entre un feu de brousse et la ville, mais tout disparut dans les ténèbres et je désespérais, quand un matelot prononça « Ziguinchor » ! Je revis en effet une lumière, toute petite, une maigre étoile allumée très bas sur l'horizon, d'autres encore n'appartenant à aucune constellation connue ; l'éclat de ces astres artificiels se prolongea en longues bandes lumineuses étroites et tremblantes sur la moire sombre des eaux !

C'était décidément le port. Les lumières se multipliaient, leur reflet s'étalait sur la rivière. Des taches sombres se dessinaient le long des bords, les unes arrondies et irrégulières, d'autres rectilignes, arbres et murailles, oui vraiment, ce n'était pas un mirage !

Bientôt la masse noire d'un warf se dressa devant nous et nous accostâmes. Mes hommes se partagèrent les bagages ; je me saisis d'un photophore pour éclairer ma route dans le sentier périlleux, tout au moins pour mon équilibre. Je me dirigeais aussi vite que possible vers la Résidence où mon hôte devait depuis longtemps ne plus m'attendre, sans toutefois s'inquiéter le moins du monde de mon retard, car il pouvait penser que je m'étais arrêté en route. D'ailleurs, on ne se frappe pas aux colonies ; on y sait trop que le hasard est un grand maître et la patience une vertu !

CHAPITRE X

Bignona

Un petit territoire militaire en pays d'administration civile. — Le Fogny et ses habitants. — Un point d'histoire locale.

Revoir après plusieurs années écoulées une région qu'on a parcourue naguère, pouvoir étudier les progrès qu'elle a réalisés sous un nouveau régime, comparer sa situation ancienne et celle qu'elle occupe aujourd'hui, cela procure un véritable plaisir intellectuel, d'autant plus grand qu'il doit être rare. Le démon de la curiosité ne pousse-t-il pas en effet les voyageurs vers des buts nouveaux plutôt qu'il ne les incite à revenir sur leurs précédentes traces !

Revoir ce qu'on connaît déjà ! Ce n'est que du temps perdu et de la peine inutilement prodiguée, me répondra-t-on peut-être ! Je garde cependant pour ma part de mes deux excursions successives dans le Fogny un souvenir très agréable. Je dois reconnaître de plus, que ce double voyage m'a beaucoup servi, grâce aux points de comparaison qu'il m'a fournis abondamment. La première fois que j'étais venu dans ce coin perdu de la Casamance remontait à plus de cinq ans. J'étais parti de Ziguinchor au milieu de la nuit et j'avais fait d'abord trois heures de baleinière, à travers le froid brouillard qui couvrait la rivière. Notre embarcation s'était enfin arrêtée devant un petit village perdu sous de grands arbres nommé Tobor. Tobor a une histoire courte et triste, ce qui doit tenir sans doute au pays. Or donc, des captifs de Ziguinchor se sauvèrent une belle nuit, il y a de cela soixante ou quatre-vingts ans, en enlevant toutes les embarcations de leurs maîtres, pour éviter qu'on ne les poursuive. Traversant le fleuve, ils s'installèrent en ce point, à la lisière des boues et des palétuviers; mais la fièvre, la misère et d'autres maladies les décimèrent bientôt, aussi le gros campement de naguère n'est-il plus aujourd'hui qu'un hameau minuscule.

Pour en revenir à mon excursion, le moins dur du voyage était fait, car je devais encore couvrir à pied une étape de 22 à 25 kilomètres dans la brousse. Nous étions deux Européens : un très aimable et sceptique fonctionnaire et moi. Après une courte station sous les arbres de Tobor, où de microscopiques moucherons fort désagréables, les mout-mout dont le nom scientifique m'échappe, nous piquèrent à aiguillon que veux-tu, nous commençâmes notre marche. Le sentier indigène que nous suivions, tantôt passait sous les frondaisons d'une belle forêt, tantôt zigzaguait dans des savanes plantureuses.

Le Fogny forme une vaste plaine longue d'environ 100 kilomètres et large de 60. Son sol presque uniformément constitué d'argile mêlée de sable est sans nul doute d'origine alluvionnaire. Aucun accident de terrain ne s'y rencontre; quelques rôniers seuls y mettent parfois une note exotique. Le spectacle qu'il offre n'est cependant pas monotone, à cause des beaux et nombreux fourrés qui s'y rencontrent et des marigots sinueux dont les méandres paraissent de tous côtés. La population est de plus extraordinairement dense, du moins pour l'Afrique. Nous avions traversé pour notre part un certain nombre de villages le long de notre court itinéraire qui passait cependant au milieu de la brousse en évitant les marigots, seules routes nationales de la région, sur les berges desquels se groupent de préférence les Diolas. Nous avions également rencontré plusieurs rizières et de plus nombreux marais. L'un d'eux même nous laissa, du moins quelque temps, un assez mauvais souvenir car aucun pont ne l'enjambait et comme nos noirs, pris d'un zèle subit, nous précédaient à une belle distance, il nous fallut bien entrer dans la vase noire et gluante. Je me souviens encore que notre joie fut sans mélange, quand des toits de tôle ondulée nous signalèrent un peu avant midi, Bignona, Mecque de notre pèlerinage !

Ce poste où s'étaient fixés depuis sa création un petit nombre de commerçants, venait de voir renforcer sa garnison qui s'occupait en ce moment de s'installer plus confortablement. On y cantonnait une compagnie entière ; le pays en effet n'était pas sûr, les noirs se tenaient tranquilles dans Bignona même, mais il était imprudent, du moins pour un fonctionnaire, de se promener dans la brousse et surtout d'y aller recueillir l'impôt. Les Diolas offraient du plomb à qui leur demandait de l'argent au nom du gouvernement. Seuls, les commerçants pouvaient se livrer à leurs trafics, acheter du caoutchouc et vendre de la poudre, de l'alcool ou des cotonnades ; encore leur sécurité était-elle parfois à la merci d'une beuverie trop accentuée de vin de palme.

Nous quittâmes Bignona le surlendemain pour nous diriger vers l'ouest, du côté du marigot de Beyla où nous attendait un petit vapeur. Un pont très-rudimen-

taire nous permit, à grands efforts d'équilibre, de traverser le marigot qui entoure le poste et derechef nous
nous retrouvâmes dans la plaine du Fogny, parsemée
de rizières, de marais, de savanes et de forêts. A travers tout cela serpentait notre petit sentier indigène
étroit et, bien entendu, dépourvu de toute œuvre d'art.
Quelques bains de vase très involontaires nous délas-
saient seuls de temps à autre, des fatigues de la marche
et, pour être franc, Bayla nous fut presque aussi agréable à rejoindre que l'avait été précédemment Bignona.

Nous nous trouvions bien en territoire français, mais
vraiment nous aurions pu ne pas nous en douter. Tel
village tout proche était signalé comme dangereux, tel
autre, nommé Kartiak comme absolument fermé ; des
événements ultérieurs démontrèrent combien fondée
était cette opinion. Les Européens de l'escale, on en
comptait cinq ou six, vivaient cependant comme ceux
de toutes les stations du pays, sans souci du lendemain et, s'ils possédaient tous fusils et carabines,
c'était surtout en vue de la chasse.

Le marigot de Bayla nourrissait encore quelques
lamentins ainsi que plusieurs troupeaux d'hippopotames. L'un de ces derniers animaux, tué peu d'heures
auparavant, fut même dépecé en quelques minutes sous
nos yeux par une bande de Diolas qu'on aurait pris
pour des affamés à voir leur joie et la rapidité dont ils
faisaient preuve dans leur travail de dissection.

Voilà les principaux souvenirs que m'avait laissés
ma première excursion dans le Fogny ; je me rappelais aussi ce que me disait alors le jeune lieutenant qui
commandait à Bignona sous l'autorité de l'administrateur de Sedhiou. Cet officier m'assurait se trouver dans
la région la plus riche de la Casamance qui, nulle part
n'est très pauvre, et où il y aurait beaucoup à faire, si

l'on osait y asseoir solidement notre autorité. Mais des
ordres lui étaient transmis, s'il devait lever l'impôt ce
ne pouvait être toutefois, clause contradictoire, qu'avec
l'assentiment des intéressés, quitte à attendre des jours
meilleurs quand ils se refusaient à payer. Or ces jours-
là tardaient à venir pour beaucoup de villages. Il ne
pouvait être, bien entendu, question de percer des routes pour remplacer les sentiers diolas, ni de jeter des
ponts sur les marigots. Les commerçants transportaient
leurs marchandises par voie d'eau, les fonctionnaires
ne sortaient pas de leurs postes et quant aux touristes
il n'en venait jamais. Notre autorité ne dépassait guère
la portée de nos fusils; seuls les villages faibles payaient
les contributions ; les habitants des agglomérations
plus fortes nous narguaient derrière les épaisses murailles en pisé de leurs cases et les jours de beuverie,
quand le vin de palme excitait les esprits, les carrés
de cases se faisaient la guerre comme si la paix française n'avait jamais été promulguée dans ces régions.

L'officier me disait cela avec dépit ; il faudrait si
peu d'efforts, ajoutait-il, pour changer la situation et la
rendre aussi satisfaisante qu'elle était intenable. Mais
l'éternel refrain colonial, le perpétuel « pas d'histoires » qui se murmure toujours aux oreilles, à moins
qu'il se ne proclame hautement dans les bureaux et
que les plumes elles-mêmes susurrent depuis des générations de fonctionnaires, en courant sur les vastes
papiers à en-têtes; le sempiternel « pas d'histoires »
coupait court à toutes les initiatives et annihilait les
meilleures bonnes volontés.

Nous avions déjà cependant dû faire plus d'un effort
au Fogny mais nous n'y faisions preuve d'aucun esprit
de suite et le résultat de nos précédents sacrifices se
perdait avant que nous ne songions à en profiter. La

pacification de la contrée eût été cependant chose facile;
une étude si succincte qu'elle soit des Diolas et de
leur mentalité le démontre sans peine. Ces noirs sont
curieux et pittoresques à souhait. Venus, il y a plusieurs siècles, d'un coin reculé de la Guinée, ils
appartiennent à la même famille que les Sérères fixés
plus au nord, de l'autre côté de la Gambie et dont les
séparent des populations de race malinké et de religion musulmane.

Les Diolas sont demeurés fétichistes comme leurs
cousins éloignés les Sérères ou ceux plus proches qui
peuplent la Basse-Casamance. Qu'on n'aille pas pour
cela les supposer inférieurs à leurs voisins islamisés.
Comme ces derniers, et mieux qu'eux, ils savent cultiver la terre, car leurs rizières sont certainement parmi
les plus belles de toute l'Afrique.

Le riz, cette précieuse céréale qui représente le plus
clair de leur subsistance, occupe une grande place dans
la vie des Diolas, aussi un certain nombre de leurs
cérémonies ont-elles été instituées en son honneur. J'ai
vu par exemple de beaux guerriers drôlement harna-
chés de bizarres ornements en paille, un peu semblables à des tutus d'opéra, danser devant moi la danse
du riz dans les rues de Bignona. Les tutus diolas se
portent autour du cou et non pas à l'étage inférieur
comme ceux de nos danseuses; le même souci d'exactitude qui me contraint à marquer cette différence
m'oblige également à reconnaître que les chorégraphes
engoncés dans leurs cols de paille et les mains chargées de leurs inévitables fusils, ne rappelaient en rien
la gracieuse troupe de notre Académie nationale de
musique. C'était tout de même un curieux spectacle
que de voir ces sauvages gesticulant avec lenteur
devant les vérandas des commerçants. La fête au

surplus devait s'animer dans la soirée car on ne peut se réjouir, ici comme en d'autres pays plus civilisés, que si l'on s'arrose abondamment le gosier de liquides incendiaires.

L'ivrognerie est, si j'ose dire, le péché mignon de toute la Casamance. Diolas, Floups, Balantes ou Bagnounks se grisent à qui mieux mieux. La richesse en palmiers du pays leur permet heureusement de se passer pour cela du concours des blancs et de l'usage des alcools toxiques fournis par l'importation. Il faut les en féliciter ; le vin de palme constitue une excellente boisson quand on le déguste tout au matin, à peine sorti des boulines pendues au sommet des fins éleïs où il se rafraîchit durant la nuit en tombant goutte à goutte.

Certes, le vice honteux de l'ivrognerie qui perd tant de peuples sur la surface de la terre, depuis les Bretons ou les Normands jusqu'aux Maoris et aux Indiens, n'est pas plus excusable ici qu'ailleurs. Pour ne parler que de la Casamance, l'ivrognerie constitue la principale cause des luttes sanglantes qui éclataient naguère, à tous moments, entre villages voisins. C'est ce vice qui fut souvent aussi cause des collisions survenues entre nos troupes et les noirs de la région ; il contribue pour sa large part à maintenir dans l'abrutissement ces malheureuses populations, mais sans vouloir ni le défendre ni l'excuser, c'est cependant en grande partie à lui que les Diolas doivent le maintien, sinon de leur nationalité, un tel mot ne peut être prononcé ici, du moins de leur réelle originalité et de leur indépendance. Leur amour du vin de palme en particulier et de tout ce qui grise en général, est en effet la principale cause pour laquelle les Diolas ne se sont jamais laissés pénétrer par l'islamisme qui les eût bientôt livrés à des chefs sossés ou ouoloffs. Fait dont les conséquences politiques pourraient être considérables, c'est encore ce même vice qui, les éloignant de la loi de Mahomet, les décidera peut-être à suivre les enseignements des missionnaires catholiques ou des pasteurs protestants.

Les Diolas ne s'absorbent pas dans la seule culture de leurs rizières ; ils savent aussi construire des cases en pisé qui, pour être moins belles que celles des Floups où l'on croit trouver, du reste des réminiscences de l'enseignement portugais, n'en sont pas moins supérieures aux habitations d'autres tribus noires. Ces cases ont généralement une forme arrondie ; les Djougoutes au contraire dont les villages se trouvent cependant dans les limites du Fogny, construisent de véritables maisons carrées, plus belles que les précédentes.

L'édification de leurs cases, la préparation des rizières, les soins donnés aux rares bestiaux du pays en butte aux attaques des tsé-tsé, occupent à peu près seuls les Diolas ou plutôt leurs femmes, car il faut bien le dire, c'est aux femmes qu'incombent les plus durs travaux du ménage. Véritables bêtes de somme, ces malheureuses font presque tout dans la case et au dehors. Il faut toutefois reconnaître qu'elles possèdent un certain prestige dans la famille diola ou djougoute. Ce sont elles qui poussaient les hommes, lors des dernières affaires où nos troupes durent infliger une leçon aux indigènes de Kartiak. Plus tenaces que leurs seigneurs et maîtres, elles les excitaient encore à la lutte après qu'ils avaient subi des pertes démoralisantes. Il faut encore ajouter que dans ce pays barbare où nos plus notoires pacifistes perdraient leur latin et évaporeraient leur salive sans le moindre résultat, un homme ne peut prendre femme, assure la légende, que s'il a quelque meurtre sur la conscience ! Si, comme nous l'avons vu, la situation agricole et économique des Diolas et des autres fétichistes égale pour le moins celle de leurs voisins musulmans, il n'en est pas de même de leur situation politique.

Le Diola ne connaît pas la tribu d'où sortira peut-être plus tard une nation, il n'a pas même un chef unique auquel tous obéissent dans le village. Une famille se groupe seulement sous l'autorité de son auteur dont la case réunit autour d'elle les cases de ses enfants. Un homme plus fort ou plus riche que les autres peut bien être dit le chef de tous les carrés qui composent un village, mais son autorité n'est jamais que précaire. On peut donc dire que le Diola est resté anarchique, tandis que le musulman évoluait et se hiérarchisait, fondant de véritables États plus ou moins puissants. C'est l'anarchie dont le Diola n'a jamais pu se débarrasser qui causa les malheurs de cette race laborieuse, digne, pour ce motif, de notre intérêt.

Le Diola est donc demeuré au stade de la famille, il paya cher cette infirmité politique. Jusqu'à notre arrivée en effet, le pays diola fut le grand réservoir des captifs, le terrain de chasse de tous les négriers. Les Portugais expédiaient naguère sur leurs frégates, jusque dans les Amériques, le bois d'ébène razzié ici. Récemment encore tous les almamys malinkés vivaient grassement, eux et leurs tiédos armés, aux dépens du pauvre Diola qui, butté comme un taureau, luttait toujours isolément contre tous, et toujours était vaincu. On retrouve encore aujourd'hui un certain nombre de captifs originaires du Fogny et de race diola qui furent pris et transportés jusque dans les provinces du Nord. Toutefois les Diolas n'ont jamais eu de captifs eux-mêmes, pas plus que leurs parents, les Sérères. C'est donc, peut-on dire, la conquête du pays par nos troupes qui, fait paradoxal, sauva ses habitants de la dispersion et de la mort. Les intéressés n'ont pas encore compris l'immense service que nous leur avons rendu, et, pour être demeurée sporadique, leur résistance armée contre nous n'en a pas moins présenté un certain degré de gravité; elle vient du reste à peine d'être brisée. Les Diolas ne pouvaient cependant trouver nulle part un refuge contre nous. La frontière anglaise est relativement éloignée de leurs centres les plus peuplés, la trouée de l'Est les aurait menés chez leurs plus terribles ennemis, les régions portugaises, inconnues d'eux au surplus, leur étaient encore plus interdites par la distance; mais nous avons longtemps tardé à nous décider, malgré ces nombreuses raisons qui nous incitaient à agir chez eux.

Peut-être l'histoire du Fogny, si humble et secondaire que soit l'importance de ce petit pays, nous révélera-t-elle quelques-uns des côtés les moins connus de notre œuvre africaine, fort belle à la vérité vue en bloc; mais, qui cependant n'est pas dépourvue, comme bien on pense, de petites imperfections.

Nos premières relations avec les villages diolas du Fogny datent de l'année 1861; elles se bornèrent d'abord à des palabres, en suite de quoi nos officiers ou nos fonctionnaires signaient gravement de vains papiers que des chefs noirs ornaient d'un signe en forme de croix dans l'unique but d'obtenir de nous quelque cadeau.

Un peu plus tard cependant, nous parvenions à fermer le pays aux Portugais qui s'en prétendaient les maîtres sans y avoir jamais pénétré. Installés depuis fort longtemps à Ziguinchor, ils auraient pu cependant s'étendre beaucoup en Casamance, s'ils avaient eu quelque énergie.

Le Fogny était alors en perpétuelle ébullition, les villages se battaient les uns contre les autres et l'administrateur que nous avions placé dans la petite île de Carabane, à l'entrée de la Casamance, écrivait à ce sujet : « Ces guerres amènent la dépopulation et arrêtent tout progrès. » La Palisse n'eut pas mieux dit ; mais il ajoutait que « le plus sage est de laisser le feu dévorer sa part pour pouvoir l'éteindre plus sûrement après ». Cette opinion rien moins que sage n'en était pas moins tout à fait à la mode !

L'incendie fit donc rage plusieurs années durant, avant que nous songions seulement à l'éteindre. Quand la nécessité nous contraignit à cette besogne, de nouveaux facteurs de désordre venaient de faire leur apparition dans le pays. Mais il me faut d'abord situer le Fogny sur la carte afin que l'on comprenne mieux les événements qui s'y sont succédé.

La Casamance borne au sud la région que limite à l'ouest, du côté de la mer, le beau marigot de Diouloulou et son affluent le marigot de Bayla. La rivière Songrougou qui se jette dans la Casamance en face d'Adéane sépare à l'est le Fogny de l'ancien pays Bagnounk. Ces divers marigots sont navigables, sur la plus grande partie de leur cours, puisqu'à marée haute, ils ont au moins 2 mètres de profondeur. Vers le nord-est seulement, aucune frontière naturelle n'existe jusqu'à la Gambie et c'est par cette vaste brèche limitrophe du Kian et du Kabada qu'entrèrent chez les Diolas, nombre de chasseurs d'esclaves. Les peuplades musulmanes qui ont presque détruit les Bagnounks fixés de l'autre côté du Songrougou n'auraient pas non plus tardé à passer cette rivière pour entrer dans le Fogny. Ce beau marigot constitue cependant une barrière relativement sérieuse, au moins pour des envahisseurs indigènes. Il ressemble à tous les autres marigots de la région; mais il est plus long et moins sinueux. Il n'offre plus guère aujourd'hui d'intérêt que pour les disciples de saint Hubert car son lit supérieur, à 100 kilomètres environ de son embouchure, traverse une région fort riche en gibiers de toute nature. Voilà plusieurs siècles que les Européens le connaissent et dans son nom actuel on croit retrouver le Sao Gregorio des Portugais du xvi° siècle. Notre André Brüe, lui aussi, voyagea sur le Songrougou à l'aurore du xviii° siècle. Des aventuriers de toutes nationalités, Anglais, Français ou Portugais s'étaient, à cette époque, créé de véritables châteaux forts dans ces régions. Tantôt en paix, tantôt en guerre avec leurs voisins indigènes, ils vivaient sous le lourd ciel africain comme naguère devaient vivre les seigneurs du moyen âge dans leurs manoirs féodaux.

Voici longtemps que ces aventuriers de race blanche ou métisse ont payé leur tribut à la nature et qu'ils furent remplacés par des chefs de bande indigènes.

Ces chefs de bande esclavagistes furent, bien entendu, nos ennemis nés dès notre apparition dans toutes ces contrées que nous voulions soumettre aux lois de la civilisation. Certains d'entre eux laisseront un nom entouré d'une auréole sanglante dans les annales locales. Contre plusieurs de ces négriers que nous décorions du titre de sultans ou de marabouts, nous avons dû lancer des colonnes et même de véritables expéditions; mais nous avons aussi, parfois, commencé par traiter avec eux, voire même par nous allier à eux, et qui dira si nous avions tort ou raison ! Tout cela s'est oublié maintenant, bien à tort. Ces histoires représentent en effet un tableau exact, en miniature, de nos grandes aventures africaines. On pourrait, en les étudiant dans le détail, comprendre bien des erreurs commises, naguère ou aujourd'hui, sur de plus vastes théâtres, et apercevoir toutes les conséquences, directes ou indirectes de chacune de ces erreurs.

Un aventurier mandingue, Fodé Kaba, s'était installé vers 1870 sur les bords du Haut-Songrougou, dans la province du Kian. Né à Goumbel dans le Boundou, il était le fils d'un marabout qui avait eu lui-même une existence agitée. Fodé commença sa carrière chez un chef du Rip, Mandiniéry qui eut, lui aussi, des démêlés avec nous.

Battu par Moussa Molo, chef du Fouladou dont, sur les ordres de son maître, il avait envahi le territoire, situé dans la Haute-Casamance, Fodé se sauva dans le Pakao où il provoqua bientôt des troubles. Ce n'est qu'après de nombreuses péripéties qu'il parvint à conquérir le Kian. Ses sofas, armés de fusils, procédaient sous ses ordres à des razzias fructueuses contre les Diolas du Fogny.

Ces malheureux sauvages, ne pouvant guère résister, tant à cause de leur armement défectueux que de leur ordinaire anarchie, fuyaient dans toutes les directions et jusqu'en Gambie anglaise.

Les autorités françaises traitèrent à cette époque avec Fodé Kaba qu'elles considéraient comme un facteur d'ordre dans ce pays, à cause de sa religion qu'on estimait supérieure à celle des fétichistes.

Notre représentant, l'administrateur de Sedhiou, lui reconnut, non seulement le Kian qu'il avait ravagé, mais aussi le Fogny qu'il ne faisait qu'entamer.

Le chef mandingue, en échange facilita la tâche de la commission franco-anglaise d'abornement de la

Gambie. Dans le but d'éviter une émigration générale des Diolas chez les Anglais, nous décidâmes même d'envoyer une petite colonne le long de la nouvelle frontière, non pour protéger les fuyards, mais plutôt pour faire cesser leur résistance.

L'aviso de guerre *le Brandon* transporta donc en février 1893 une trentaine de tirailleurs sous les ordres d'un lieutenant jusqu'à la pointe d'Adéane, des chalands amenèrent ensuite la petite troupe en remontant le Songrougou jusqu'à Bona où s'élevait le tata, c'est-à-dire la forteresse de notre allié. Fodé Kaba s'y joignit à nos hommes avec environ 500 sofas dont quelques-uns possédaient des chevaux et la tournée militaire commença. Fait minime, qui démontre cependant combien notre politique était faible et par conséquent malhabile dans la circonstance, la colonne ne partait guère chaque matin de son campement qu'à une heure tardive, de sorte qu'elle supportait durant l'étape toute l'ardeur du soleil. Son chef, le lieutenant M... de qui je tiens ce détail, devait en effet, sinon obéir formellement aux ordres de Fodé Kaba, du moins se plier à ses habitudes et à ses désirs.

Un gros village diola, nommé Diombélécoum, peu éloigné de la frontière, avait refusé de se soumettre à Fodé Kaba, nous décidâmes de l'attaquer, aussi tout comme les sofas de notre allié, les tirailleurs furent-ils reçus à coups de fusil.

Un capitaine vint de Sedhiou au secours de la petite colonne mise en sérieux échec, il amenait avec lui un canon de 4. Le village fut enfin pris d'assaut grâce à ce renfort et ses habitants faits prisonniers par les sofas de Fodé Kaba. Attachés par le cou l'un derrière l'autre, ils s'en allèrent grossir les rangs des captifs de notre allié.

La tournée militaire continua sa route vers le Fogny central sous les ordres du capitaine qui, bientôt arrêté par un autre village très important, décida d'en faire également le siège.

Les Diolas de Dindiam ne se laissèrent pas intimider. Nombreux et solidement retranchés, ils nous narguaient derrière leurs murailles, faisant parfois la fantasia sous nos yeux et, comme les héros d'Homère, nous lançant des injures et des provocations tandis que les bandelettes de cuivre dont ils s'entourent les bras et les chevilles cliquetaient et brillaient au soleil.

L'action engagée ne fut pas décisive. Nos tirailleurs manquèrent bientôt de munitions, ils durent se replier et former le carré autour d'un gigantesque fromager. Fodé Kaba qui avait si prestement égorgé ou réduit en captivité les vaincus de Diombelécum, nous abandonna dès que l'action fit mine de tourner mal, aussi notre petite colonne se trouva-t-elle dans une situation véritablement grave. Le gouverneur du Sénégal M. de Lamothe qui était venu assister au siège, n'était qu'un embarras de plus pour le chef de la colonne dont la responsabilité se trouvait ainsi fort augmentée.

La retraite jusqu'au Songrougou à travers 50 à 60 kilomètres de brousse coupée de bois et de marais, en plein pays hostile, grâce à la cruauté des sofas que nous avions aidé dans leur œuvre de destruction, cette retraite fut pénible et périlleuse. Douze tirailleurs valides composaient seuls, à un moment donné, l'arrière-garde de la colonne. Pour comble de malheur, le tétanos fit plusieurs victimes parmi les nombreux blessés que ne soignait aucun médecin. La retraite se continua moins dangereuse, mais tout aussi fatigante, dès qu'on eut atteint le Songrougou. La poursuite des ennemis s'était arrêtée aux bords de la rivière ; il fallut à ce moment que les tirailleurs usent leurs dernières cartouches contre les nombreux hippopotames du fleuve, troublés dans leurs habitudes et qui menaçaient de faire chavirer nos rares embarcations.

Le seul avantage que nous procura cette expédition plus pénible qu'honorable fut la reconnaissance par Fodé Kaba de notre suzeraineté, moyennant une rente de 5.000 francs et la possession assurée du Kian.

Notre allié de 1893 ne tarda pas, selon la logique des choses, à devenir notre adversaire. Huit ans plus tard une nouvelle expédition suivant à peu près le même itinéraire que la précédente, s'en vint assiéger son tata de Médina dont la prise suivie de la mort du chef mandingue, délivra la région d'un pillard sanguinaire et notre domination d'un adversaire redoutable. C'est ainsi qu'en moins de dix ans, nos troupes durent combattre pour et contre Fodé Kaba qui, sa vie durant, ne fut qu'un négrier fanatique.

Nous avions fondé Bignona en 1898, mais l'officier qui commandait le poste ne pouvait, faute d'hommes, rayonner autour de sa résidence. Une petite colonne traversa la région deux ans plus tard sans y faire grande besogne ; les Diolas, un moment effrayés, reprirent vis-à-vis de nous leur quiétude et leur indépendance. Le chef d'un village appelé par notre résident lui répondait qu'il n'obéissait pas à un homme mais à plusieurs ; cette franche invite à une attaque demeura sans réponse.

C'est d'hier seulement que l'autorité supérieure décida de sévir contre les éléments de trouble et d'insoumission. Une compagnie entière fut casernée en 1907 à Bignona, devenu le chef-lieu d'une sorte de petit territoire militaire, sous les ordres du capitaine Lauqué.

Cet officier auquel un gros crédit de 3.000 francs était ouvert pour cet usage, avait reçu l'autorisation de fonder de petits postes supplémentaires sur son territoire. Vingt tirailleurs commandés par un sous-officier vinrent donc s'installer dans le village de Kartiak placé sur le marigot de Bayla, à vingt kilomètres en aval de l'escale de ce nom. Ses habitants nous dédaignaient car ils avaient battu Fodé Kaba et, trois ans auparavant, repoussé quelques-uns de nos tirailleurs envoyés pour percevoir l'impôt. Grisés de vin de palme, c'était le 18 juin, ils coulèrent leurs pirogues afin de nous empêcher de fuir et attaquèrent ensuite notre poste. Un lieutenant et 25 hommes vinrent en toute hâte de Bignona pour renforcer la garnison qui perdit deux tués et huit blessés au cours d'une nouvelle attaque effectuée quelques jours plus tard.

Malgré les pertes cruelles subies par eux dans le combat et les saisies de bestiaux et de récoltes qui suivirent, les rebelles poussés par leurs femmes résistèrent quelque temps encore. Tout rentra enfin dans l'ordre et l'impôt fut, pour la première fois, payé par le village.

Quelques agglomérations voisines, mal renseignées sur les événements firent encore mine de nous résister. Des colonnes de police rayonnant autour des postes installés à demeure dans la région, mirent bientôt bon ordre à ces velléités de rébellion et le pays connut enfin le calme. Il va sans dire que le vin de palme aidant, et aussi la courte mémoire nègre, quelques rixes surviennent de temps à autre; ou bien comme à Diogoun, les indigènes se permettent parfois de rendre la justice à leur façon sans notre assentiment.

On fit, dans ce dernier cas, subir les supplices les plus barbares à un fou qui avait tué son frère. Mais ce sont là des faits divers et non plus des événements politiques !

Aussi peut-on dire que le capitaine Lauqué devint bientôt le maître du pays. Il en profita pour astreindre les habitants à des corvées qui ont déjà transformé le Fogny ; cela n'a pas manqué d'inspirer aux Diolas un respect profond pour leurs nouveaux conquérants, je m'en aperçus de suite lors de ma seconde visite à Bignona, en voyant les noirs se ranger sur mon chemin et saluer militairement. Quelques personnes trouveront peut-être mauvais qu'on exige de nos indigènes des marques semblables de politesse. Nous dégradons ces hommes libres et fiers jusqu'ici, diront sans doute ces libertaires en chambre ! Que l'on ne plaigne pas trop cependant ces victimes ; nous les préservons par notre seule présence, de l'esclavage ou de la fusillade des sofas mandingues.

Le salut des Diolas qui me prenaient sans doute pour un officier, flatta mon orgueil, certes, mais ce n'est pas de lui que j'eus le plus à m'étonner. J'étais venu à Bignona, pour ma seconde visite, en suivant son marigot qui coule durant une soixantaine de kilomètres entre deux rives presque toujours ombragées de palétuviers et parfois aussi couverte d'une véritable forêt vierge.

Ma première surprise, avant même de débarquer, avait été d'apercevoir, jeté sur le marigot, un bon et solide pont. Les rues de l'escale, tracées droit dans la brousse, étaient propres et bien entretenues, si le nombre des cases européennes qui les bordaient n'avait pas augmenté. Le caoutchouc, seul article d'exportation du pays, tend à devenir plus rare : il n'avait pas non plus diminué. En suivant une de ces rues, j'arrivais bientôt jusqu'au camp des tirailleurs dont les cases de pisé se dressaient à intervalles réguliers. Ce camp était pourvu de tous les locaux nécéssaires; officiers et sous-officiers y possédaient des cases entourées de confortables vérandas ; il existait des magasins pour les vivres, d'autres pour les munitions, et même un puits autour duquel jacassaient « mesdames tirailleurs ».

Une infirmerie-hôpital se dressait dans un enclos situé un peu à l'écart. Elle ne comptait qu'un lit unique pour l'hôpital mais ce lit demeurant inoccupé témoignait ainsi du bon état de santé de la garnison.

Rien donc ne manquait à cette petite cité militaire, poussée en plein pays sauvage, révolté de la veille, ou plutôt il ne lui manquait qu'une seule chose, mais je ne m'en étonnais pas. Cette forteresse n'avait ni fossés ni murailles, on y entrait comme dans un moulin ; beaucoup plus facilement, puisqu'il n'existait pas même la moindre apparence de porte.

Insigne négligence ! Que non pas, et seulement connaissance approfondie de la psychologie nègre !

Les Diolas nous méprisaient naguère quand nous passions sous le feu de leurs « pétoires » sans oser relever leurs provocations. Ils nous attaquaient alors parce qu'ils se croyaient plus forts que nous et qu'ils n'étaient cependant pas rassurés sur nos intentions. Ils nous craignent aujourd'hui, et, connaissant notre force, ils n'auraient garde d'attaquer notre camp ouvert. Si barbares qu'ils soient, ils ne laissent pas de se rendre compte, un peu confusément sans doute, de notre justice et de notre bon vouloir vis-à-vis d'eux. Ce n'est cependant pas par reconnaissance qu'ils nous saluent : pareille association d'idées ne pourra de longtemps germer dans la cervelle d'un noir ; qu'importe après tout !

Le pays devenu tranquille est mieux pénétré par nos commerçants. Nos compatriotes ne sont, du reste plus seuls à s'aventurer partout, les Syriens eux-mêmes suivent leurs traces, maintenant qu'il n'y a plus de danger à le faire.

Si le Fogny manque encore d'instituteurs, il est déjà pourvu de missionnaires. Un Père du Saint-Esprit élevait en effet une chapelle à Bignona lorsque j'y passai. Il y fera sans doute des chrétiens, et j'en serai heureux pour ma part, car ce seront autant de recrues de moins pour l'islamisme menaçant...

Le régime militaire ne s'est pas borné, comme on pense, à inculquer aux noirs des leçons de politesse ; il ne lui a même pas suffi de garantir la sûreté de tous. Aussi s'est-il attelé, dès la première heure, à la création fort importante, selon moi, d'un système dé routes qui rayonnent autour de Bignona et joignent ce centre à toutes les régions voisines.

Une piste de deux et même trois mètres de largeur mène droit à Thobor, elle passe sur un pont les marais de Diongé où mon compagnon d'il y a cinq ans teignit avec leurs vases gluantes et rougeâtres les superbes chaussettes blanches qu'il portait sans souci de la mode. Ce trajet, qu'avec ses méandres nombreux nous avions mis plus de cinq heures à effectuer, on le couvre aujourd'hui à bicyclette en un peu plus d'une heure et sans fatigue. Beyla est également relié au chef-lieu de même que Marssassoun baigné par le Songrougou. Une autre piste, enfin, s'achemine vers le nord jusqu'à Sinédian sur la frontière anglaise.

A quoi servent ces ébauches de route, diront peut-être quelques grincheux, puisque le pays fogny ne produit pour l'exportation qu'un peu de caoutchouc et qu'au surplus les marigots dont il est pénétré lui permettent de transporter sans peine au dehors n'importe quelles marchandises ?

La construction de ces routes servit d'abord à mater les villages, trop habitués jusqu'ici à nous ignorer. Les routes elles-mêmes, si imparfaites qu'elles soient, peuvent grandement faciliter les déplacements des colonnes. Enfin l'organe, il ne faut pas l'oublier, crée souvent la fonction, du moins en ces matières.

La sécurité générale garantie, entrée dans les mœurs et faisant disparaître des esprits la crainte dans laquelle vivait jusqu'ici le Diola ; les relations, rendues plus faciles, lui permettant la satisfaction plus commode des besoins nouveaux sûrement créés par la civilisation, l'inciteront peu à peu à produire davantage. Or, il a de quoi s'occuper. Ses rizières déjà relativement étendues, peuvent s'accroître indéfiniment car si le Sénégal consomme beaucoup de riz, il en produit peu et doit en faire venir du Soudan ou même de Saïgon. Des plantations de lianes à latex, d'abord imposées par l'administration, assureraient au Fogny la perpétuité de ressources qui tariront dans un prochain avenir si l'on ne prend pas bientôt une mesure de ce genre. L'arachide vient bien dans certains cantons sablonneux, d'autres sources de richesse se trouveront également quand on voudra s'occuper d'en chercher. L'élevage des troupeaux pourrait, lui aussi, procurer des bénéfices aux indigènes et par conséquent aux commerçants ; il conviendrait, au préalable, de détruire les mouches tsé-tsé qui pullulent dans les palétuviers des marigots et surtout dans celui de Bignona. Ce travail, impossible en apparence, présenterait sans doute moins de difficultés qu'on pourrait croire d'abord.

Le Fogny d'hier donnait 60.000 francs d'impôts à la colonie, il en fournit aujourd'hui 220.000 depuis qu'il forme une petite marche militaire autonome. Or, il coûte au Trésor infiniment moins qu'il ne lui rapporte. C'est que le régime militaire, vraiment admirable en vérité, présente entre autres avantages, celui de coûter peu. Un capitaine, un lieutenant, un médecin, quelques sous-officiers, une centaine de tirailleurs et voilà cinquante mille noirs poussés dans les voies de la civilisation qu'ils ignoraient hier et dont ils avaient peur.

Pourquoi le régime militaire obtient-il de tels résultats et comment se fait-il que le régime civil soit souvent incapable, dans des conditions identiques, d'en obtenir d'analogues ? La chose n'est pas difficile à expliquer, mais il faut, au préalable, bien poser le problème qu'il s'agit de résoudre. On ne parle ici que d'une région peuplée de barbares, mal soumise, sans industrie ni organisation et où les colons, tous commerçants, sont rares. Il est certain qu'un pays semblable s'accommodera mieux du régime militaire, à cause surtout de la discipline qui existe dans l'armée d'un bout à l'autre de l'échelle. Du soldat au général, en passant par le sergent et le capitaine, chacun sait exactement que l'obéissance passive est le premier devoir. Une seule tête dirige toujours et, prendre une décision semble aussi naturel au chef, qu'obéir paraît normal à sés subordonnés. Les sanctions au surplus ne se font pas attendre ; aussi le chemin de tous étant nettement tracé, personne, pour ce motif, ne perd son temps à le chercher.

Or, le noir d'Afrique qui est un primitif, même s'il porte costume toubab, même s'il a le droit de jeter dans l'urne un bulletin de vote, le noir, dis-je, respecte toujours les ordres reçus quand il sait la sanction prochaine en cas de désobéissance. Les diverses qualités qui font le plus d'impréssion sur les noirs sont naturellement l'apanage des militaires, par grâce d'état peut-on dire! Le fonctionnaire civil est souvent dépourvu de ces qualités; sa tournure d'esprit naturelle fait qu'il répugne davantage, sauf exception, aux promptes décisions, surtout quand il s'agit de réprimer. Le civil pèse plus et agit moins; il aime les grands mots et les belles phrases. Solidarité humaine, conscience, fierté civique, justification de l'impôt, toutes balivernes pour le noir, sont pain quotidien pour nombre de fonctionnaires. Ces messieurs savent assurément que toutes ces choses ne s'expriment pas plus en diola qu'en ouoloff, mais ils ignorent encore moins que cela s'imprime tous les jours en français plus ou moins bon, dans nombre de journaux très lus de la métropole!

Il ne faudrait pas conclure de ce qui précède qu'on devrait militariser toutes nos colonies nouvelles. Si les militaires font de bonne besogne en terre vierge, le moment ne tarde guère à venir où il vaut mieux les remplacer par des civils. Leurs principales vertus deviennent promptement en effet de graves défauts, dès que commencent à se multiplier les colons.

C'est en somme parce que la simplicité administrative convient davantage aux régions frustes et barbares que le Fogny s'est si bien accommodé du régime militaire. Il serait même à souhaiter qu'on confie également d'autres régions de Casamance aux officiers. Nul doute, si l'on plaçait sous leur autorité tous les cantons voisins de la frontière portugaise, que le bénéfice d'une telle mesure ne soit considérable à brève échéance.

Mais qui oserait proclamer cette vérité, surtout parmi les fonctionnaires coloniaux qui semblent être les seuls à pouvoir parler des colonies en France? Ces fonctionnaires sont d'abord des hommes, ensuite ils font partie d'un corps hiérarchisé. Hommes, ils sont égoïstes ; fonctionnaires, ils ont l'esprit de caste et ne voudraient, pour rien au monde, voir diminuer l'étendue de leur domaine ou celle de leurs attributions.

Les gouverneurs eux-mêmes n'auront garde de rien dire, car l'extension donnée aux pouvoirs des militaires fournit la meilleure preuve que la tranquillité de leur colonie laisse à désirer, ce qu'on leur reprochera toujours. De plus, pourquoi ne pas le dire, le militaire n'est pas à la mode du jour ; on l'a même expulsé des romans où il jouait naguère le principal rôle. Il faudrait pour qu'un gouverneur du Sénégal reconnaisse l'utilité qu'il y aurait à étendre en Casamance le domaine militaire, au moins pour quelques années, il faudrait que ce haut fonctionnaire ait du courage civique, et soit plus attaché à l'avenir de sa colonie qu'intéressé à ses propres chances d'avancement ; il faudrait aussi, j'en conviens, que ce gouverneur soit plus libre qu'il n'est. Je crois pouvoir dire ici, n'a-t-on pas toujours le droit d'espérer, que les nouveaux projets ministériels dont on parle en ce moment, réaliseront dans ce sens un progrès très appréciable.

On ne demeure pas longtemps pour son plaisir à Bignona ou dans le Fogny, je quittais donc bientôt ce pays que je ne reverrai probablement jamais. Cette pensée me faisait un peu de peine ; j'aurais plaisir en effet, à revoir ces forêts où poussent les lianes souples, ces grasses savanes, ces rizières dont les récoltes décuplées pourraient être voiturées sur les sentiers d'aujourd'hui, transformés en routes véritables, ou bien chargées sur les côtres des marigots.

Tout comme fait le lièvre en son gîte, le voyageur n'a guère qu'à songer, lorsqu'une pétrolette l'entraîne à la vertigineuse vitesse de 10 kilomètres à l'heure entre deux coulées de palétuviers feuillus. Je repassais donc tous les spectacles qui s'étaient déroulés sous mes yeux durant mes séjours au Fogny, le précédent et le dernier ; je ne comparais pas seulement le présent au passé, j'essayais encore de percer les impénétrables voiles de l'avenir tandis que je reprenais le chemin du retour vers Ziguinchor, d'où je devais repartir ensuite dans une autre direction, selon les circonstances et les facilités du moment !

J'étais, sur cette pétrolette qui me ramenait, l'hôte d'un aimable colon, directeur de la plus grosse agence commerciale de tout le cercle qui, faisant une tournée d'inspection, ramenait avec lui deux de ses agents. Aussi la question se posa-t-elle bientôt d'employer les lentes heures du voyage autrement qu'à contempler les arbres de la rive. Ces messieurs ne trouvaient plus aucun intérêt à cette distraction trop souvent répétée pour eux. On décida donc, presque à l'unanimité, de « faire un bridge », le bridge est en effet une maladie endémique sous toutes les latitudes. Mais il fallait d'abord que nous passions certain détour du marigot où la rivière manque de fond à marée basse. Notre pétrolette y parvenait juste à ce moment et diminuait son allure. Nous avions par malheur trop tardé sans doute à quitter Bignona car la quille racla la vase et l'on dut bientôt stopper. Alors, tous les noirs se jetèrent à l'eau, les uns poussant de toutes leurs forces le bateau échoué, les autres, un bâton à la main, sondant ici et là pour trouver un chenal. L'affaire présentait quelque importance, car c'était une perte de six heures si nous ne passions pas tout de suite.

La bonne route fut enfin repérée après quelques efforts ; les noirs traînèrent la pétrolette sur le haut fond, celle-ci flotta de nouveau, le teuf-teuf de la machine reprit d'abord avec quelques hésitations, l'hé-

lice tarauda de nouveau l'eau suffisamment épaisse :
nous marchions, c'était un fait, nous marchions, dépassant les feuilles arrachées des palétuviers qui lentement
glissaient au fil de l'eau vers la mer! C'était le moment
de mettre à exécution les projets de tout à l'heure.
Une table fut dressée, un boy déboucha des bouteilles
de bière tenues jusqu'ici dans une glacière encore pourvue de quelques maigres blocs. L'un de nous battait
déjà les cartes d'une main experte tandis que les tsé-
tsé, faméliques et hardies, volaient rapides autour de
notre groupe.

CHAPITRE XI

Bissao et la Guinée Portugaise

Une ville mort-née, protégée par les ruines d'un fort. État présent lamentable de la colonie portugaise, passé glorieux, avenir incertain.

On peut, depuis deux ans, aller visiter la Guinée portugaise en prenant un petit vapeur qui, de Port-Étienne au nord jusqu'à Bissao vers le sud, réunit une fois par mois les principales escales de la côte. Ce bateau, d'une jauge brute de 300 tonnes, abat ses huit nœuds à l'heure et peut recevoir à la fois une douzaine de passagers de cabine. Il est donc difficile de le comparer aux superbes navires des lignes trans-atlantiques, voire même à ceux, très modestes cependant, qui, sous notre pavillon, font la navette entre Dakar, la France et l'Amérique du Sud.

Mais, tout est relatif en ce monde et, si l'on met en parallèle le *Gouverneur Ponty* avec certain petit sabot qui le précéda et dont je fus naguère le passager et la victime, on ne peut, j'avoue l'avoir fait sans vergogne, qu'admirer et jouir des félicités présentes.

Partis de Ziguinchor peu après midi, sortis de la rivière Casamance quelques heures plus tard, nous avions, durant la nuit, prudemment longé la côte que n'éclaire aucun feu et dont les approches, hérissées de bancs de sable et de hauts-fonds perfides, présentent de graves dangers pour les navigateurs.

Notre bateau ne transportait guère que des passagers de pont à destination de Bissao, mais sa cale regorgeait de marchandises pour ce port et cela me remplissait de joie. J'étais tout d'abord heureux de penser qu'un courant commercial était né qui se renforcerait sans doute entre la colonie portugaise et nos propres escales. Je me réjouissais aussi à la pensée plus égoïste que j'aurais tout le temps nécessaire pour visiter la ville portugaise, voire même ses environs immédiats, et cet espoir ne fut pas trompé.

Le lendemain de notre départ, nous étions encore en pleine mer ; le capitaine et le pilote, un vieux nègre dont le menton s'ornait de quelques poils blancs, fouillaient l'un et l'autre l'horizon de leurs lorgnettes car on marche ici à l'estime. Pour s'éloigner des périls trop certains de la côte, on trace de plus la route des bateaux fort au large, aussi doit-on, lorsqu'il s'agit de piquer vers un port, tâtonner longuement afin de ne pas en manquer les passes.

Il arrive même qu'on soit forcé de rebrousser chemin parce que, la nuit aidant et les courants marins aussi, on s'est sans s'en douter laissé entraîner trop au delà.

Notre capitaine était expérimenté, bientôt des lignes blanches grossirent à mesure que nous approchions, c'était la terre et sa frange éclatante de plages sablonneuses. Nos yeux distinguèrent ensuite des îles et des îlots disséminés au milieu de la mer glauque. Ces îles étaient plates. de beaux arbres les ombrageaient.

Nous cinglions sur un îlot que signalait de loin un amer en maçonnerie passé au lait de chaux puis une véritable maison pas bien entretenue, où se tiennent les pilotes de Rio-Grande. Chaque rivière de la côte possède en effet ses pilotes spéciaux et aucun capitaine ne se passe de leurs services, faute de quoi il serait, en cas d'accident, rendu responsable de la perte de son navire.

Dès que se fut embarqué le nouveau pilote, sorte de nègre couvert de haillons, notre vapeur reprit sa route sagement, c'est-à-dire avec une circonspecte lenteur, vers d'autres îles qu'on apercevait dans l'est.

L'heure de notre entrée coïncidant avec celle du jusant, le travail de notre faible machine était diminué; mais nous devions adopter une allure zigzagante qui retardait notre marche, afin d'éviter des hauts-fonds souvent devinés même par nos yeux inexperts, grâce à des différences de coloration des eaux.

Le panorama déroulé sous nos yeux ne manquait pas de beauté malgré sa monotonie. L'estuaire immense où nous étions engagés agitait sous le soleil sa surface miroitante plaquée de vastes bancs de sable, émergés ou noyés sous de faibles épaisseurs liquides. Partout à la fois des terres couvertes de frondaisons jaillissaient de l'eau comme des bouquets de fleurs sombres sur une pelouse verte. Quelques-unes de ces terres sont de simples îlots, qu'un coup d'œil explore d'un tour de prunelle; d'autres plus vastes seraient peut-être susceptibles d'exploitations, mais personne ne s'en occupe, personne même n'y vient jamais car sur ce territoire portugais l'empreinte européenne, à peine imprimée naguère, semble aujourd'hui presque entièrement effacée, comme serait le relief rongé par la rouille d'une médaille trop longtemps enfouie dans un sol humide.

Des noirs indépendants, ou peu s'en faut, peuplent les rares terres habitables de cet archipel dont la plupart des îles sont marécageuses. Des palétuviers couvrent ces dernières qui ne serviront guère, durant de longs siècles, que d'asiles aux oiseaux aquatiques.

Nous sortons enfin de cette vaste embouchure dans laquelle on ne sait si l'on se trouve en mer ou dans quelque lac immense, ni si l'on est à proximité du continent. D'autres îles encore parsèment les eaux qu'animent des courants marins alternatifs, puis deux berges basses, marécageuses et tristes se dessinent enfin, à droite et à gauche de la puissante avenue liquide au milieu de laquelle nous semblons perdus.

Encore une terre, toute petite, couverte d'arbres qu'affectionnent les blanches aigrettes, les échassiers et les palmipèdes bariolés comme des Arlequins. Sa berge étroite, couverte de galets ne sert de rendez-vous qu'à ces hôtes emplumés. Nul ne débarque et n'y débarquera sans doute. Je la regardais cependant avec attention, avec piété même, durant les courtes minutes que nous longions sa minuscule forêt vierge et cela parce que le capitaine du bord me l'avait signalée d'un seul nom « l'île aux Français » ! Mais à ma question il n'avait su répondre, et mes yeux non plus ne pouvaient me renseigner ni m'apprendre si ces quelques syllabes ne rappelaient pas un souvenir d'histoire. Il importait peu au surplus, car, sur babord, les berges de l'île Bissao s'étendaient à perte de vue, peintes d'un vert moins sombre grâce aux essences variées qui les habillent. Un simple marigot, sorte de fossé peu large et très long, sépare seul Bissao du continent car l'île est fort vaste. Un plateau la constitue ; peu élevé, il domine cependant le fleuve de plusieurs mètres. Si ses rives presque toujours galonnées de palétuviers nous rappelaient les terres laissées précédemment derrière nous, les beaux arbres que l'on distinguait vers l'intérieur, reposaient la vue, lassée presque de cette couleur uniformément sombre et désolante à la longue ! Là du moins, je savais que des Français étaient venus naguère, qu'ils y avaient vécu, que d'aucuns y demeurent encore, couchés à l'ombre de minces croix de bois disparues depuis bien longtemps ! Mais cela c'est le passé lointain, vieux de deux siècles, perdu dans les brumes épaisses de l'indifférence ! Or c'est du seul présent qu'il me faut parler, car l'avenir n'est à personne, ici moins qu'ailleurs peut-être.

Bien des villes africaines ressemblent beaucoup aux bâtons flottants du fabuliste : « Elles sont de loin quelque chose et de près ne sont rien. » Bissao rappelle à la mémoire ce vers du bon La Fontaine.

Quand on le découvre tout entier, après avoir dépassé l'île aux Français, il semble qu'on se trouve devant une vieille et grosse cité européenne, forteresse et comptoir tout à la fois, plantée, solide et revêche, sur la terre rouge d'Afrique.

Bissao n'est plus jeune à la vérité, mais il demeure chétif, semblable à ces enfants mal venus dont le corps maigre et déjeté supporte un visage tout ridé de vieillard.

Une terre montueuse, l'île Royale, fait dans le fleuve, à un mille environ de la côte, une large tache rouge et verte parsemée de points blancs qui sont des entrepôts. Devant elle s'étend la ville dont, sur plusieurs centaines de mètres de longueur, les maisons à étage bordent le rivage du fleuve. Un warf embryonnaire, parti d'un quai minuscule s'entoure d'un fouillis de côtres et de petits vapeurs fluviaux, doucement balancées en cadence et qui animent le port établi devant la cité toute silencieuse.

Par delà les maisons, vers amont, la masse impo-

sante d'un fort dresse ses murailles épaisses comme
on n'en construit plus aujourd'hui. Mais rien d'autre,
tout autour de la ville, pas de hameaux, pas même
une blanche maison au toit de tôle dans la brousse
voisine, pas le tracé sinueux d'une route poussiéreuse,
rien, sinon à quelques kilomètres de distance les toits
pointus de cases indigènes, couvertes de chaume où
n'habitent que des noirs, de toute évidence ! Sous le
soleil encore élevé à l'horizon, le spectacle me paraissait vraiment imposant, mais la nature presque seule lui
donnait sa beauté. Le fleuve immense, l'île Royale,
Bissao qui semble faire partie du continent, ces terres
uniformément rouges, nourricières d'arbres géants
dressés à distance les uns des autres de sorte que malgré l'éloignement, pas un pouce de leur taille ne se
perd, tout cela présente cette grandeur farouche, hostile, que presque toujours, l'Afrique Occidentale révèl
à nos yeux.

Ah, ces pays ne sourient pas d'ordinaire. Ils sont
comme ces femmes au front orgueilleux, à la taille
imposante devant lesquelles on s'incline, qu'on admire,
mais qu'on sait insensibles aux prières, fermées à tous
les sentiments. Oui, l'Afrique ressemble à ces femmes
impérieuses et froides, pour la beauté desquelles on
meurt, certes combien le font chaque jour, mais qui ne
s'attendrissent jamais !

Le médecin de la santé nous arrive dans une baleinière dont l'arrière disparaît presque sous les plis immenses du vieux drapeau royal, naguère promené par Vasco
de Gama et Albuquerque sur les Océans nouveaux.
Une poignée d'hommes jeta récemment, avec une facilité déconcertante, dans la boue des ruisseaux de Lisbonne, ce glorieux étendard. Il m'avait paru touchant à
voir, toujours immense et un peu vain, sur les ruines

de la Guinée portugaise. C'était le vieillard courbé sous le poids des ans dont l'âge permet d'excuser les fautes ; le nouveau drapeau tricolore qui l'a remplacé n'aura pas la même excuse, il ne devrait flotter que sur des constructions neuves. Or, quels architectes rajeuniront les ruines d'antan ! Laissons là ces réflexions anticipées, nous avons patente nette et sans tarder je dois me mettre en devoir de descendre à terre !

Quelques coups de rames et la désillusion commence, si tant est qu'on puisse avoir encore des illusions à si courte distance ! Les petits vapeurs de la rade sont minables, le plus considérable d'entre eux, muni d'une longue flamme militaire, semble n'être qu'un joujou d'enfant peu soigneux, plutôt qu'une canonnière fluviale. La mer qui se retire ne baigne plus le quai minuscule ; le warf lui-même trempe à peine ses derniers pilotis dans l'eau vaseuse et la ville, bâtie en amphithéâtre sur une berge en pente douce, est embrassée d'un seul coup d'œil tant elle est petite.

Nous débarquons, non sans peine. Notre précédente et mauvaise impression s'affirme, grâce à l'encombrement du warf mal entretenu, à l'allure de certains noirs vêtus ou presque, comme des Européens, à celle de blancs plus ou moins purs et qui paraissent bien négligés malgré leurs insignes officiels.

Dès que nous sommes sortis indemnes du warf et de ses périls, nos guides nous entraînent vers la droite, du côté de belles constructions fort bien tenues, ma foi, toutes serrées les unes contre les autres comme les moutons apeurés d'un troupeau que guette le loup. Cette image me reviendra plus d'une fois à l'esprit tandis que je visiterai la ville.

Ces quelques maisons de belle apparence appartiennent sans exception à des firmes étrangères, allemandes, anglaises, belges ou françaises. Nous en aurions rencontré une, portugaise celle-là, si tout à l'heure, nous avions tourné à gauche, et sa nationalité nous eût été révélée sans tarder rien qu'à voir sa façade et ses étalages, le sans-gêne indolent de ses employés bistrés comme celui de ses clients court vêtus.

Un voyageur pressé peut repartir après avoir consacré cinq minutes à flâner sur le quai de la ville, il a presque tout vu, sinon de la Guinée dont l'étiquette est portugaise, du moins de Bissao. Mais les marchandises qui dormaient encore, faute de manœuvres pour les en tirer, dans les cales de mon bateau me permettaient des loisirs et je m'aventurais dans les autres rues de Bissao.

Elles sont peu nombreuses à la vérité, trois ou quatre parallèles à la première, de plus en plus étroites et courtes à mesure qu'elles en sont plus éloignées: Une voiture ne pourrait passer presque nulle part s'il en existait une en ville. Quelques ruelles montueuses et perpendiculaires font communiquer entre elles ces rues que bordent des maisons pour la plupart réduites à un simple rez-de-chaussée. Toutes ces constructions sont serrées à s'étouffer, toutes mal tenues, même à l'extérieur, toutes également surpeuplées de gens malingres et sales, mélange innommable de noirs et de mulâtres très foncés parmi lesquels détonnent parfois des blancs qui semblent de race pure. Je marchais lentement dans ces rues pour éviter des dénivellations trop brutales ou des tas d'ordures trop élevés car la voirie, jugée sans doute inutile et superfétatoire, n'existe tout au plus ici que dans les rapports administratifs.

On aperçoit de-ci de-là des boutiques où l'on oserait à peine entrer, il existe notamment deux ou trois cafés dont les tenanciers sont en même temps coiffeurs ou marchands de tabac.

Sur le pas des portes toutes ouvertes et grâce auxquelles on devine, dans la pénombre, des intérieurs de chenils mal tenus, des femmes se vautrent, vêtues d'une jupe et d'une chemise jadis blanches. Leurs pieds sont nus, leur tête est seulement couverte de cheveux plus ou moins crépus et jamais peignés. Des bandes d'enfants pataugent devant elles dans les excréments de la rue, avec leurs compagnons de jeu, petits cochons noirs au grognement bref. Quelques poules picorent, des chats efflanqués, gris de misère et de crasse, lissent leurs poils d'une patte lente, à côté des rares passants.

De quoi peuvent vivre, si mal que ce soit, tous ces êtres, bêtes ou gens? Je n'ai pas le temps de résoudre la question qui doit, selon la vraisemblance, se poser devant l'esprit de tous les touristes. Une muraille de trois ou quatre mètres de hauteur arrête bientôt en effet ma course et mes réflexions ! Ce mur, arc de cercle dont le rivage du fleuve représente la corde, entoure la ville d'une étroite ceinture où s'enchâsse le fort. Mais qu'on n'aille pas ici rêver de remparts féodaux ; le mur de Bissao rappelle plutôt les clôtures de nos parcs de province ; toutefois, si pacifique qu'il soit d'apparence, il suffit plus d'une fois à sauver la ville d'une ruine complète.

J'ai parlé du fort, seule chose qui nous reste à voir et seule en vérité qui mérite d'être vue. Il est constitué par une muraille en terre à 40 degrés d'inclinaison, haute d'au moins 10 mètres, large d'autant et soutenue par un revêtement de grosses pierres d'un tuff rouge foncé. Le pied de cette muraille plonge dans un fossé encore profond par endroits mais que les années semblent s'être juré de combler.

La forteresse forme un quadrilatère de près de 100 mètres de côté flanqué de bastions à ses extrémités. Conduit par un compatriote aimable, je longe son fossé, jusqu'à une porte presque monumentale et je passe sur un pont-levis qu'on ne prend plus la peine de relever. Un corps de garde est installé sous une voûte, des fusils qu'on laisse se rouiller garnissent un ratelier mal tenu, des soldats noirs dépenaillés sont couchés dans la poussière, sauf un qui s'appuie d'un air résigné, à la fois sur son arme et contre la muraille.

Nous allons bien vite chez le commandant pour lui demander l'autorisation de visiter sa citadelle et il nous fait la grâce de nous l'accorder. On ne nous donne toutefois aucun guide, cela n'est pas nécessaire. Quelques bâtisses se dressent dans l'intérieur du fort qui forme une vaste place poussiéreuse: elles tiennent lieu de casernement pour les noirs. Nous montons sur les parapets d'où l'on domine la ville et la brousse. La ville, nous la connaissons; la brousse paraît déserte. Seule, l'enceinte éventrée d'un cimetière s'y dessine lamentable, à quelque cent mètres de distance. Les Papels assiégeaient Bissao, il y a moins de deux ans et, pour faciliter leur tir, les Portugais firent eux-mêmes des brèches dans les murs du champ de repos désolé. Voici que nous rencontrons quelques canons, au cours de notre promenade, les uns encore placés dans leurs embrasures, mais sens dessus dessous, les autres roulés à terre depuis combien d'années? L'un d'eux porte une date apparente: 1737! Un des bastions possède une arme plus moderne que ces canons, c'est une magnifique mitrailleuse Gathling au mécanisme délicat. Abandonnée en plein air, au soleil comme à la pluie, faussée, attaquée par la rouille, elle ne peut aujourd'hui rendre plus de services que ses ancêtres de bronze, couchés comme des guerriers morts, de toute leur longueur, sur le sol poussiéreux.

Cependant le bastion parallèle au nôtre et qu'ombragent de beaux arbres touffus, s'orne encore d'une échauguette de pierre sculptée où peut tenir debout une sentinelle. Voilà quel est l'état présent de ce beau fort construit au début du xviii' siècle. Grandeur et décadence ! Nous venions alors d'abandonner Bissao où Brüe nous avait conduits. Nos colons y étaient morts, terrassés par la maladie, les Portugais prirent leur place. Des troupeaux d'esclaves, sous la menace des mousquets chargés, commencèrent à creuser le fossé, à dresser les parapets puis à les revêtir de pierres ; les constructions s'élevèrent ensuite, lentement, sous le soleil qui brûlait. Quand la forteresse, imprenable pour des noirs, fut achevée, la ville peu à peu s'éleva sous son ombre. Pour se distraire, leurs plaisirs étaient rares, les Portugais firent des mulâtres qui, s'unissant aux noirs, revinrent bientôt au type primitif et peuplent seuls aujourd'hui le bourg. Les occupations des constructeurs de Bissao se bornaient au commerce des captifs. A peine s'ils surent faire quelque troc en dehors de celui-là même lorsque la traite fut officiellement abolie. Bissao, comme les autres établissements portugais, ne fut donc jamais qu'un réservoir où venaient s'approvisionner les négriers pourvoyeurs des Antilles ou du Brésil. Et cela seul suffirait à expliquer pourquoi le timide essai de civilisation européenne tenté sur cette partie de la côte ne pouvait réussir : n'était-il pas uniquement fondé sur la violence ? Il échoua en effet, comme nous le verrons tout à l'heure. Puisque la visite de la ville fait un effet si lamentable, voyons un peu la brousse. Maintenant que la paix est signée avec les Papels, une courte excursion dans les environs devient possible, elle n'offre même aucun danger. Nous prenons donc avec un confrère anglais rencontré chez mon hôte et qu'envoie ici en mission le British-Museum, l'une des deux portes qui s'ouvrent dans l'enceinte de Bissao, toutes deux près du rivage. Quelques soldats les gardent l'une et l'autre en tous temps. Auprès de celle que nous avons franchie, se tient un modeste marché où l'on peut acheter de l'eau; il n'y a en ville qu'un puits public, quelques légumes, des poulets étiques et des gâteaux bizarres: mélange peu appétissant de farine de nété et de graisse.

Vingt négresses accroupies y vendent leurs maigres provisions à un nombre peut-être double de chalands, cela n'offre pas d'intérêt. Nous passons donc vite et comme un simple sentier nègre se présente devant nous qui mène à une sorte de faubourg maintenant abandonné, nous avançons vers des ruines lamentables de murs en torchis qui étaient naguère des boutiques de commerçants. Pas de jardins, pas même d'arbres auprès de ces débris dont les propriétaires ont dû s'enfuir, voici deux ans passés, derrière le mur ridicule qui pourrait faire prendre, à la lecture, Bissao pour une place forte.

Nous avançons ensuite dans une vaste plaine, très peu accidentée, formée d'une terre rouge, parsemée de palmiers et de petits bouquets d'arbres, de rares rizières, ou de « lougans » de mil et les sentiers indigènes dont les nombreux méandres s'y tracent, semblent être des chemins de fourmis. Voici un hameau papel composé de quelques cases rondes aux murs de pisé, disséminées à peu de distance les unes des autres. L'arrangement intérieur et la distribution de ces cases mérite tout au plus un regard. Leurs habitants n'en valent guère davantage ; ils sont, comme la plupart des nègres de cette partie de la côte, gens très doux quand on sait les prendre, cultivateurs passables, mais guerriers très médiocres malgré la guerre qu'ils viennent de faire à ceux qui sont les maîtres de leur territoire, selon l'évangile des diplomates d'Europe.

Le soleil brûle, l'atmosphère humide est étouffante, rien ne paie la peine que nous prenons en marchant, aussi bien vaut-il mieux rentrer en ville et, puisque rien non plus n'y mérite d'attirer notre attention, j'essaierai au moins de m'instruire en menant une enquête, si sommaire qu'elle soit, dans le but de découvrir les motifs de la faillite évidente de l'œuvre portugaise. Voyons d'abord ce qu'est leur colonie et de quels dons la nature l'avait comblée. Sa superficie égale, pour le moins, le tiers de celle de la métropole.

Nous connaissons les races qui la peuplent car on les rencontre également dans notre Casamance ou notre Guinée. Ce sont des Balantes, des Bram, des Papels ou des Manjaks, tous cousins de nos Diolas, ce sont aussi des Mandingues et des Peuls. Il existe également dans les postes, un assez grand nombre de noirs qui se disent portugais dont le langage rappelle à peu près seul leurs très lointaines et, parfois, fort hypothétiques origines blanches. Si les hommes ressemblent fort à ceux qui nous sont soumis, le sol également rappelle celui des territoires limitrophes. C'est la même composition et la même configuration des terrains, ce sont aussi les mêmes fleuves, lents, larges et sinueux. Tout au plus, peut-on dire qu'ils forment de meilleures routes de pénétration que les nôtres car ils sont plus profonds et plus puissants.

Les parties de notre domaine voisines de celles-ci,

conquises et mises en valeur depuis peu de temps, offrent un aspect plus vivant que celui de la vieille colonie portugaise. Les escales de nos cousins de race sont peu nombreuses au surplus et la liste qu'on on peut dresser est bien courte. Les Portugais possèdent encore, à trente kilomètres de Ziguinchor qu'ils nous cédèrent en 1886, un petit poste nommé Cachéo, fondé sur les bords d'un fleuve parallèle à notre Casamance. Un point de traite important y existait naguère ; un fort rectangulaire, semblable à celui de Bissao y dresse encore ses murailles croulantes tandis qu'une palissade mal clôturée semble avoir l'intention de protéger les maisons de l'escale. Quelques ruines figurent l'ancienne ville, quelques nègres affublés de noms sonores y singent les anciens conquistadores dont ils se disent issus et, dans la brousse voisine, des plantations d'orangers maintenant redevenues sauvages représentent les efforts agricoles des générations disparues. Un voyageur qui visita Cachéo écrivit dans *l'Illustration* du 21 janvier 1891, qu'il trouva dans cette ville une école de filles, dirigée par des dames da Costa, négresses complètement illettrées d'ailleurs. Ces dames enseignaient la couture à leurs élèves, à défaut d'autre chose ; ces dernières avaient-elles au surplus tant besoin de savoir écrire ? Cette tentative bien modeste d'enseignement public n'a même pas pu se perpétuer jusqu'à maintenant ; il convenait cependant de rappeler l'admirable initiative des dames da Costa. Le touriste grâce auquel ces pédagogues de l'aiguille passeront peut-être à la postérité, s'était aussi égayé à la vue d'une procession dont les participants, tous très noirs, s'arrêtaient, curé en tête, à chaque porte pour boire un peu de vin de palme. Le récit de son séjour à Cachéo ne rapporte, et pour cause, que ces deux faits savoureux. Farim, bâti en amont sur le même fleuve que Cachéo, semble être la réplique de notre Sedhiou dont il n'est guère éloigné. Là, non plus, les Portugais n'ont rien su créer de vivant.

Leurs derniers efforts se sont surtout exercés au sud de Bissao. Moins présomptueux qu'auparavant de leurs forces, ils ont créé vers le milieu du dernier siècle, Boulama, dans une petite île baignée par les eaux salées de l'embouchure du Rio-Grande. Ce dernier établissement devint ensuite le chef-lieu de leur colonie.

Il convient à ce sujet de faire remarquer que les Portugais ont été les premiers parmi les Européens à oser s'établir dans l'intérieur des terres, les Français à Saint-Louis, les Hollandais à Gorée comme les Anglais à Fort-James ayant d'abord placé leurs établissements exclusivement dans des îles.

Assurés sur ce dernier point, à Boulama, contre toute attaque indigène, les Portugais ont bâti derrière le rempart marin que leur donnait la nature, un certain nombre de constructions publiques et d'habitations privées. Boulama ne peut malheureusement, malgré la sécurité « honteuse » qu'il procure à ses hôtes, devenir un important point de traite car son port est mauvais à cause des nombreux bancs de sable qui obstruent le cours du fleuve. La ville demeurera donc, vraisemblablement, ce qu'elle est aujourd'hui, une création administrative, vivant d'une vie artificielle et précaire.

Boulama est cependant un des nombreux points de la côte où les nations maritimes de l'Europe se sont heurtées les unes contre les autres, au cours des siècles précédents. Brüe voulut y fonder un comptoir ; oubliant la triste expérience de colonisation tentée par nous tout à côté, à Bissao, les Anglais y débarquèrent en 1792 275 colons parmi lesquels se trouvaient 57 femmes.

Philippe Beaver a raconté cette lamentable odyssée. Tous les émigrants moururent, bien entendu, en peu de mois et depuis lors l'Angleterre n'a plus renouvelé la moindre tentative de peuplement sur cette terre meurtrière. Elle n'avait cependant pas tout à fait abandonné ses prétentions à la possession de Boulama jusqu'à ce que les Etats-Unis désignés comme arbitres, les aient attribués définitivement au Portugal en 1870.

Quelques chiffres après cette brève description du pays, achèveront d'éclairer l'esprit du lecteur sur la situation de la Guinée. Les derniers budgets de la colonie ont été en 1908 de 275.550.000 reis de recettes et de 281.405.817 de dépenses. L'année suivante les dépenses s'élevèrent à 322.348.087 reis dépassant les recettes de près de 50 millions de reis, si l'on y comprend les dépenses extraordinaires. Le reis, il est vrai, n'équivaut guère qu'à un centime ce qui ramène à un demi-million de francs le dernier déficit mais les petits ruisseaux font, ici comme ailleurs, les grandes rivières. Il peut sembler de plus bien étrange que cette colonie où rien n'existe, dont les maîtres n'ont pas même su compléter la prise de possession effective du territoire que leur donnent les traités, soit la seule de toute la côte qui ne puisse jamais couvrir ses dépenses. Et cependant, le pays produit abondamment le caoutchouc (dont il s'exporte pour plus de 200 contos par an, le conto équivalant à 5.555 fr.) la noix de palme et la cire. On y récolte encore un peu d'arachide ; le coton et la canne à sucre y viennent fort bien ; certaines régions possèdent de nombreux bestiaux, enfin des cultures riches pourraient y être tentées. Malgré l'insécurité générale, malgré les fuites que tolère la douane, l'exportation s'élevait en 1905 à 812,3 contos tandis que l'importation atteignait 710 contos, donnant pour le total des transactions commerciales le chiffre d'environ huit millions de francs. Ce sont là des résultats déjà fort appréciables, dira-t-on avec raison, mais l'honneur n'en doit pas revenir aux maîtres du pays. Tout le commerce est entre les mains des étrangers. Les Allemands occupent la première place, grâce au nombre et à l'importance de leurs établissements. C'est également à eux que revient la plus grosse part des transactions effectuées. Puis les Belges, les Anglais et les Français se partagent presque tout ce qui reste, ne laissant au Portugal que la sixième partie du total. Mais encore un coup, quelles sont les causes de cet insuccès si visible? Ce n'est certes pas dans la pénurie de leur personnel administratif que les Portugais doivent les chercher! Qu'on en juge plutôt! La ville de Bissao et son fort sont placés sous l'autorité d'un capitaine qui cumule ainsi tous les pouvoirs, civils et militaires, pratique excellente dans un pays neuf et peu ou pas soumis. Le capitaine, chef de cercle, a sous ses ordres, sans compter huit douaniers et six postiers plus ou moins teintés, un autre capitaine, trois lieutenants, un médecin, cinq ou six sous-officiers et environ cinquante soldats noirs. Cette garnison semble *à priori* très suffisante, non seulement pour faire respecter les murs de la ville, mais encore pour maintenir dans le devoir vis-à-vis des autorités lusitaniennes tous les districts voisins, or il n'en a pour ainsi dire jamais été ainsi.

Si le proverbe est vrai, Bissao n'a pas dû en effet couler seulement des jours heureux. L'histoire de cette petite ville fut souvent agitée et l'on peut dire que depuis sa création jusqu'à aujourd'hui, le repos de ses possesseurs ne fut presque jamais assuré. Une attaque des indigènes voisins, les Papels, lui valut en 1846 la muraille qui la protège un peu et qui, davantage encore l'étouffe, et voici trois ans à peine, les mêmes tribus, de nouveau révoltées, si l'on peut employer cette expression, car elles sont rarement soumises, les mêmes tribus contraignirent le Portugal à un gros effort militaire.

La métropole réunit donc une colonne de 800 hommes de troupes européennes qui débarquèrent un beau matin dans Bissao assiégé par les rebelles. Les hommes certes devaient être braves, leurs officiers instruits ; si l'on ne peut se permettre de mettre en doute les qualités militaires des uns et des autres, il est du moins un fait incontestable, les résultats de ce déploiement de forces, imposant pour l'Afrique, ont été piteux.

Les troupes n'auraient guère effectué, durant le temps que dura leur présence dans la ville, qu'une sortie de quelques heures. On les maintenait, la plupart du temps, derrière le mur d'enceinte et dans le fort. La température y était torride, l'eau même manquait et celle qu'on pouvait avoir était de qualité médiocre. L'unique puits public qui existe en ville n'avait pas encore été foré, aussi les autorités militaires devaient-elles demander aux maisons de commerce une partie de l'eau nécessaire à l'alimentation des effectifs. Les Portugais perdirent, au cours de la campagne tout entière, une cinquantaine d'hommes, du fait des maladies plutôt que par le feu d'un ennemi qui ne poussa jamais le courage aux limites où il devient de la témérité.

On s'étonne de la relative modicité de ces pertes quand on entend les confidences des témoins oculaires. Des anecdotes extraordinaires courent encore aujourd'hui dans ce pays, où l'oubli vient si vite, à propos des erreurs très graves alors commises par les services de l'intendance. Les approvisionnements de bouche, voire même ceux de munitions, tardaient à suivre, de la façon la plus fâcheuse, les troupes envoyées en expédition. La colonne ne demeura pas en effet toujours à Bissao, elle remonta le fleuve et fit acte de présence dans une autre région de la colonie avant de s'embarquer de nouveau pour Lisbonne. Les Papels révoltés se soumirent enfin, à n'en pas douter, puisque les témoignages administratifs le certifient et Bissao put de nouveau ouvrir à deux battants ses portes d'allure si pacifique.

Mais on dit encore que malgré le succès officiel de leur expédition, les Portugais ne s'aventureraient pas partout, même aujourd'hui et que l'impôt des cases serait seulement payé par un petit nombre d'indigènes fixés à proximité des principaux postes. C'est qu'à la vérité, en dehors des périodes exceptionnelles durant lesquelles la révolte chronique, devenue aiguë, contraint la métropole à un effort plus considérable, les troupes de la colonie sont peu nombreuses, de qualité médiocre et trop mal organisées pour pouvoir venir à bout de leur tâche naturelle. Si l'on voulait mesurer les besoins militaires de la Guinée portugaise en comparant cette région à ses voisines, il faudrait pendant deux ou trois ans environ y maintenir 1.500 à 3.000 hommes de troupes et quelques canons. Cet effectif relativement élevé et ce laps de temps assez long semblent devoir être indispensables pour faire rentrer dans l'ordre toutes les peuplades encore insoumises. C'est à ce prix seulement qu'on pourrait, du moins à mon sens, assurer la sécurité des postes actuellement existants et constituer dans le même temps, une ou deux fortes colonnes dont la mission serait de rayonner autour des points de garnison fixe. Mais encore conviendrait-il que ces expéditions soient mieux dirigées que celle, par exemple, dont Bissao vit naguère les efforts impuissants.

Comme je le signalais en décrivant le fort de Bissao, les Portugais ont suivi, d'assez loin en vérité, notre exemple et celui des Anglais, ils emploient une certaine quantité de noirs à la garde de la Guinée. Ces indigènes proviennent généralement d'Angola, car aucune tribu de la colonie n'offre assez de garanties pour qu'on l'utilise militairement d'une façon quelconque.

Un précédent gouverneur avait pu, au cours d'une longue mission d'abornement effectuée en compagnie d'officiers et d'administrateurs français, étudier notre organisation coloniale. Il voulut copier notre système de recrutement indigène et, pour ce faire, il enrôla un certain nombre de Ouoloffs et de Toucouleurs dans notre colonie du Sénégal. Malheureusement placé sous les ordres d'un aventurier nommé Abdou N'diaye, ce corps franc aida les Portugais à razzier des tribus papels insoumises mais comme on ne sut pas le tenir en mains, il pilla bientôt pour son propre compte dans le Balantacounda et se mit finalement en état de révolte ouverte contre les autorités portugaises. Ainsi, la tentative, intéressante en somme, de ce gouverneur bien intentionné, tourna elle-même contre les intérêts de la malheureuse Guinée !

Revenons à l'étude des divers services administratifs et à l'énumération de leur personnel.

Bissao n'est, bien entendu pas seul à profiter de cette abondance, si c'est vraiment un profit, de fonctionnaires. Boulam est encore mieux partagé, comme il convient à une capitale ; les plus petits postes eux-mêmes possèdent un bel état-major administratif, parfois dépourvu de troupes, à la vérité.

Cachéo ne compte que deux officiers, un capitaine et un lieutenant, ce qui est énorme en regard du chiffre des soldats de sa garnison. Farim n'est pas moins favorisé et il en est de même des six cercles entre lesquels se partage la colonie tout entière. Six cercles ne sont pas de trop pour une aussi vaste étendue de territoire ; mais tous les six, ou peu s'en faut, se composent uniquement de leurs chefs-lieux et la brousse, portugaise de nom, demeure libre de fait.

Comment pourrait-il en être autrement ? L'administration n'a même jamais rien commencé de ce qu'il convenait de faire, non seulement pour conquérir le pays, mais aussi pour l'organiser et l'exploiter selon des méthodes modernes. Quelques gouverneurs à peine ont témoigné de leur bonne volonté ; leurs subordonnés, les chefs de cercles administratifs n'ont eu jusqu'ici, sauf exceptions, qu'une pensée et qu'un but, gagner par tous les moyens le plus d'argent possible. Il en a toujours été ainsi du haut en bas de l'échelle administrative et la Guinée portugaise fut, peut-on dire, constamment pillée par ses propres fonctionnaires. Quelques-uns y mettent des formes, d'autres n'ont aucune vergogne ; les plus humbles toutefois pourraient faire valoir des excuses qu'il ne serait pas au pouvoir de leurs chefs d'invoquer à si juste titre.

C'est la douane qui contribue le plus efficacement dans toutes les colonies de la côte, à enrichir les budgets et à remplir les caisses publiques. Il en est ainsi chez les Portugais ou chez nous comme chez les Anglais ou les Allemands.

Les indigènes paient bien en Guinée un impôt de

7 fr. 50 par caso, mais ce sont les droits de 7 %, *ad valo-
rem* sur les exportations et de 3 %. sur les importations
qui constituent la plus notable part des recettes de la
colonie. Or, un simple douanier touche en tout et pour
tout, une solde de 45 francs par mois. Comment vivre
en demeurant honnête avec cette paye dérisoire? Le
malheureux gabelou n'a qu'une façon de résoudre ce
problème plus difficile que celui de la quadrature du
cercle : il est malhonnête quand l'occasion s'en présente
et l'exemple, encore une fois, lui vient de haut.

Le chef des douanes d'une des grandes escales de la
colonie aimait beaucoup le fromage, aussi le directeur
d'une importante maison de commerce de l'endroit qui
connaissait ce goût spécial ne se faisait-il pas scrupule
d'en tirer profit. Chaque bateau affrété par sa compagnie apportait, entre autres choses, des camembert
pour le gourmand douanier. Mais l'industrie de ce
fonctionnaire ne lui rapportait pas que des desserts.
Il savait encore, grâce à des complaisances judicieuses,
se procurer des avantages plus monnayés, sans com-
promettre le moins du monde sa dignité professionnelle.

Un autre commerçant, plus mauvais diplomate que
le premier, lui offrit un jour, brutalement, cinq cents
francs afin d'éviter qu'on contrôle une de ses déclara-
rations en douane. Le directeur repoussa cette offre
d'un geste cavalier, mais comme il avait foi dans la
parole de son ami, assurait-il, il accepta la déclaration
tout en refusant l'argent. Le corrupteur ne revenait
pas de cette chevaleresque grandeur d'âme et pensait
vraiment qu'on ne vit jamais fonctionnaire plus honnête et douanier moins méfiant ! Il conserva cette opinion juste quarante-huit heures, car ce laps de temps
écoulé, le chef des douanes vint lui demander un petit

service, il avait besoin pressant, pour une ou deux semaines, de cinq cents francs et si cela ne dérangeait pas son excellent ami... Le prêt fut consenti, bien entendu, avec la meilleure bonne grâce ; et le commerçant, ne pouvant témoigner de méfiance vis-à-vis de son hôte, refusa l'offre que celui-ci lui faisait d'un billet, sa parole ne suffisait-elle pas largement ? Les deux compères se séparèrent, très satisfaits l'un de l'autre.

Qu'on n'aille pas trouver dans ces quelques anecdotes sur les fonctionnaires et l'administration de la Guinée portugaise la preuve d'une hostilité quelconque contre les Portugais. Ce que j'ai raconté est de notoriété publique. R. Kipling dont le pays, comme on sait, est depuis longtemps l'allié du Portugal, écrivait naguère la phrase suivante, plus dure que les miennes à propos d'une autre colonie infiniment moins abandonnée de sa métropole que n'est la Guinée. « Ses villes tombaient en ruine, en décomposition sous ses mains et sa souveraineté ne s'étendait pas dans l'intérieur. » (*Autres troupiers*, p. 301.) Cette citation du grand romancier anglais tendrait à prouver que les possessions portugaises, grandes ou petites, souffrent toutes de maux analogues. Sans parler des récents événements politiques et de la chute, si rapide qu'elle en devint ridicule, du régime royal, les accusations des ministres d'aujourd'hui contre ceux de la veille, celles aussi de l'ancien dictateur Franco démontrent également que les mêmes causes produisirent les mêmes effets jusque dans la métropole.

Or, pour en revenir à la Guinée, ce qui peut à la rigueur se supporter dans un vieux pays, parvenu à un certain degré de prospérité, ne peut l'être dans une contrée toute neuve encore. La moindre erreur peut devenir néfaste dans une région mal conquise à la civilisation, comme est la Guinée portugaise. L'action des fonctionnaires, l'influence des lois, des règlements même, y est prépondérante, elle peut tarir toute son activité ou bien au contraire exciter sa vitalité d'une façon surprenante. Un homme de génie, voire de grand talent, suffira pour créer un empire si les circonstances lui sont favorables. Dupleix dans l'Inde ou Brûe qui fonda le Sénégal, témoignent de cette vérité, mais l'œuvre si magnifiquement commencée demeure long-temps fragile!

Le Portugal n'eut jamais la chance, du moins en Guinée, d'être représenté par un homme de génie. Il peupla l'immense Brésil, mais ne put jamais envoyer assez de colons comme il en aurait fallu, sur cette côte d'Afrique si dangereuse et si meurtrière aux 'blancs. Ceux d'entre ses nationaux qui s'y fixèrent se sont bientôt fondus dans la population noire. Trop faible depuis longtemps pour imposer sa volonté sur son propre domaine, le Portugal fut toujours en même temps trop dur aux faibles pour se faire aimer. On peut ajouter que les Portugais sont non seulement détestés, mais encore méprisés par leurs propres noirs, du moins sur cette côte. Pourront-ils remonter le courant qui les emporta jusqu'ici?

L'avenir n'est à personne! assure le poète. Mais il faudra d'abord opérer d'immenses changements dans le peuple portugais lui-même, avant de pouvoir songer, sans ridicule optimisme, à transformer ses colonies. Et si la régénération du Portugal n'est sans nul doute pas impossible, avec beaucoup de temps et d'efforts, la renaissance de son empire colonial paraît devoir être une œuvre de très longue haleine et de réalisation plus difficile.

Un de nos écrivains coloniaux publia naguère un

volume au titre retentissant : *Lâchons l'Asie*, affir-
mait-il, à tort ou à raison, afin de pouvoir mieux conserver l'Afrique. Pour mieux réussir dans son œuvre
coloniale future, le Portugal devrait sans doute « lâcher »
lui aussi, une partie de son trop vaste domaine exotique. Des bruits singuliers coururent, lorsque la Répu-
blique, soudain proclamée à Lisbonne, eut en quelques
heures remplacé une royauté plusieurs fois centenaire
et qui avait jadis donné au Portugal une gloire impé-
rissable. Certaines puissances rêvaient, disait-on, de se
partager les dépouilles portugaises ; afin que pareille
éventualité ne puisse jamais se produire, le Portugal
devrait, dès maintenant, savoir se résoudre à des sacrifices utiles ! Plusieurs parties de son immense domaine
n'auront jamais pour lui de valeur pratique réelle, elles
représentent surtout des souvenirs de la période héroï-
que. Goa, Macao et Timor ressemblent à d'anciens
joyaux de famille dont l'éclat se perd au fond des coffres
poussiéreux où ils vieillissent inutiles. Ces cités mortes, ces vestiges défunts d'un temps aboli n'ont pour
nous autres Français, aucun intérêt. Il n'en est pas de
même de la Guinée portugaise, minuscule annexe,
malgré ses dimensions relativement importantes, de
notre vaste empire africain. Cette possession ne peut
avoir d'avenir politique à cause de sa situation géographique ; son avenir économique, actuellement nul, pourrait devenir fort beau ; mais, avant de récolter sur cette
terre aujourd'hui infertile, combien de millions ne fau-
dra-t-il pas dépenser !

Si le Portugal, abdiquant sa fierté de grand seigneur,
voulait envisager la possibilité d'un marché qui, peut-
être, froisserait actuellement son orgueil, mais servirait
puissamment ses intérêts, il chercherait à se débarrasser du fardeau de la Guinée. Les ressources qu'il tire-

reit de cette cession trouveraient leur fructueux emploi dans les deux magnifiques domaines africains où, faute d'argent, il ne peut faire assez aujourd'hui pour assurer la pérennité de sa domination.

Le Mozambique étouffé entre le Dominion du Cap et l'Est Africain Allemand, l'Angola que galvaniserait le voisinage du Congo belge, si l'administration locale voulait aider les hommes et la nature, ces deux beaux domaines si convoités par les voisins et les rivaux du Portugal, donneraient du même coup à leurs possesseurs actuels les plus légitimes profits et la plus belle moisson de gloire que puisse souhaiter une nation moderne.

Ce sont là des conseils un peu osés, dira-t-on; celui qui les donne n'est guère qualifié, j'en conviens. Si jamais cependant le Portugal décidait de se défaire de la Guinée, qu'il me soit permis de souhaiter que la France ne laisse pas à des rivaux, chaque jour plus dangereux et de voisinage peu agréable, ce territoire encastré dans les siens.

Si notre pays et le Portugal décidaient un jour, sans doute encore éloigné, d'aborder cette question, les deux parties en cause trouveraient certainement leur bénéfice dans une transaction de ce genre, d'autant plus facile entre eux que des liens de sympathie et de parenté très étroits les unissent déjà.

L'heure sonne encore une fois de m'en aller... J'ai quitté ceux qui m'ont reçu et guidé à Bissao, et que je ne connaissais pas hier, avec un petit serrement de cœur, non sans de sincères promesses mutuelles de nous revoir, sur la côte ou en Europe, si le hasard le permet...

Notre petit vapeur laisse derrière lui le Rio-Grande

peu à peu la côte disparaît à nos yeux. Il va tout droit maintenant sur Dakar.

Ah comme je regrette que mon beau voyage s'achève déjà ! Longtemps ma mémoire me le fera revivre tout entier. Je n'ai cependant pas su décrire ce que mes yeux ont vu, comme il fallait peut-être... Sans doute aussi me suis-je trop attardé à parler de certains problèmes auxquels je prêtais malgré moi plus d'attention qu'aux paysages... C'est vrai, je m'en excuse, et je recommence une dernière fois.

J'ai vu malaxer la pâte nègre, la pâte humaine la plus malléable qui soit au monde, par trois ouvriers différents. Le Portugais use d'un levain vieilli, son pain ne vaut plus rien. Le Français et l'Anglais sont tous deux habiles en leur métier. Il m'a semblé que le premier travaillait mieux la pâte, je crois que l'autre la sait mieux cuire.

J'ai admiré chez l'Anglais, la conviction qu'il a de sa supériorité dont il parvient à imprégner même l'esprit de ses sujets. J'ai admiré également son sens pratique qui ne se paie jamais de grands mots et son libéralisme qui lui permet de tirer parti de tous. Cela ne m'a pas empêché de reconnaître la valeur extrême d'un grand nombre de nos colons et de nos fonctionnaires, leur ingéniosité, leur persévérance.

Les hommes chez nous sont peut-être même, et tout compte fait, supérieurs à leurs rivaux, mais j'ai cru reconnaître que certains de nos principes étaient faux, certaines de nos directions d'esprit mauvaises. Nous avons cependant malgré ces défauts réalisé sur cette côte l'œuvre la plus durable, la plus grandiose.

Moi qui n'ai pu hélas y travailler de mes mains, j'ai voulu collaborer à cette œuvre selon mes moyens et c'est pourquoi j'ai encore écrit ce livre.

ns doute mon ambition si modeste était-elle trop haute, car maintenant que me voici parvenu à la dernière étape de mon voyage en même temps qu'au dernier feuillet de ce volume, la crainte me revient d'avoir tenté de vains efforts ! Ah, si ce livre pouvait être utile, s'il pouvait faire réfléchir les uns, éclairer certains autres ! Ce but atteint, je croirais avoir obtenu la plus enviable des récompenses, la seule au surplus que je puisse espérer obtenir.

Car j'écris peut-être en ce moment mes adieux à la vie coloniale dont je rêvais déjà sur les bancs du collège, à laquelle j'ai consacré mes meilleures années, à laquelle aussi j'aurais tant voulu donner les autres... jusqu'à la fin. Et pendant que ma plume trace ces lignes, il me semble que ces mots, les derniers, sont les dernières pelletées de terre jetées sur le cercueil d'un ami qui n'est plus, mais que je n'oublierai jamais !

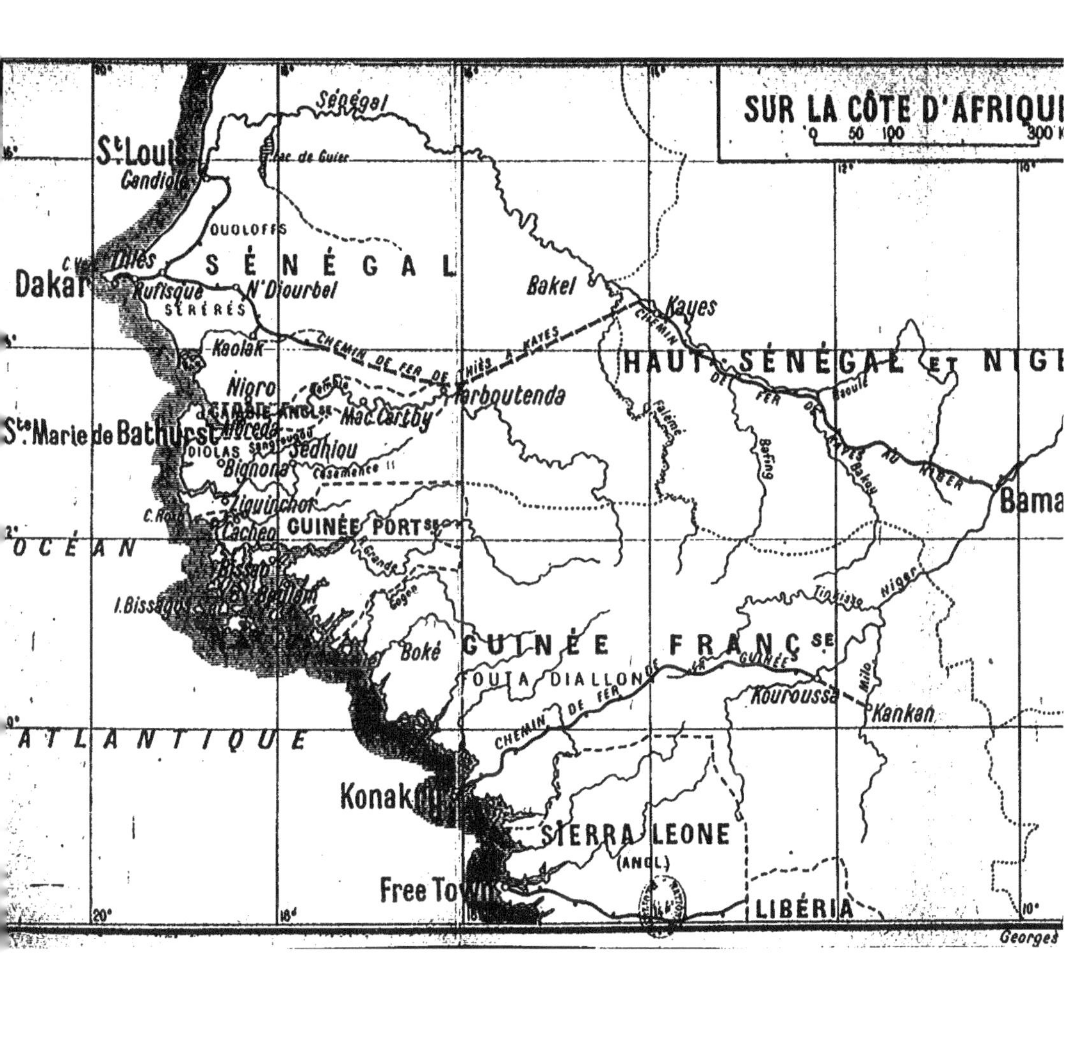

SUR LA CÔTE D'AFRIQUE
0   50 100   300 K
Sénégal
St Louis
Gandiole
OUOLOFS
SÉNÉGAL
C. V. Thiès
Dakar
Rufisque   N'Diourbel
SÉRÉRÉS
Bakel
Kayes
CHEMIN DE FER DE THIÈS A KAYES
Kaolak
CHEMIN DE FER
HAUT SÉNÉGAL ET NIGI
Nioro
Gambie
Mac Carthy
Tobaoutenda
GAMBIE ANGLse
DIOLAS   Sédhiou
Ste Marie de Bathurst
Bignona   Casamance
Boulé
Faléné
Bafing
Bakoy
CHEMIN DE FER DE KAYES AU NIGER
Bama
Ziguinchor
C. Roxo   Cacheo   GUINÉE PORTse
R. Grande
OCÉAN
Bissau
I. Bissagos   Geba
Bolam
Tinkisso   Niger
Boké   GUINÉE   FRANÇse
FOUTA DIALLON DE LA GUINÉE
Kouroussa   Milo   Kankan
CHEMIN DE FER
ATLANTIQUE
Konakry
SIERRA LEONE
(ANGL)
Free Town
LIBÉRIA
Georges

TABLE DES GRAVURES

TABLE DES MATIÈRES

Chapitre X. — *Bignona.*

Chapitre XI. — *Bissao et la Guinée portugaise.*

MAYENNE, IMPRIMERIE CHARLES COLIN